노력의
기쁨과
슬픔

일러두기 본문의 각주는 모두 옮긴이주입니다.

너무 열심인 '나'를 위한 애쓰기의 기술

노력의
기쁨과
슬픔

올리비에 푸리올 지음
조윤진 옮김

차례

○

때로 노력은 무용할 뿐 아니라
비생산적이기까지 하다

이 책은 편집자이자 나의 친구인 엘사 라퐁과 대화를 하다가 나오게 된 결과물이다. 여기서 '친구'라는 점을 확실히 해둘 필요가 있는데, 우리는 업무 관계로 만난 것이 아니라 그저 함께 식사를 하던 중이었기 때문이다. 일 이야기를 위한 자리도, 다음 작품의 개요를 짜거나 계약 조건을 협상하기 위한 자리도 아니었다. 우리는 서로의 가족과 함께 모여 와인 한 병 곁들인 식사를 하며 대화를 위한 대화를 이어나갔다. 솔직히 그때 내가 무슨 이야기를 하고 있었는지도 잘 모르겠다. 아마 잠자리에 들었어야 할 시간에 열심히 뛰어다니고 있던 아이들 이야기였으리라. 우리 말은 귓등으로도 안 듣는 아이들을 재워보려고 얼마나 노력했는지! 사실 가장 좋은 방법은 관심을 주지 않고 아이들 스스로 지칠 때까지 기다리는 것이다. 그러면 오래지 않아 잠이 든다. 어쨌든 다음 날 학교에 가지 않아도 된다는 점에서 그날은 좀 특별한 날이기도 했다. 휴일 전날 밤 어른들의 대화 소리를 듣다가 소파에서 스르륵 잠드는 것만큼 아이들에게 달콤한 상황이 있을까? 느지막이 행복한 잠에 빠지는 것, 그야말로 좋은 추억일 것이다. "맞는 말이야. 그러니 그만 애쓰고 와인이나 한잔 더 하자." 엘사가 말했다.

몇 분 뒤, 우리의 노력 없이도 아이들은 눈 깜짝할 새에 스르르 잠이 들었다. "결국 이렇게 쉽게 될 일인데." 엘사가 중얼거렸다. 바로 그때 그 이야기가 나온 것 같다. '느긋함'이라는 놀라운 주제에 관한 이야기였다. 사람들은 좋은 결과를 얻으려면 엄청난 노력을 들여야 한다고 생각한다. 아름다워지기 위해 기꺼이 고통을 감수하고, 다른 사람을 유혹할 때든 피아노나 테니스를 배울 때든 외국어를 배울 때든 모든 일에 최선을 다하려고 애쓴다. 심지어 심리 상담가들조차 '자신에게 몰두하는 법'에 대해 조언하는 형편이다. 우리는 젊은 나이에 모든 것을 갖추어야 한다고, 노력은 배신하지 않는다고, 아무것도 안 하면 아무것도 될 수 없다고 배워왔기 때문이다. 하지만 확신하건대, 우리에겐 그와 정반대의 태도가 필요하다. 어떤 상황에서는 노력이 단순히 무용할 뿐 아니라 비생산적이기까지 하다. 예를 들어, 고통 자체를 즐기는 사람이라면 모를까 고통 때문에 아름다워지는 사람은 아무도 없다. 아름다움은 내면의 평화와 평온함, 편안한 마음가짐에서 비롯하는 것이니까. 지금 나는 노력이 아무 소용 없다고 말하려는 게 아니라, 간접적으로만 도달할 수 있는 목표들이 있다는 말을 하고 싶은 것이다. 달성하고자 하는 모든 시도를 진심으로 멈추고 목표로 삼지 않아야만 도달할 수 있는 일들이 있다는 얘기다. 간단히 말해 편하게 하면 된다. 예를 들어 상대를 유혹할 때 대놓고 노력하는 사람만큼 매력 없는 사람도 없을 것이다. 너무 직접적인 태도에는 자연스러움이나 상상이 머무를 여지가 없다. 노력하면 실패하게 되어 있다. 시작하기도 전에 실패하는 격이다. 분명한 건, 누군가 자신을 좋아하도록 만들겠다고 노력하다 보면 그렇게 보이고 싶지 않아도 어설퍼진다는 점이다. 그렇다면 반대로 생각해보자. 얕은수 따위 쓰지 않고, 있는 그대로 기뻐하고, 자신의 일에 집중하는 상대방은 얼마나 매력적인가? 유혹이란 노력도 목표도 없어야 성공하는 기술이다. 사실상 이것은 매력에 관한 문제다. 본질적으로는 이미 예견된 결과다. 우리 모두 알고 있지 않은가. 두 사람이 서로 끌리거나 그렇지 않거나 둘 중 하나일 뿐이다. 목표 앞에서 수줍어하거나 뻣뻣해지지 않으려고 신경을 곤두세울 필요가 있을까? 목표도, 맞춰야 할 표적도, 올라야 할 산도 없다.

이번에는 요리를 예로 들어보자. 친구와 즐거운 잡담을 나누는 데 지나치게 몰입한 나머지 가스레인지의 불을 줄여야 하는 것을 잊고 말았다. 어떻게 될까? 양파가 아주 맛있게 졸여져 있겠지. 설거지를 할 때도 마찬가지다. 프라이팬을 태웠을 때 가장 바람직한 해결 방법은 미친 듯이 문질러 닦는 것이 아니라 물에 담근 채 내버려두는 것이다. 절대로 문지르지 말아야 한다기보다는 적당한 때 문질러 닦는 것이 중요하다는 말이다. 여유를 갖는다는 것은 아무것도 하지 않는 것과 다르다. 즉, 더 효율적으로 행동하라는 뜻이다.

난 이른바 '기내용 책'을 좋아한다. 비행기에 오르기 직전 공항에서 구입해 창밖을 내다보며 읽는 그런 책 말이다. 눈으로 슬슬 읽어 내려가는 이 책이 알게 모르게 우리의 시각과 행동에 변화를 가져온다. 철학이나 시사나 자기계발 분야의 책이 아니라, 맬컴 글래드웰

*Malcom Gladwell*식으로 생각의 저널리즘을 구현한 책이라고나 할까? 글래드웰은 어떤 생각에 관심이 생기면 그 생각이 사람들의 삶을 어떻게 바꾸어놓는지 관찰하고, 그에 대해 기사나 책을 썼다. 만약 내가 '기내용 책'을 써야 한다면 느긋함에 대한 내용을 주제로 삼고 싶었다.

엘사가 안경을 벗으며 말했다. "그래서, 언제 출판할까?"

이 책은 그렇게 탄생했다. 저녁 식사 자리에서 별안간 시작되었던 두 친구의 대화에서 비롯한 책. 또한 이 책의 주제, '느긋함'에 걸맞게 누군가가 슬쩍 흘린 눈길 끝에서 비롯한 책이기도 하다. 거창한 프로젝트가 아니었기 때문에 특별한 노력을 들일 필요도 없었고, 계획된 의도나 납득시킬 대상도, 협상도 필요 없었다. 모든 것이 놀랍도록 분명했을 뿐이다. 그것이 바로 여러분이 지금 읽고 있는 이 책이다. 이 책이 애초에 비롯한 방식대로, 그러니까 특별한 노력 없이 목표를 이루기를, 그리고 여러분도 이 책에 영감을 주었던 대화의 흐름에 따라 자연스레 이어지는 페이지를 통해 그 목표에 닿기를 바란다.

chapter 1

계속하기

Continue

앞을 향한 시선이
우리를 지탱하는 줄이다

일을 어디서부터 시작할지 정하기란 정말 어렵다. 어떤 식으로 문제에 접근할까? 순서는 어떻게 정하지? 만약 술 한잔 들고 누군가에게 말을 건네는 상황이라면 이런 질문이 떠오르지는 않을 것이다. 우리는 각자에게 익숙한 방식으로 할 말을 건넨다. 어느 순간 대화는 시작되어 있으니 이어가기만 하면 된다. 하지만 글을 쓰려고 할 때는 시작과 동시에 문제가 발생한다. 고백하자면, 나도 이 서두를 수도 없이 고쳐 썼다. 문장을 지웠다가 다시 쓰기를 계속 반복했다. 오르페우스가 아내 에우리디케를 구하기 위해 지하세계에 내려갔던 이야기는 다들 한 번쯤 들어봤으리라. 나는 에우리디케를 데려가는 오르페우스라도 된 양, 앞으로 나아가는 대신 몇 걸음 걷고 돌아보기를 반복하다가 거우 쌓아 올린 깃마저 무너뜨리고 말았다. 그래도 오르페우스의 경우에는 지하세계의 왕 하데스가 금기 사항을 꽤 명확하게 알려준 편이다. "오르페우스, 네 플루트 연주가 너무나 아름다우니 처음이자 마지막 기회를 주겠다. 에우리디케를 죽은 자들의 세계에서 데려와 함께 이승으로 돌아가도록 허락해줄 터이니 너는 한 가지, 오직 한 가지 조건만 지키면 된다. 그 조건은 지상에 닿기 전까지 무슨 일이 있어도 절대 아내를 돌아보지 않는 것이다. 알겠느냐?" 이보다 더 명쾌할 수 있을까? 이 계약에는 어떤 의문도 남지 않는다. 조건이 조금 이상하긴 해도 숨겨진 함정 따위는 없다. 그런데 하데스는 왜 오르페우스에게 아내를 돌아보지 말라고 했을까? 생각해보면 언제 깨져도 이상하지 않을 규칙 아닌가. 정말로 이상한 요구였다. 그리스신화들은 단순한 이야기가 아니라 그 안에 교훈을 하나씩 담고 있다. 이 이야기의 교훈은 분명하다. 목표를 이루고 싶다면 다른 생각은 하지 말라. 계속 나아가되, 뒤돌아보지 말라.

　　　왜일까? 이유는 모두가 알지 않나. 다른 생각을 하는 순간 의심이 들기 시작해 뒷걸음질을 치게 되니까. 생각에 잠겨 허우적거리는 동안 행동하지 못하고 직관마저 잃게 되니까. 의심하면, 넘어진다. 이 법칙은 우물쭈물하며 수줍어하는 연인이나 줄을 타는 곡예사, 겹겹이 층을 쌓아 그릇을 나르는 웨이터에게도 똑같이 적용된다. 줄을 탈 때 곡예사는 시선을 앞에 두고 줄만 바라본다. 절대 아래나 뒤, 심지어 위도 쳐다보지 않는다. 앞을 향한 시선이 곡예사를 지탱해주는 줄이 된다. 웨이터는 "지나가요!"를 외치며 멈추지 않고 나아감으로써 균형을 유지한다. 마치 아슬아슬한 그릇과 기우뚱거리는 유리컵을 잔뜩 쌓은 쟁반이 지나가도록 길이 저절로 뚫리고 있는 것처럼 말이다. 모세가 홍해를 가르며 나아갈 때도 분명 이런 모습이었으리라. 행운의 여신은 용기 있는 자의 편이다. 돌아보지 말고 계속 나아가라.

○

자, 결론이 나왔다. 나는 오랫동안 준비해왔고, 일단 발걸음을 뗐으니 뒤돌아보지 않을 것이다. 왜냐고? 법칙이 통하는지 알아보기 위해서. 이 책에 나올 법칙을 따랐을 때 이 책이 정말로 스스로 생명력을 갖는지 확인하기 위해서. (책이 저절로 완성되는지 보겠다는 뜻은 아니다. 그건 내가 생각해도 너무 무리한 요구니까!) 법칙 속 조언들을 따라도 괜찮다는 사실을 증명하기 위해서. 그렇다면 그 조언들은 어디서 나왔냐고? 일단 나는 아니니 걱정하지 않아도 된다. 하지만 내가 직접 조언을 검증하긴 했다. 그 조언들은 사람들과 교류하고 문학 속 인물을 탐구하며 얻어낸, 이제는 내가 거의 무의식적으로 활용하게 된 실용적인 정보다. 철학자, 예술가, 운동선수에서 소설 속 인물까지, 나는 다양한 이들에게서 조언을 빌려왔다. 행동가들과 사색가들, 가끔은 행동가이면서 동시에 사색가인 인물에게도 빚을 졌다. 르네 데카르트René Descartes, 미셸 드 몽테뉴Michel de Montaigne, 앙리 베르그송Henri Bergson, 가스통 바슐라르Gaston Bachelard, 블레즈 파스칼Blaise Pascal, 시라노 드 베르주라크Cyrano de Bergerac, 오귀스트 로댕Auguste Rodin, 제라르 드파르디외Gérard Depardieu, 나폴레옹Napoleon, 야니크 노아Yannick Noah, 지네딘 지단Zinedine Zidane, 스탕달Stendhal, 프랑수아즈 사강Françoise Sagan, 철학자 알랭Alain, 셰프 알랭 파사르Alain Passard, 곡예사 필리프 프티Philippe Petit, 정신분석학자 프랑수아 루스탕François Roustang, 다이버 자크 마욜Jacques Mayol, 피아니스트 엘렌 그리모Hélène Grimaud, 그 외에도 수많은 사람들이 내게 도움을 주었다. 앞으로 이야기를 전개하며 이 사람들을 모두 만나볼 것이다. 나는 내 머릿속에 떠올릴 수 있는 모든 인물을 활용했다.

내가 떠올린 사람들이 전부 프랑스에 기반을 두고 활동했다는 사실을 눈치챘을 것이다. 우연은 아니다. 물론 내가 프랑스인이기도 하지만, 개인적인 것에서 보편적인 것으로 나아가기 위해서는 자기가 아는 것에서부터 시작해야 하는 법이기 때문이다. 하지만 수월함과 관련한 프랑스 특유의 개념이 존재하는 것 또한 사실이다. 지적 민족주의의 함정에 빠지지 않도록 주의하면서 그 개념에 대해 상세히 살펴보자. 일단 '프랑스식'이라는 건 언어적 또는 정신적으로 특정 '인종'이 아니라, '장소'와 연관된 상태를 의미한다. 또 세상 모두에게 보편적인 개념으로 발전할 수 있어야 '프랑스식'이라고 부를 수 있다. 프랑스식 사고방식은 모든 사람에게 열려 있으며, 이것이 프랑스식 사고방식의 강점이자 매력이요 고귀함이다. 시인 겸 사상가 샤를 페기*Charles Péguy*의 말을 빌리자면, 데카르트는 "사상의 역사에서도 선두를 이끌었던 프랑스 기병"이라 할 수 있다. 하지만 제1차 세계대전에서 중위로 생을 마감한 페기와 달리, 데카르트는 애국심 때문이 아니라 세상을 누비기 위해 군인이 되었다. 꽤 높은 지위까지 오른 페기가 시사했듯이 데카르트의 방식이나 생각이야말로 '프랑스식'의 결정체였다. 그러나 그의 방법론은 사유思惟를 누구라도 할 수 있는 간단한 것으로 보이게 만들었고 "나는 생각한다, 고로 존재한다"라는 그의 문장이 지닌 명확함 또한 보편적이었다. 독일을 대표하는 철학자 게오르크 헤겔*Georg Hegel*이 데카르트를 가리켜 프랑스 철학의 아버지가 아니라 현대 철학의 아버지라고 칭한 것도 아마 그래서였으리라. 생각은 그것을 이해하는 모두에게 귀속되며, 방법은 그 방법을 활용하는 모두에게 귀속되는 법이니까.

우리가 '프랑스'를 말할 때 프랑스 그 자체는

'une certaine idée', 즉 하나의 개념에 지나지 않으며, 집단적 상상 속에서 도시 '파리'라는 아주 응축된 형태로 존재한다. 파리는 모든 형태의 자유를 상징하는 세계적인 표상이자 사색가와 예술가 들이 꿈꾸는 도시다. 이때 파리는 루이 아라공*Louis Aragon*의 뮤즈였던 엘사 트리올레*Elsa Triolet*가 쓴, 제목부터 몽환적인 책《이방인들이 만나는 곳*Le Rendez-vous des étrangers*》에서 묘사된 이미지를 떠올리게 한다. 이 책에서 스페인인 피카소*Pablo Picasso*, 러시아인 샤갈*Marc Chagall*, 이탈리아인 자코메티는 모두 그 나름의 이유로 파리에 애착을 느꼈다.

> 몽파르나스에 모인 사람들은 외인부대처럼 집단을 형성했다. 그들이 양심의 가책을 느끼는 유일한 이유는 고향에서, 사회적 환경에서 외떨어져 있다는 사실뿐이었다. (……) 파리는 우리에게 이 작은 골목을 마련해주었다. (……) 유랑자를 위한 이 도시는 노트르담대성당과 에펠탑이 있어서인지 무척 '파리'스러웠다. 마치 불꽃이 터지듯 작은 군중 속 여기저기서 천재들이 출현했을 때, 줄곧 그 모든 영광을 누린 것은 여전히 파리의 하늘이었다.

중국계 프랑스 추상 화가 자오우지趙無極가 1948년 처음 파리에 건너왔을 당시 유일하게 할 줄 아는 프랑스어는 단 한 마디뿐이었다. 그가 택시 기사에게 건넸던 그 단어는, 초등학생에게 물어도 알 만한 '몽파르나스*Montparnasse*'였다. 그가 말한 몽파르나스는 그저 기차역이 있는 곳이 아니라 열망에 찬 화가들이 꿈꾸는 신비의 장소였다. 우연히도 그는 여생을 자코메티의 작업실과 아주 가까운 곳에서 보냈다. 어쩌다 중국인으로 태어났지만, 프랑스에서만 심장이 뛰었던 사람이다.

이제 어느 정도 요점을 파악했을 것이다. 프랑스식 삶에 매혹되기 위해 반드시 프랑스인으로 태어날 필요는 없다. 그렇다면 과연 프랑스식 삶을 구성하는 요소는 무엇일까? 그것을 면밀하게 정의하려다 보면 프랑스식 삶을 매력적으로 만드는 아주 중요한 특질인 고유의 신비함을 잃게 될지도 모른다. 17세기 무렵 루이 14세의 치세에서 교양 있는 사색가들은 'je ne sais quoi(뭐라 말할 수 없는 것)'나 'presque rien(거의 아무것도 아닌 것)'이라는 귀족적인 구절로 고상한 취향을 정의했고, 이로써 예술적인 걸작과 그렇지 않은 것을 구별 지을 수 있었다. 성공이란 얼마나 노력을 들였는가와 상관이 없었다. 오히려 눈에 보이는 노력을 하지 않는 것, 즉 예술가들이 어떤 목적을 달성할 때 얼마나 자연스럽고 손쉽게 해냈는 가가 중요했다. 예술가들은 분명히 노력했지만, 손재주 좋은 마술사나 아주 겸손한 사람들이 그러듯 자신의 노력을 드러내지 않아야 했다. '노력하지 않음*effortlessness*'이라는 프랑스식 미학의 역사는 '위대한 시대'이자 왕실의 시대였던 17세기로 거슬러 올라간다. 혁명을 거쳐 탄생한 부르주아계급은 논리적으로 당연하게도 이와 반대되는 입장을 펼쳐 평등과 노동의 가치를 열렬히 옹호했다. 만약 무리에서 돋보이고 싶다면 출신이 아닌 자신의 우수함을 활용해야 했다. 그래서 그들은 이렇게 외쳤다. "시민들이여, 일터로 가자!" 하지만 기묘하게도, 명백히 귀족적인 '느긋함'이라는 관념은 혁명 이후까지 살아남았다. 귀족적인 것들은 말살되기는커녕 대중들에게로 확산되어 모든 시민이 군주가 되었다. "그가 죽었다, 나 자신 만세!"* 프랑스인들이 규율을 거부하고 변덕스러우며 불만을 적극적으로 표현하는 이유는, 아마도 일련의 군주제 사회에서 개인으로 존재하며 오직 자신의 만족에만 집중했기 때문일 것이다. 거기에 미식이라는 개인의

* 군주제 국가에서 왕조가 교체될 때 선언했던 'The king is dead, long live the king(왕이 죽었다. 국왕 만세)!'라는 문장을 변형한 것.

과시적인 자유와 아름다움을 판단하는 취향, 늘 올바르고자 하는 욕구까지 더해지면, 프랑스 정신에 프랑스다운 맛을 주는 '뭐라 말할 수 없는 것'의 대략적이지만 꽤 정확한 공식에 도달한다. 이는 귀족의 오만함과 서민의 무례함, 가벼운 일을 대하는 진지함과 아주 진지한 순간을 대하는 가벼움이 섞인 혼합식으로서, 간단히 말해 고상함과 즐거움이라는 두 가지 개념과 상통하는 '노력하지 않음'을 향한 욕망이다. 이러한 노력하지 않음의 극치는 '학습된 태만', 사실 몇 시간을 준비했지만 막 준비를 시작한 것처럼 행동하는 고상함이라 할 수 있다. 의도된 '부스스함'이란 이런 것이다. 내 머리가 헤어 디자이너의 손길을 거친 공들인 머리라 해도 절대 그 사실을 드러내지 않는다. 원래 그랬던 것처럼 자연스럽게 보이기 위해 거울 앞에서 몇 시간을 보낸다. 나는 이 페이지를 완성하는 데 몇 개월이 걸렸지만 독자들은 내가 이 정도는 단숨에 써 내려갔다고 생각하게 만들고 싶다. 진정한 멋이란 언제나 완벽하게 자연스러워 보이는 것이다. 하지만 오해해서는 안 된다. 노력하지 않음은 절대로 그냥 달성되지 않으며 오히려 최고난도의 기술이 필요하다. 세상에서 가장 어려운 일이다. 딱 하나, 이보다 더 높은 수준의 기술이 필요하며 훨씬 더 어려운 일이 있다면, 노력하지 않은 것처럼 보이는 일에 만족하기를 거부하고 이를 내면으로 느끼되 실제로 경험하며 생활화하는 것이다. 우아함을 한꺼번에 분출하거나 찰나의 순간에만 내비치는 것이 아니라, 지속적이고 확실하며 분명하게 드러내는 것. 바슐라르가 말했듯이 "만족은 노력을 들이지 않고 쉽게 느낄 수 있지만, 행복을 느끼는 법은 반드시 배워야만 한다". 만족에서 행복으로 가기 위해서는 넘어야 할 산이 하나 있다. 바슐라르는 소르본 대학의 교수로 마법사 멀린처럼 하얀 수염을 길게 기르고, 심술궂은 눈빛을 지녔으며, 늘 상상력과 우정 그리고 시적 감흥을 갈구했다. 그것들이 바슐라르에게는 행복의 원천이었다. 이 책에서 나는 바슐라르를 비롯한 다른 이들의 방법들도 함께 소개할 것이다. 행복에 이르는 길은 여러 갈래로 나뉘어 있지만 어떤 길들은 결국 하나로 통하기 때문이다. 여러분과 이 길을 함께 걸으며, 추구할 만한 가치가 있다고 여겨지는 것들이 나올 때마다 멈춰 서서 하나씩 자세하게 살펴볼 생각이다.

○

이 장의 맨 처음에 어떤 일이든 시작하기가 가

장 어렵다고 언급했었다. 모순적이게도 이 법칙은 노력하지 않음에 대한 책을 쓸 때 두 배는 더 잘 들어맞는다. 글을 쓰려고 할 때마다 최대한 시작을 미루려 시간을 보내고, 준비를 위해 시간을 또 허비하고, 영감이 오기를 가만히 기다리게 되는 것이다. 하지만 마음속으로는 알고 있다. 모든 것을 완벽히 준비할 수는 없으며, 그러려면 평생을 준비해도 모자란다는 사실을. 이것은 용기나 의지의 문제가 아니다. 그냥 원래 그렇다. 그럴 수밖에 없다. 시작하려면 내면에 지니고 있는 자신의 능력을 이끌어내 무에서 유를 창조할 수 있는 신이라도 되어야 할 것만 같은 느낌이다. 이른바 '작가의 벽writer's block' 상태, 즉 빈 화면 앞에서 공포를 느끼며 몰입하기를 두려워하고 한 글자도 쓸 수 없는 자신에게 절망할 필요가 전혀 없다. 완성 같은 건 생각하지도 말자. 자코메티를 한번 보라. 그는 어떤 것도 끝내지 못했다. 전시회가 시작되기 전에 그의 조각품들을 주조 공장에 보내려면 말 그대로 그에게서 조각품들을 강탈해야 했다. 사람들이 그 이유를 물을 때마다 그는 차분한 어조로 대답하곤 했다. 시작되지 않은 것은 끝낼 수도 없다고. "나는 조각상에서 벗어나기 위해 조각을 합니다. 최대한 빨리 조각을 그만두기 위해서 말이죠." 사람들이 "하지만 언제나 다시 조각을 시작하지 않나요?"라고 되물으면, 자코메티는 이렇게 논리적으로 답한다. "그렇죠. 시작 근처에도 가지 못했으니까요. 지금까지 저는 진짜 시작한 적이 없습니다. 만약 어떻게든 시작을 했다면, 사실상 끝난 것이라 생각합니다." 끝과 시작이 모두 불가능하다는 얘기다. 하지만 자코메티는 분명히 작업을 했고 스스로는 인정할 수 없을지라도 그의 작품이 존재하기에, 이 문제에는 해결 방법이 있는 셈이다. "작품이라는 외형 너머의 성공에 목매지 않고 점토를 즐겁게 가지고 노는 데만 전념하는, 그런 유의 집착은 없을지 궁금합니다."

미로를 빠져나갈 기적 같은 해결책은 분명히 있다. 게다가 그 방법은 심각할 정도로 단순해서 앞으로 나올 두 개의 장, 아니 사실 두 단어로도 요약할 수 있다. 내가 지금 당장 그것이 무엇인지 말해준다면 여러분은 책을 덮고 즉시 실행에 옮겨 앞으로 1초도 허투루 쓰지 않게 될 것이다. 책이 갖추어야 할 요소에 대한 여러분의 기대와 작가로서의 업무를 존중하는 의미에서 나는 어쨌든 이 책을 계속 써 내려갈 것이지만, 여러분이 지금 당장이라도 책을 덮고 최대한 신속하게 새로 발굴한 지식을 활용하여 이득을 취한다면 바랄 것이 없겠다. 내가 지금까지 보고 들은 것 가운데 삶의 어떤 방면에서도 이보다 더 유용하게 적용되는 것은 발견하지 못했다. 선생이자 작가이자 군인이었던 철학자 알랭의 책에서 가져온 인용구 하나면 충분하다. 꾸물거리는 건 이쯤이면 됐고…… 바로 공개하겠다. "앞으로 나올 두 장에서 행동하기 위해 필요한 원칙을 설명할 것인데, 각 장에는 중심이 되는 단어가 있다. 첫 번째 장의 '계속하기'와 두 번째 장의 '시작하기'가 그것이다. 대부분 그 순서를 의아하게 생각하겠지만, 사실상 순서가 모든 것을 담고 있다." 계속하기, 그리고 시작하기. 이 두 단어가, 이 순서로 와야 한다. 시작하기 전에 일단 계속해야 한다. 지금까지 이 책을 읽어주신 모든 분께 감사드립니다. 짧은 만남이었지만 여러분을 알게 되어 즐거웠어요. 안녕히 가시기를. 부디 행복해지시기를!

더 큰 깨우침을 위해 조금 더 머물기로 결정한 분들을 위해 고백할 것이 있다. 내가 가장 처음으로 읽었던 알랭의 책은 《행복론 *Propos sur le bonheur*》으로, 대학 마지막 학년을 앞둔 여름에 프랑스 예르의 시립도서관에서 대출을 받았다. 그럴듯한 관념이나 거창한 사상을 기대하고 책을 펼친 나는 실망할 수밖에 없었다. 책 속에는 진부한 말들과 삶의 방향성에 대한 이야기, 추상적인 예시들뿐이었다. 내가 이 생각을 바꾸고 알랭이 시사하는 바의 미묘함을 올바르게 깨닫기까지는 그 후로 몇 년이 더 걸렸다. 사실 이 책은 너무도 잘 쓰인 글이라 어떤 사람들에게는 지나치게 심오하게 느껴지기도 할 것이다. "행복해지기 위한 당신의 노력은 결코 헛되지 않다." 솔직히 이런 아포리즘을 이해하기 위해서는 인생을 조금 더 살아봐야 하지 않겠나? 행복이란 우리가 이해할 수 있을 만큼 쉽다고 알랭은 말한다. 물론 명확하게 이해되는 말은 아니다. 우리의 경험에 비추어보면 사실 그 반대에 가깝다. 살아보면 쉬운 게 없다. 우리 모두가 느긋함을 꿈꾸는 이유는 그것이 불가능하기 때문 아닌가. 나약해지고, 속수무책의 상황에 다 놓아버리고, 아무 영감도 얻지 못하지 않는가. 결정을 내릴 에너지가 부족하지 않은가. 어떤 문제를 해결할 방법을 떠올리기는커녕, 어떻게 살지도 모르는 경우가 흔하지 않은가. 그런데 일하기 좋아하는 한 사람의 말에 따르면 살아가고 행동하는 문제는 생각보다 쉽다. 그렇다, 알랭은 아마추어나 게으름뱅이가 아니다. 철학자인 동시에 행동할 줄 아는 사람이다. 알랭은 노력하기를 멈추라고 말하는 것이 아니라, 우리의 노력이 어디로 향해야 하는지 일러줄 뿐이다. 문제는 생각보다 간단하다. "모든 것은 이미 시작되었고, 우리는 계속하기만 하면 된다. 다음 행보가 어떻든 지금 자신의 위치를 있는 그대로 받아들여라. 미래를 위한 결단들은 전부 가상의 것이다. 지금 하고 있는 일을 계속하되 조금씩 나아지기만 하면 된다."

살아 있음은 서술 가능한 경험의 일부가 되어 세상과 연을 이어가는 것이다. 우리는 언제나 행동에 몰두한다. 그러므로 시작할 필요도 없이 그냥 계속하면 된다. 큰 결심을 할 필요도 없다. 알랭은 자신의 뜻을 설명하기 위해 본인이 가장 잘 아는 분야인 글쓰기를 예로 들었다. 그가 예시로 들었던 스탕달이라는 인물은, 그 자신의 고백에 의하면 영감이 오기를 기다리며 10년이라는 시간을 허비했다고 한다.

> 1806년에도 나는 천재적인 영감이 떠올라 마침내 펜을 잡는 그 순간을 기다리고 있었다. (……) 만약 1795년에 이러한 집필 계획에 대해 말했다면, 이성적인 사고가 가능했던 이들은 이렇게 얘기해줬을 것이다. "매일 한두 시간씩 글을 쓰게나. 천재적이든 아니든 상관없어." 이 조언 한마디만 있었어도, 바보처럼 10년이라는 시간을 영감을 기다리느라 허비하는 대신 더욱 쓸모 있는 일에 활용할 수 있었을 텐데.

다시 말해, 글쓰기를 배우고 싶다면 글의 내용이 아니라 쓰기라는 행위 자체에 집중해야 한다는 뜻이다. 많이 써볼수록 잘 쓸 수 있다. 이미 썼던 것을 다시 보지 말고, 계속 써 내려가라. "여기서 깨달은 바가 있다." 알랭은 말한다. "잘 쓰는 기술의 비법은 고쳐 쓰지 않고 계속 써 내려가는 것이다. 써놓은 문장 하나가 백지보다 낫다. 문장이 조악하고 고르지 못하더라도 거기서 무언가 배울 것이다." 이미 썼던 글을 고치기보다는 계속 써 내려가는 편이 낫다. 그래야 앞으로 나아갈 수 있다.

레지스탕스 운동에 참여했던 소설가 장 프레보 *Jean Prévost*는 알랭이 가르친 학생 중 하나였는데, 마찬가지로 스탕달의 사례에서 교훈을 이끌어냈다. "글을 고칠 것을 염두에 둔 작가는 초고를 쓰고도 많은 노력을 들여야 하지만, 계속해서 써 내려가는 작가는 문장을 쓰는 그 순간을 위해서만 노력하면 된다. 스탕달이 한번 펜을 잡으면 아무도 그를 따라잡을 수가 없을 것이다. 그는 언제나 글을 이어 쓰거나 계속 쓰고 있기 때문이다." 글쓰기가 쉬워지려면 시작하기 전에 가장 힘든 부분을 끝내야 한다. 아니면 다른 사람에게 그 힘든 부분을 떠넘길 수도 있다. 시작해야만 하는 상황을 피하기 위해서, 스탕달은 기꺼이 책을 필사하고 번역하고 초안을 다시 훑고 일기를 들춰보고 다른 작품을 묘사한다. 시작하는 것만 하지 않으면 되었다. 그는 고백한다. "내 마음은 게으른 녀석이라, 글쓰기보다 쉬운 일에 매진할 때만 행복을 느낀다." 그러므로 스탕달을 일하게 만든 건 게으름이라고 할 수 있겠지만, 이 방법 덕분에 그에게는 일이 무한할 만큼 쉬워진다.

스탕달의 사례에서 무엇을 배울 수 있을까? 물론 모두가 작가가 되고 싶어 하는 건 아니다. 하지만 알랭은 "글쓰기의 기술을 가볍게 생각하지 말라"라고 말한다.

글쓰기는 직업에 상관없이 누구에게나 필요한 기술이다. 글을 지웠다 썼다를 반복하다 보면 상당한 시간을 허비하게 된다. 지금 고친다고 해서 나중에 고치지 않는다는 보장은 없다. 그 반대로, 아무 글이나 갈겨놓고 고치면 된다는 생각을 하게 되기 쉽다. 초고가 완성본의 질을 떨어뜨린다. 다른 방법을 모색해야 한다. 실수를 남겨두어라.

실수를 남겨둔다는 것은 썼던 문장으로 돌아가

고치지 않고 계속해서 써나간다는 의미다. 썩 맘에 들지 않는 문장을 그대로 두고 다음 문장을 이어 쓸 때는, "더 정확히는" 또는 "더 쉽게 말하면" 같은 구절로 시작하면 된다. 글쓰기란 계속해서 완벽한 문장을 만들어내는 작업이 아니라 처음에 불완전하게 썼던 문장을 다음 문장으로 계속해서 다듬어가는 과정이다. 벽을 쌓을 때 정말로 중요한 것은 처음 놓는 벽돌이 아니라, 그 벽돌을 따라 벽을 최대한 높이 쌓아 올릴 수 있게끔 결합해주는 다음 벽돌이다. 계속 앞으로 나아가되 뒤돌아보지 말자. 직접 해보기 전까지는 수정 없이 글을 쓰는 일이 어렵게 느껴질 것이다. 우리는 실수할 자격이 있다는 사실을 받아들이지 못한 채, 돌이킬 수 없다는 생각에 머릿속이 새하얘져서 아무것도 쓰지 못하게 되지나 않을까 걱정하곤 한다. 하지만 완벽할 필요가 없다는 사실을 인정하면 오히려 일이 쉬워진다. 다음 문장을 탄생시키기 위해서는 첫 문장의 불완전함에 기대야 한다. 마음만 먹으면 자신의 발자취를 따라 다시 돌아갈 수 있다는 생각에서 벗어나야 한다. 돌이킬 수 없다는 사실이 오히려 자유를 준다. 오해하지 말라. 여러분에게 완벽해지기를 요구하는 사람은 아무도 없으니 그저 있는 그대로 행동하면 된다. 이미 저지른 일을 굳이 들추어가며 평가하는 대신 앞으로 나아가며 스스로를 해방하라는 얘기다. 그러면 뒤돌아보아서는 안 된다는 그 법칙이 더 이상 하데스의 위협이 아니라 나를 온전히 나답게 만드는 아름다운 약속이요 선물이 될 것이다. 이미 저지른 일을 되돌릴 수 있다는 생각을 지운 채 멈추지 않고 나아가면 창조의 가능성에 성큼 닿게 된다. 지우기가 아닌 쓰기를 통해 글쓰기를 배우는 것이다. 게다가 이러한 방법은 그 자체로 추진력을 발휘한다. 오직 앞으로 가는 선택지밖에 없기 때문에 어느새 시작해 있을 수밖에 없다. 수정하지 않고 느낌대로 계속 나아가되 돌아보지 않는, 더없이 프랑스적인 이러한 글쓰기는 어느 면으로 보나 꽤 대담한 방식이다. 문장을 마치 경주마인 양 끊임없이 몰아붙이며 규칙 따위는 무시할 수 있는 힘을 실어준다. 불완전함이 걸림돌이 아니라 발판이 된다. 오직 여러분 자신을 위해 시도해보기를 바란다. 누구에게 보여줄 필요도 없다. 돌아보지 말고 글을 쓰자. 지우지도, 뭉개지도 말고 검은 글씨를 온전히 내버려 두자. 그런 다음 이 방법이 통했는지 내게도 귀띔해주기를 바란다.

　　만약 글쓰기에 정말 취미가 없다면, 이것이 정신의 근육을 키우는 연습이라고 생각해보자. 필요하다면 억지로라도 해야 한다. 자신이 쓴 글을 다시 읽어보지 않는 자유를 한 번이라도 맛보았다면 살면서 겪는 다른 일에도 비슷하게 대응할 수 있을 것이다. 행복하고 편안한 마음으로 온전한 존재로서의 나를 있는 그대로 받아들이고, 완벽함의 경지에 이르러야 한다는 압박을 느끼거나 '너무 늦었다'고 생각하며 포기하지 않게 된다. 언제나 자기 자신을 다시 만들 수 있다는 사실을 알고, 진정한 행위는 단절이 아니라 지속, 즉 새로운 시작을 근본적으로 거스르는 흐름 안에 존재한다는 사실을 알면 내가 무엇이든 만들어낼 수 있으리란 믿음을 얻게 된다. 큰 변화는 종종 작은 결정들이 쌓여서 예상치 못한 순간에 일어나곤 한다. 지금 하던 일을 계속하되, 매일 조금씩 나아지면 된다. 매일 새롭게 시작할 필요도 없다. 그렇게 만들어낸 결과는 더욱 극적일 뿐 아니라 지속 가능하다. 말끔하게 치우겠다는 마음에 작은 부스러기까지 남김없이 쓸어버리지 말자. 물론 그러고 싶은 마음이야 굴뚝같겠지만, 뒤를 돌아 문제를 곱씹을 것이 아니라 스스로 자제력을 발휘해 흘러가던 대로 두어야 한다. 일단 한 번이라도 끝내고 나면 다시 시작할 기회는 충분하다. 당분간은 아주 사소한 것이라도 어떤 시도를 할 수 있을지 자문해보고, 최대한 상황을 즐기자.

가장 치명적인 실수는 아무것도 하지 않고 가만

히 앉아 펜만 붙잡고서, 결국엔 자신의 삶까지 내건 채 기다리는 일이다. 인내는 미덕이지만 기대라는 것이 늘 좋은 방향으로만 흐르지는 않기 때문에 스스로 과도한 요구를 하게 될 수 있다. 그런 기다림 속에서는 아무것도 얻지 못한다. 침체에서 벗어나는 방법을 모르겠다면 스탕달의 방법을 따라 하면 된다. 다른 사람에게서 첫 문장, 첫 행위를 빌려 와 이어가는 섯이다. 자신의 동력이 아닌 다른 사람의 힘에 기대어 계속할 수 있다. 사이클링에서는 이것을 '드래프팅*drafting*', 더 흔한 말로는 '슬립 스트림*slip stream*'*이라고 한다. 글쓰기 같은 실생활의 문제에서도 다른 사람이나 다른 존재의 도움을 빌려 그것을 뒤따라갈 수 있다. 언어도 처음 배울 때는 다른 사람을 모방하고 기계적으로 암기하며 습득하기 시작한다. 그러면서 자신도 눈치채지 못할 만큼 조금씩 발전해, 결국 자신만의 슬립 스트림을 만들고 그 언어를 말할 수 있게 되는 것이다. 쓰고, 가속을 붙이면, 결국은 날아오를 수 있다! 사실상 무언가를 새롭게 시작할 필요가 전혀 없으니, 그저 계속하기만 하면 된다. 생각보다 일이

---

* 여러 명이 바이크를 탄 때 앞사람의 뒤에 붙어 공기저항을 줄이며 달리는 기술.

훨씬 쉬워진다. 조각가라면 빚어내고 조각할 점토나 석조만 있으면 된다. 난데없이 무無에서 무작정 시작할 수는 없는 노릇 아닌가. 자코메티는 스스로 집착이라고 부를 만큼 작업에 몰두하면서도 성취에 대한 욕심 없이 그저 점토를 가지고 즐겁게 노는 것에 만족했다. 자신의 입장에서 진짜로 무언가를 시작한 적은 없지만, 그렇게 멈추지 않고 계속 작업을 이어나갈 수 있었다. 자신이 이루고자 한 것을 달성하지 못했다고 느꼈을지 몰라도, 그는 작업을 하며 굉장히 행복해했다. 한 전시회에서 다큐멘터리 제작자인 장마리 드로*Jean-Marie Drot*와 진행한 인터뷰를 통해 자코메티는 이렇게 말한다.

"자코메티 씨, 파리에서 마지막으로 뵀을 때는 한창 작업 중이셨죠. 지금은 취리히에 있는데 마치 양 떼를 돌보는 양치기 같은 모습이군요. 어디를 봐도 당신의 작품뿐이잖아요. 어떤 기분인가요?"

"어제 전시회를 지켜봤는데, 참 멋지더군요. 그 당시엔 그랬어요. 솔직히 너무 괜찮아 보였죠. 그래서 이젠 조금 걱정이 되고요."

"그게 무슨 뜻이죠?"

"어제처럼 만족스러운 느낌을 받는다면, 그러니까 제가 평소에 느끼는 것과 반대로 말이죠, 어쨌든 그런 느낌이 들면, 그건 제가 비판 능력을 잃었다거나 더 이상 할 수 있는 일이 없다는 뜻이니까요."

"하지만 그런 생각은 결국 방 안에 들어앉아 삶 전체를 판단하는 셈이 아닐까요?"

"그럴 수도 있죠. 그래도 (……) 뭐랄까, 어떻게 보면 저는 **아직 시작하지도 않은 것 같습니다.**"

chapter 2

시 작 하 기

Start

우리는 망설이기 때문에
길을 잃는다

첫발을 내딛는다는 것은 사랑에 빠진 이라면 반드시 넘어야 할 산이자, 곡예사라면 줄 앞에 설 때마다 마주하는 끔찍한 악몽이다. "첫 한 걸음을 내딛기 전에 끝까지 줄을 건널 수 있다는 확신이 들지 않으면 난 줄 위를 걷지 못할 것이다. (……) 이것은 거의 종교적인 신념에 가깝다." 누가 한 말일까? 필리프 프티다. 그게 누구냐고? 프티를 알 수 있는 가장 좋은 방법은 그의 경험을 함께 겪어보는 것이리라. 조그만 사고실험 하나를 해보자. 이 문단이 끝나면 눈을 감고 열을 셌다가 다시 눈을 뜨는 것이다. 자, 시작하겠다.

○

천천히 눈을 뜨면 너른 하늘이 보인다. 겨우 시야에 들어오는 저 높은 곳에 새 한 마리가 자유롭게 활공하고 있다. 귓가에 울려 퍼지는 이 쿵쿵 소리는 뭘까? 당신의 심장 소리다. 다리가 후들거린다. 아래를 내려다본다. 두 발이 아찔한 높이에 떠 있다. 손을 저어봐도 잡히는 건 아무것도 없다. 아래를 살피려고 몸을 숙여본다. 지상에서 약 500미터, 정확히는 410미터 떨어져 있는데, 이것은 축구 경기장 네 개를 합쳐 세워놓거나, 에펠탑을 지금보다 100미터 더 높이 쌓거나, 노트르담대성당을 여섯 개는 쌓아 올린 높이다. 이제 당신의 시선이 지면에 닿았다. 까딱하면 저 밑으로……. 그런데 이 바람은 어디서 불어오는 걸까? 상상이 만들어낸 바람이다. 당신을 넘어뜨릴 수 있는 유일한 바람이기도 하다. 고개를 들어 앞을 바라보자. 직선으로 길게 뻗은 이 줄을 건너야 한다. 400미터도 넘는 높이에 걸려 있는 이 줄, 정확히 말해 60미터 길이의 이 전선을 건너기 위해 당신은 세 명의 공범 장프랑수아즈*Jean-Françoise*, 장루이*Jean-Louis*, 알베르*Albert*와 함께 아무도 모르게 이 위에서 밤을 지새웠다. 전선을 연결해놓은 두 건물은 몇 년 동안 꿈에서 보아온, 언젠가 꼭 건너겠다고 맹세한 바로 그 건물들이다. 대망의 날 아침이 밝았다. 아직 7시도 되지 않았다. 오늘은 1974년 8월 7일이다. 당신의 발 한참 아래에 출근하려고 길을 건너는 사람들과 집으로 돌아가는 야간 노동자들이 뒤섞여 종이 인형처럼 작게 보인다. 누군가는 잠을 청하러 가지만 당신은 이 높은 곳에 혼자 올라 줄을 건널 준비를 하고 있다. 뉴욕이 서서히 깨어나는데 정작 당신은 한숨도 자지 못했다. 건널 준비를 마쳤는가? 그런데 이런 묘기의 준비를 마친다는 것이 가능하기는 한 걸까? 당신은 새로 지은 세계무역센터의 트윈 타워 사이를 맨몸으로 건너려는 참이다. 몇 년간 준비하고, 망설이고, 구상한 끝에 마침내 때가 왔다. 지금 당신이 바로 필리프 프티다. 첫걸음을 내딛기만 하면 바로 이 곡예사가 되는 것이다.

이상적인 상황은 아니다. 구름이 끼어 날이 흐리다. 비가 올 수도 있을 것 같다. 바람이 너무 강할 수도 있다. 정말이지 너무나 높다. 프티는 《줄 위에서 *Traité du funambulisme*》라는 저서에서 이렇게 말한다. "망설이면 안 된다. 땅에 시선을 빼앗겨서도 안 된다. 둘 다 멍청하고 위험한 짓이다." 전선이 버텨줄까? 날을 다시 잡거나 미뤄야 하는 건 아닐까? 불가능하다. 앞으로 1분 후면 엘리베이터가 움직일 것이고, 2분 후면 출근한 직원이 옥상에 도착할 것이다. 경찰도 그리 멀리 있지 않다. 엘리베이터가 움직이기 시작한다. 당신의 친구이자 공범 장프랑수아즈는 당신을 도왔다는 죄목으로 체포되어 수감되겠지만, 이쪽을 슬쩍 보더니 줄을 건너는 데 도움이 될 만한 25킬로그램짜리 장대를 건네준다. 이제 물러설 수 없다.

좋다. 이제 왼발을 아주 신중하게 줄 위에 올려놓는다. 이때 반대쪽 다리에 무게를 실어야 한다. 곧게 편 반대쪽 다리는 아직 남쪽 타워의 단단한 지면을 안전하게 딛고 서 있다. 이제 줄 위로 첫걸음을 내디디며 반대쪽 다리로 무게를 옮기면 된다. 결정의 순간이 다가온다. 한번 걸음을 디디면 절대로 돌이킬 수 없다.

발을 내딛는 순간 엄청난 공포가 밀려든다. 불가능하다는 생각뿐이다. 이 타워를 처음 보았던 때가 떠오른다. 6년 전, 치과 대기실에서 펼쳐 든 잡지에서 어떤 사진을 보고는 당장 그 페이지를 찢어 치아는 뽑지도 않고 마치 보물이라도 손에 쥔 양 집으로 달려갔다. 아직 존재하지 않는 건물이었지만 꿈으로 상상할 수 있었다. 두 번째로 그 건물을 봤을 때는 사진이 아니라 실물이었다. 건물 바로 밑에서 생생히 목격했다. 그것의 질량, 밀도, 가공할 높이에 압도당했다. 사진 속 모습으로만 보다가 실제로 마주한 건물은 숨이 막히게 아름다웠다. 모든 근육이, 세포가, 피부가 전율에 몸서리쳤다. 그 소리 없는 아우성 속에서 당신은 강렬히 느낄 수 있었다. 이건 불가능한 일이라고. 수개월 동안 모든 준비를 마친 지금도 여전히 불가능한 일 같다고. 하지만, 그렇기 때문에 (이 또한 강렬히 느낄 수 있는데) 건너고 싶다. 그렇다고 마구잡이로 할 수는 없다. 첫걸음을 올바로 내딛지 못하면 그것이 이 세상에서 내딛는 마지막이 걸음이 될 것이다. "희망이나 자신 없이 실패할 게 뻔한 자세로 걸음을 믿는 건 큰 실수다." 주사위가 던져지면 돌이킬 수 없다. 발걸음을 어떻게 내디딜지, 몸을 어떻게 내던질지, 이미 모든 것이 정해져 있다. 모든 운명이 당신이 내건 희망에 달려 있다. 자신감에 달려 있다. 이때 자신감은 생각이라기보다는 세상을 마주한 채 꼿꼿이 등을 펴고 있는 몸의 모양, 즉 당신의 자세다. 생각은 당신이 하는 게 아니라, 당신 그 자체다. 그렇게 되어야 사고의 함정에 빠지지 않을 수 있다. 조금만 생각해봐도 세상에서 가장 높은 두 건물 사이에 위태롭게 뻗은 줄 하나에 목숨을 건다는 게 얼마나 미친 짓인지 알 수 있지 않은가. 말 그대로다. 곡예사는 공중에 떠 있는 하나의 관념이며, 줄 하나, 자신의 신념 하나에만 의지한 상태다. "줄을 향해 발을 뻗을 때 나는 항상 확신에 차 있다." 이 확신은 어디서 오는 걸까? 당연히 오랜 훈련과 세밀한 준비, 자신의 근력과 발재간에 대한 믿음에서 나온다. 하지만 더 깊숙이 들여다보면 진정한 근거랄 것이 없다. 이 곡예사의 확신은 자만이자 무지이고, 무모함이다. 하늘에 있는 신이 아닌, 자신의 다리와 발에 깃든 신을 향한 신념이다. 아주 순수한 신념이다.

　　발을 내딛기 전 한 번 더 마음을 가다듬는다. 어떻게 시작할지 잘 생각해야 한다. 삶과 죽음이라는 경계를 넘어 당신이 내딛는 첫걸음에 줄타기 전체가 좌우되기 때문이다.

발 전체를 한 번에 디디면 자신감이 붙을지는 몰라도 걸음걸이가 무거워지기 마련이다. 반면에 발끝과 발바닥 그리고 뒤꿈치 순서로 천천히 올리면 이 엄청난 높이에서 정신이 아찔하리만치 웅장한 가벼움이 무엇인지 경험할 것이다. 그리고 사람들은 당신을 보며 이렇게 외치리라. "전선 위를 거닐고 있잖아!"

이게 바로 핵심이다. 110층 높이에서 줄타기를 하고 있더라도 편히 걷고 있다는, 그다지 힘을 들이지 않는다는 인상을 주어야 한다. 당신은 상징이자 영감이며 실현된 희망이다. 저 밑에 있는 사람들이 마음 한편에 묻어둔 비상의 꿈을 당신이 이루고 있다. 꿈을 실현하기 위해서는 그것을 가볍게 만들 필요가 있으니, 첫걸음을 내디딜 땐 신중에 신중을 기해야 한다.

앞서 살펴보았듯이, 이미 시작된 것이니 계속 나아가기만 하면 된다. 당신이 쌓아 올린 벽돌은 다음에 놓아야 하는 벽돌의 모양을 짐작하게 해준다. 벽이 쌓여갈

수록 망설임이나 우연이 들어설 자리는 없어지고, 당신은 필요에 의해서만 움직인다. 하지만 애초에 어떻게 시작한단 말인가? 첫 번째 벽돌을 놓기야 어렵지 않다지만, 첫발을 내딛는 건 다른 문제 아닌가. 아무 구속도 없는 자유는 너무나 아찔하고, 발생할 수 있는 결과가 무한한 만큼 실패도 피할 수 없을 듯 느껴진다. 별이 뜨지 않은 하늘처럼 이해할 수 없는 공허함만 가득한데, 머릿속에는 끝없는 질문이 맴돈다. 왜 꼭 이렇게 해야 할까? 왜 이 방향으로 가야 하지? 곡예사라면 그나마 어떤 방향으로 가야 하는지는 알고 있다. 그냥 전진이다. 60미터 전선을 따라 쭉 걷는 것이다. 길이 눈앞에 펼쳐져 있다. 망설임이 이는 건 방향을 몰라서가 아니라 첫걸음을 어떻게 내디뎌야 할지 모르기 때문이다. 일단 걸음을 떼면 그다음부터는 선택지가 없다. 물론 줄타기를 모든 일에 적용할 수는 없다. 곡예사란 굉장히 극단적인 사례이므로 비유에 집중하자. 어떤 활동이든지 시작하는 방법에 따라 미래의 성패가 좌우된다. 그냥 시작하는 걸로는 충분하지 않다. 자신 있게 시작해야 한다. 말타기든, 달리기든, 일이든, 사랑이든, 첫 단추를 잘 끼워야 그다음 일도 잘 풀리는 법이다. 자신감 있게 시작하면 목적을 달성할 확률이 무한대로 커진다. 마치 활쏘기와 같다. 깔

끔하게 쏘아 올린 화살은 이미 과녁에 명중한 것이나 다름없다. 화살이 활을 떠난 그 순간 완벽한 포물선을 그리며 나아갈 것임을 직감할 수 있다. 그렇다고 여기서 운명론을 이야기하자는 건 아니다. 쏘아 올리기 전까지 화살은 어디로든 향할 수 있다. 미리 정해진 것은 아무것도 없지만 화살의 종착점은 시위를 놓는 순간 결정되고, 활을 쏘는 사람은 첫 느낌에 명중하리라는 확신을 받는다. 이는 하나로 연결된 동작이고, 따라서 시작이 좋아야 끝도 좋다. 연습 게임 따위는 없으니 반드시 한 번에 성공해야 한다. 그러니 종착점이 어디인지 느껴진다거나 이제 할 수 있다는 확신이 들기 전까지는 시작할 수 없다. 당신은 아마도, 물론 그래야 하지만, 여전히 망설인다.

데카르트가 말했듯이 망설임이란 악惡 중에서도 최고의 악이다. 그렇다면 어떻게 망설이지 않을 수 있을까? 앙드레 지드André Gide는 스탕달의 또 다른 열혈 추종자로서 자신의 일기에 이렇게 기록했다. "스탕달의 엄청난 비밀이자 특별한 비결은 망설이지 않고 써 내려가는 것이다. (……) 이로써 그는 자신의 글쓰기에서 큰 깨달음을 얻었으니, 그가 깨달은 '한 번에 해내기got-it-first-time'의 기술은 예상할 수 없으며 갑작스러운 어떤 것이다. (……) 망설이는 순간 길을 잃는다." 인상적인 구절이다. 길을 잃었다고 망설이는 게 아니라, 망설이기 때문에 길을 잃는 것이다. 어디에 있는지 모를 때 길을 잃는 것이 아니라, 다음에 무엇을 해야 할지 모를 때 정말로 길을 잃는다. 왜 스탕달이 다른 작가들에게 그렇게나 매혹적인 존재였는지 알 것 같다. 시작이 얼마나 어려운지 작가라면 모두 알고 있다. 그러나 스탕달은 일말의 망설임도 없이 잉크 범벅이 되어 글쓰기에 몰두한다. 나폴레옹이 전장에서 과감히 몸을 내던지듯 말이다. 수영을 배우려면 일단 물속에 뛰어들어야 하는 것도 비슷한 이치다. 걷기도 마찬가지라, 첫 발걸음을 뗀 뒤 기우뚱거리다가도 넘어질 뻔한 자세를 바로잡아 에너지로 전환한 다음 다시 전진하는 과정으로 이루어진다. 걷기를 배우고 싶으면 넘어짐을 두려워하지 말고 망설임 없이 앞으로 나아가야 한다.

머리로는 다 이해할 수 있다. 하지만 만약 숲속에서 길을 잃었는데 휴대전화 신호도 잡히지 않고, 주변에 어떠한 표지판이나 안내판도 없는 상황이라면 당연히 망설일 수밖에 없지 않겠는가? 데카르트는《방법서설 *Discours de la méthode*》에서 의지를 다잡을 수 없다면, 가장 좋은 방법은 아래처럼 행동해보는 것이라고 조언한다.

숲속에서 길을 잃었다는 사실을 깨닫는다 해도 그곳을 배회하거나 특정한 장소에 머무르는 대신, 목적지를 향해 갈 수 있는 만큼 최대한 앞으로 나아간다. 특별한 이유 없이 방향을 틀지 않는다. 애초에 그 목적지를 선택하게 된 것도 그저 우연이 아니었던가. 그로써 우리는 원래 의도했던 장소에는 도달하지 못한다 할지라도, 결과적으로 숲 한가운데에 남겨진 것보다는 훨씬 더 괜찮은 곳일 가능성이 높은 어딘가에 닿게 된다.

이제는 정말 움직여야 할 때지만 어떻게 해야 할지 모르겠고 그렇다고 해결 방법을 찾을 길도 없다면, 일단 방향부터 설정하자. 돌아가거나 눌러앉아 우물쭈물 망설이는 대신 그 방향만이라도 고집하는 편이 낫다. 어떤 상황에서는 무작위로 선택하는 것이 아예 선택하지 않는 것보다 낫다. 한 방향을 따르기로 결정한 이상, 영원히 길을 잃을까 봐 두려워할 이유는 없다. 선택하면 길이 보인다. 데카르트는 이렇게 말했다. "나의 두 번째 격률은 일단 하기로 결정한 이상, 설령 그 행동이 의심스럽다 하더라도 마치 평생의 신념이라도 되는 양 엄청난 열의를 가지고 최대한 확고하고 굳건히 따르라는 것이다.”이것이 이성주의자였던 철학자에게서 나온 조언이라니 기묘하다.

데카르트가 말하려는 바는, 결정한 내용은 중요하지 않으며, 일단 결정했으면 그것이 옳다는 것이다. 내가 확신한다면 그 의견이 진실인지, 아니면 얼마나 의심스러운지는 중요하지 않다. 어떻게 위대한 사색가가, 선입견의 숙적이라 할 수 있는 자가 이처럼 진실을 외면하는 말을 할 수 있을까? 모순적이고 부조리하다. 무작정 자신의 의견이 옳다 선포할 수는 없다. 먼저 모든 각도에서 의견을 점검하고, 장점과 단점을 두루 살펴보면서 충분한 시간을 들인 뒤에야 선언할 수 있지 않은가. 그러나 그러한 반론은 사고의 영역에서야 참이지만, 행위의 영역에서는 거짓이다. 실생활에서 시간은 늘 부족하다. 물은 떨어져가는데 해가 지고 비가 내리니, 부지런히 움직여야 한다. 많은 경우 문제를 만드는 건 행동이 아니라 상황, 사건, 그리고 타인의 반응이다. 만약 당신이 취할 수 있는 모든 결정을 살펴보는 데 시간을 할애한다면, 이는 절대 행동으로 이어질 수 없으며 언제나 한발 늦을 것이다. 그러니 데카르트가 말했듯이 아무것도 선택하지 않기보다는 무엇이라도 일단 선택하는 편이 낫다. 좋은 선택이란 그것을 최선이라 받아들이고 고수할 때 만들어진다. 행동으로 옮기는 결정적인 순간, 그것이 항상 최선의 선택이다. 이유는 없다. 한번 결정하면 돌이킬 수 없다고 생각해야 한다. 돌아갈 수 없다고, 후회하지도 않는다고 스스로에게 되뇌자. 그러지 않으면 최악의 경우 중간에 마음을 바꾸게 된다. 행동을 방해하는 최고의 악당은 의심이다.

결국 우리는 가능한 선택지 중 내 선택이 최선이라는 판단이 들 때까지 충분히 숙고했기에 행동하는 것이 아니라, 망설임이 악 중에서도 최고의 악이기 때문에, 또 사실상 모든 가능성을 검토할 시간이 없기 때문에 행동하는 것이다. 앞서 살펴보았듯이, 일단 시작해야 완성에 다가설 수 있다. 숙고, 망설임, 계산 따위는 미뤄두고 하던 대로 계속하면 된다는 뜻이다. 내일이나 모레로 미룰 필요도 없다. 지금, 여기서 시작해보자. 다짐 한번 하려고 새해 첫날까지 기다리는 짓은 그만두자. 알랭이 말한 것처럼 "결심은 아무 의미도 없다. 진짜 필요한 것은 도구를 집어 드는 일이다. 생각은 뒤따라오기 마련이다. 생각이 아직 시작되지도 않은 행동을 먼저 이끌 수는 없다". 행동에 나설 때 모든 생각을 포기해버릴 필요는 없지만, 오로지 행동이라는 범위 안에서만, 즉 행동에 의해서, 그리고 반드시 필요한 경우에만 생각을 해야 한다. 또 생각은 최대한 가벼워야 하며, 우리를 방해해서는 안 된다. 행동의 제약 아래 놓일 때 생각은 강력한 도구가 되지만, 그 자체로 남겨지거나 의심으로 피어날 때는 골칫거리가 된다.

물론 고트프리트 라이프니츠*Gottfried Leibniz*가 말하는 전지전능한 신과 같이 선택지를 정확하게 비교할 수 있는 시간과 능력이 있으면 훨씬 좋을 것이다. 볼테르*Voltaire*는 소실《캉디드*Candide*》에서 라이프니츠의 신을 풍자했다. 소설 속 인물은 "이 세상이라는 최선"이 실재하기도 전에 모든 가능성을 재단한다. 하지만 인간으로서 우리는 대부분의 경우 모든 것을 완전히 알지 못한 채 행동해야 한다. 왜일까? 데카르트가 이에 대해 명확하게 설명한다. 신이란(여기서 신은 종교적인 의미가 아니라 신념의 대상을 뜻한다) 가설적으로나마 이상적인 존재다. 이 존재는 모든 능력이 무한하다. 그의 지성(생각하는 능력)과 힘(행동하는 능력)과 뜻(긍정하고 부정하는 능력)은 감히 가늠할 수 없다. 완벽한 존재는 모든 것을 생각하고, 행동하고, 결정한다. 전지전능하며, 무한한 뜻을 품고 있다. 그와 달리 가여운 우리 필멸자들은 유한한 지성과 힘만을 누리도록 태어났지만, 기적적으로 신과 닮은 점이 있으니 바로 무한한 의지력이다. 인간이 모든 것을 이해하거나 많은 것을 단번에 이해할 수는 없다. 분명 인간에겐 한계가 있지만, 동시에 무엇이든 소망할 수 있는 자유 또한 주어졌다. 비록 형이상학적으로는 무력하더라도 우리 각자가 무한한 무언가를 내면에 지니고 있는 것이다. 그렇기에 우리는, 설령 미래를 예견할 수 없고 모든 선택지를 미리 고려할 수 없다 해도, 여전히 결정하고 행동할 수 있다. 데카르트를 계승한 알랭은 이를 명확하게 지적한다. "시작하기도 전에 무엇을 할지 고민하는 건 쓸데없는 짓이다. 그것은 마치 어떤 서류를 넣을지도 모른 채 서류 보관함에 이름을 붙이는 꼴이고, 입 밖으로 말을 뱉기도 전에 내가 무슨 말을 할지 알고 싶어 하는 격이다." 특히 마지막 예시는 배신감이 들 만큼 충격적으로 와닿는다. 무언가를 시작할 때 생각부터 해서는 안 된다. 행동하기 전 숙고를 거치는 사람은 절대로 행동에 옮길 수 없다. 히말라야 등산가들이 여기 적절한 교훈을 던져줄 수 있다. 자리에 앉아 산을 올려다보기만 하면 정상에 오르는 길을 찾을 수 없다. "내가 걷는 이유는 가야 할 길을 찾기 위해서다."

굉장한 모순처럼 들리지만, 이것이야말로 행동가였던 모든 이의 비결이다. 그들은 자신이 무엇을 하고 있는지 몰랐기 때문에 오히려 정확히 해낼 수 있었다. 물론 개략적으로나마 생각이 있었기에 시작한 것이긴 하지만 말이다. 모든 것을 완벽하게 안다면 행동할 이유도 없다. 이해하기 때문에 행동하는 게 아니라, 이해하기 위해 행동하는 것이다. 그들은 자신이 이끄는 삶의 최초 관객으로서 마치 제3자가 된 듯 외부인의 시선으로 삶을 바라본다. 그들에게 행동의 즐거움은 예상치 못한 것을 발견하는 데 있다. 행동해야만 알 수 있는 무언가(올라보지 않은 등산 코스를 발견하는 일이라든가)와 행동하면서 알게 되는 자신의 모습(용기나 두려움 같은 가치)을 발견하며 즐거움을 느끼는 것이다. 행동을 하면 그 행동의 결과에 우리 자신이 가장 먼저 놀라기 마련이다. 이것이 수동적으로 머물라는 의미는 아니다. 스스로에게 일어나고 있는 일에 주의를 기울이면, 바람과 파도에 따라 진로를 수정하는 선원처럼 나 자신의 경로를 수정하고 새로운 결정을 내릴 수 있다. 행동이라는 것은 대단히 중대하며 돌이킬 수 없는 결정을 내리는 일이 아니라, 우리가 알거나 알지 못했던 지식에 의존하여 끊임없이 사소한 결정을 쌓아가는 일이다. 행동한다는 건 절대 멈추지 않고 더 잘하기 위해 계속 노력한다는 뜻이다.

물론 이러한 견해는 필요에 따라 의견이나 방향을 한번 정한 뒤에는 절대 벗어나지 말라는 데카르트의 조언과 상충하는 것으로 여겨질 수 있다. 무언가 확고하게 결정했다면 어떠한 경우에도 그 결정을 고집하는 편이 나을까, 아니면 끊임없이 자신의 결정을 재평가하면서 새롭게 발생하는 사건의 파도와 물살에 따라 방향을 수정하는 편이 나을까? 그것은 상황에 따라 다르다. 아무것도 보이지 않을 만큼 주위가 캄캄하고, 어떤 길로 가야 할지 알 수 없는 상황이라면 데카르트의 격률을 따라야 한다. 무작위로 선택한 뒤 그 선택을 고수할 것. 반면에 상황을 타개할 실마리가 어느 정도 보이고, 유능한 선원이 물살을 보며 바람의 방향을 읽듯 자신의 지식에 기반하여 예견이 가능한 상황에서는 해야 할 일을 하면 된다.

이를 더 명확히 하기 위해 알랭이 예시를 하나 들었는데, 이는 내가 접한 것 중 가장 놀랍고 훌륭한 예시다. "입을 열어봐야 비로소 내가 하고 싶은 말을 알 수 있다." 우리는 뭔가 멍청한 말을 할까 두려워하며 입 밖으로 말을 내놓기 전에 생각부터 해야 한다고 믿어왔지만, 알랭은 그러한 통념에 정면으로 도전한다. 이것이 입을 열기 전까지는 우리가 무슨 말을 할지 생각도 하지 말라는 뜻일까? 물론 그런 건 아니다. 하지만 말하기란 일종의 모험이다. 그것도 모두에게 꾸준히 역할이 주어지는 모험. 말을 하기 시작할 땐 자신도 정확히 무슨 말을 하게 될지 알 수 없는 경우가 많다. 그게 잘못된 것도 아닌 것이, 음성으로 내뱉은 말의 타고난 특성이 그렇기 때문이다. 말하기란 그러한 연유로 존재한다. 우리가 생각하는 바는 실제 언어로 표현되어야만 알 수 있으며, 그러므로 생각은 말해짐으로써 여느 살아 있는 것들처럼 방향이 바뀌고 수정되고 교정되는 열린 존재가 된다. 여기서 아이러니는, 매끄럽게 말하고 싶다면 무슨 말을 할지 오래 고민해서는 안 된다는 점이다. 자신이 말하고 싶은 것을 너무 오랫동안 생각하는 사람은 적절한 단어를 찾는 데 에너지를 쏟다가 결국 말하기에 실패하고 만다. 생각은 말을 막는 경향이 있다. 반대로 입 밖으로 나오는 말에 전혀 주의를 기울이지 않는 사람은 자신이 말하는 소리에 휩쓸려 그 의미를 스스로 왜곡하게 된다. 말을 할 때는 단어의 흐름을 놓치지 않게끔 어구의 리듬을 자기만의 속도로 맞추는 것, 그리고 그 리듬을 잘 조절하는 것이 중요하다. 언어는 자연스럽게 흘러가야 한다. 실제로 말을 하는 과정을 통해서만 하고 싶은 말이 무엇인지 찾을 수 있다면, 일단 말을 해야 한다. 우리가 말하고자 하는 바를 정확히 안다고 생각할 때조차도 그 내용을 실제로 전하기 위해서는 입을 열어 단어를 뱉어야 한다. 그때 필요한 태도는 의도와 의미 사이에서 미묘한 균형을 유지하는, 마치 높은 줄 위에서 몽유병 환자와 곡예사 사이의 어딘가를 연기하는 듯한 일종의 무심함이다.

무심한 성공이란 꿈을 꾸는 듯한 상태에서 비롯하므로, 생각을 표현하고 싶다면 너무 깊이 생각해선 안 된다. 물론 말을 할 때는 내가 말하는 내용에 주의를 기울여야 하지만, 그렇다고 말하기 전에 생각하라는 잔소리를 듣는 어린아이나 오메르타*의 희생양처럼 지나치게 조심스러워서도 안 된다. 깊게 생각하지 않고 줄을 건너는 곡예사의 고귀한 감각을 따르는 것이 좋다. 곡예사도 생각하기 시작하면 줄에서 떨어진다. 만약 말의 리듬이 자꾸 자신을 끌어당기는 듯 느껴져도 그것에 휘둘리지 않는 것이 중요하다. 말하기란 거침없이 뻗어나가는 말의 파도를 타는 일이다. 그 파도는 우리를 높이 올려줄 수도, 집어삼킬 수도 있다. 정치인들의 연설은 '목재'처럼 무겁고 단단하며 생명력이 없지만, 생생히 살아 있는 말을 할 줄 아는 영웅들은 최대한 가볍고 유연한 서프보드에 올라탈 기회를 잡는다. 우리가 이야기할 때 사람들의 관심은 이미 존재하는 것이 아니라 매 단계, 매 단어를

---

* omertà. 마피아들의 침묵과 복종에 관한 규칙.

통해 눈앞에 형성되는 실재를 향한다. 이제 느낌이 올 것이다. 말하려는 것을 알 수 있을 때까지 절대 입을 열지 않는다면, 결국 단 한 문장도 말할 수 없다.

　　이는 우리의 삶과 정확히 일치한다. 삶은 준비할 수 없다. 몸풀기 따위는 건너뛰어야 한다. 중요한 것은 태도다. 안전망 하나 없이도 자신만만하게 뛰어들 수 있다면 자전거나 경마를 배우는 것처럼 인생을 배울 수 있다. 삶 자체가 품고 있는 추진력을 받아들임으로써 삶을 배우는 것이다. 그렇게 하면 삶은 놀라움의 연속일 것이다……. 그런데 잠깐, 이 놀라움은 좋은 쪽일까, 나쁜 쪽일까? 어떤 일도 생각한 대로만 흘러가지는 않는다. 충분한 대비란 불가능하다. 그렇다고 망설이면 일이 더 어려워진다. 행동하기 전에 확신이 생기기를 바라지 말자. 미래에 무슨 일이 일어날지는 미래에 가서 확인해보는 수밖에.

○

　　자, 다시 프티에게로 돌아가 보자. 1974년 8월 7일, 엘리베이터가 작동을 시작한 순간 친구 장프랑수아즈가 그에게 장대를 건넸고, 피곤하고 두려운 상태에서 뛰어드느냐 마느냐를 결정할 시간은 단 1분밖에 남지 않았다.

내 안의 외침이 나를 부추긴다. 도망가고자 하는 충동이 격렬해진다.
하지만 너무 늦었다.
눈앞에 줄이 뻗어 있다.
심장이 강렬히 저항한다. 모든 박동이 메아리가 되어 내 안에 울려 퍼지고, 계속 퍼져서, 서서히 지옥으로 들어서는 듯한 착각을 일으킨다.
확고하게, 내 반대쪽 발이 전선을 밟는다.
(……)
놀라움과 갑작스러움, 극한의 공포에 사로잡힌 채, 한편으론 그래, 이제 됐다는 환희와 자신에 가득 차서, 나는 이 높은 전선 위에 몸을 가눈다. 아주 손쉽게.

chapter 3

1만 시간의 유혹

The Temptation of 10,000 Hours

원하면 이룰 수 있다가 아니라
이룰 수 있다면
제대로 원한 것이다

용이함, 또는 '수월함'이란 것은 개념이 아니라 느낌이다. 따라서 이것은 주고받을 수 있다. 초등학생 때 나는 책 읽기에 '재능'이 있다는 이야기를 들었다. 책 읽기는 내가 좋아하고 사랑하는 일이었다. 초등학교의 마지막 2년 동안은 하루에 책을 한 권 이상 읽기도 했다. 딱히 칭찬받을 만한 일이라고 할 수는 없다. 나에게 책 읽기란 간식을 먹거나 상을 받는 일과 비슷했으니까. 말 그대로 식은 죽 먹기였다는 뜻이다. 한 친구는 일주일에 책 한 권을 읽는 것도 버거워했는데, 그때의 나는 하루에 두 권도 순식간에 해치웠다. 심지어 같은 책을 거듭해 읽기도 했다. 하루 사이 《야성의 부름*The Call of the Wild*》을 세 번이나 읽은 기억도 나는데, 읽기를 거듭할수록 속도가 붙었다. 나는 납치당한 늑대개, 벅의 이야기를 좋아했다. 벅은 하룻밤 만에 안락한 반려견의 삶에서 거친 썰매견의 삶으로 내던져졌다. '부르주아'적인 혈통에도 불구하고, 벅은 다른 개들 사이에서 두각을 나타냈다. 썰매를 끌고 결투를 벌이는 일에 늘 앞장섰다. 다른 개들에게는 노력이 필요한 일이었지만, 벅에게는 즐거운 놀이였다. 책의 제목에서 알 수 있듯이 본능이 시키는 대로 할 뿐이었다. 다른 개들에게 고통스러운 일도 벅은 그렇게 느끼지 않았으며, 그저 야성의 부름에 응답했다.

그러니 벅을 추켜세울 필요는 없다. 나도 마찬가지다. 우리는 그저 세상에서 가장 좋아하는 일을 했을 뿐이니까.

몇 년이 흘러 고등수학을 배우게 되었을 때, 나는 그 '반대 상황'에 놓이는 일이 어떤 것인지 깨닫게 되었다. 수업이 너무 빨리 진행되어 내용을 받아 적기만 하는 데도 팔이 저려올 지경이었다. 야속하게 흘러가는 두 시간 내내 나는 이해하지도 못하는 각종 기호와 등식을 베껴 써야 했다. 끊임없이 돌아가는 턴테이블에 올라 빙빙 도는 당나귀처럼 아무 생산성 없는 무용한 짓을 하는 기분이었다. 아니면 시시포스가 되어 신에게 형벌을 받아 거대한 바위를 언덕 위로 밀어 올리고, 굴러 떨어지는 것을 지켜봤다가 다시 밀어 올리는 행위를 영원히 반복하는 것 같기도 했다(알베르 카뮈 *Albert Camus*는 그가 행복하다고 말하지만). 어찌어찌 수업을 끝마쳤다 해도, 진짜 시작은 그다음이었다. 기숙사에 있는 학생 모두가 다음 날 있을 수업을 위해 피땀을 흘렸다. 특히 '두더지 학생들'은 '깊이 탐구'했다. '두더지 학생들'(이 표현만으로도 어떤 학생들인지 짐작할 것이다)은 '두더지 반'(수학 상급반)에서 햇빛 한 번 받지 않고 문제만 계속 파고들었다. '파고들기'라는 표현서부터 진한 노동의 향기가 풍겨 오지 않는가. 어쨌든 우리는 루이 르 그랑 고등학교의 대학 진학반에 속해 있었고, 그곳은 지옥의 훈련소였다. 물론 모두가 그렇게 느낀 것은 아니다. 누군가에게는 공원을 한 바퀴 도는 정도의 문제일 뿐이었다. 아닌 게 아니라, 세드리크라는 친구는 늘 복도를 방황할 뿐, 한 번도 '파고드는' 모습 따위는 보이지 않았다. '두더지' 중 하나가 구멍에서 겨우 고개만 내밀고 세드리크에게 종이 한 장을 건네며 "세드리크, 두 시간을 고민했는데도 답이 안 나와"라고 말하면 세드리크는 종이를 흘긋 살펴보고 복도로 걸음을 재촉한 다음, 1분 만에 미소를 머금은 채 돌아와 대답하는 식이었다. "두 가지 풀이가 있어. 두 번째 풀이가 더 명쾌할 거야." 세드리크는 어떤 노력도 들이지 않았다. 그냥 해답을 알았을 뿐이다. 아니, 해답들을. 다른 사람들은 하나도 제대로 찾지 못했지만 세드리크는 눈길 한 번으로 두 가지 해답을 찾아냈다. 뼛속까지 이과로 타고난 게 분명했다. 세드리크에겐 수학이 곧 야생의 부름이었다. 그 광경을 목격한 나는 망설이지 않았다. 나 역시 내 야생의 부름에 응답하기로 했다. 내가 고등사범학교의 인문계 진학반에 들어가자 교장 선생님은 무척 기뻐했다. 이 반은 '카뉴 *Khâgne*'(고등사범학교 입시 준비반)라고 불렸는데, 이는 독서가들 중 안짱다리가 많아서 생겨난 프랑스어식 표현이다. '두더지'에서 '카뉴외*Khâgneux*'(고등사범학교 입시 준비생)가 되었다고 나의 주간 운동량에 변화가 생긴 건 아니었지만, 어쨌든 이제야 내 집에 돌아온 듯한 느낌이었다. 교장 선생님은 이미 짐작하고 계셨던 듯 이렇게 말씀하셨다. "내 그럴 줄 알았지."

수학 상급반에서 보낸 2주 동안, 나는 경기에 뛰어들기도 전에 의욕이 꺾여 초점을 잃은 채 풀썩 주저앉아 있었다. 그러다 인문계 진학반에 들어선 순간 다시 태어난 사람처럼 에너지와 열정, 기쁨으로 충만해졌다. 물론 '진학반'이라는 존재 자체가 시련이었던 터라 그 상태가 오래가지는 못했지만, 처음 며칠 동안은 행복을 주체할 수가 없었다. 칠판에 쓰인 내용이 이해가 되었다. 선생님은 내가 알아들을 수 있는 언어로 이야기하기 시작했다. 모든 것이 정상이었다. 시험 준비를 목적으로 한 반이라 분위기 자체는 경쟁적이었어도, 나는 마치 감옥에서 빠져나와, 또는 평생 강제로 일해야 하는 지옥의 형벌에서 벗어나 다시 한번 이 드넓은 가능성의 세계를 헤엄칠 수 있는 기회를 얻은 기분이었다.

○

　　더 이상 내게 맞지 않는 옷을 입고 고통스러워하고 싶지는 않았다. 적성과 반대되는 일을 하려고 노력하다 보면 결국 지쳐 쓰러질 수밖에 없다. 물론 그런 노력을 오히려 용기나 인내의 증거로, 무엇보다 뛰어난 자제력의 증거로 삼을 수도 있다. 힘든 일은 아예 참을 가치가 없다고 할 수는 없겠지만, 자기 일을 좋아하지 않는 사람은 즐기는 사람을 절대 따라잡을 수 없다. 좋아하지 않으면 무슨 일을 하든 고통스럽지만, 즐기는 사람은 고통도 기꺼이 감수하며 기쁜 마음으로 일한다. 훌륭한 썰매견의 특징은 무거운 짐을 끌고 수백 킬로미터를 달리는 일을 즐긴다는 점이다. 다그칠 필요도 없다. 이 방면의 전문가인 에릭 모리스*Eric Morris*에 의하면, '지구상 최후의 위대한 경주'로 알려진 아이디타로드(알래스카의 춥고 긴 밤을 견디며 1,500킬로미터도 넘는 거리를 달려야 하는 개썰매 경주)만큼 먼 거리를 달리도록 개를 훈련할 때 먹이로 유인하는 것은 전혀 효과가 없다. 부정 강화 훈련법, 즉 보상을 제공하지 않는 대신 벌을 내리지 않는 방법 역시 아무 효과가 없다. "그만한 거리를 가려면 꿩의 냄새를 감지한 사냥견이 되어야 한다. (……) 그 행위 자체가 자신의 삶에 최고의 기쁨을 선사하는 유일한 것이어야 한다. 썰매를 끌고 싶다는 타고난 욕망을 지녀야 하는 것이다. (……) 그 욕망은 다양한 종류의 개들에게 다양한 정도로 나타난다."

　　데이비드 엡스타인David Epstein의 명저《스포츠 유전자The Sports Gene》에서 처음 이 구절을 읽었을 때, 나는 피를 갈구하는 흡혈귀라든지 보름달을 향해 울부짖는 늑대인간을 발견한 느낌이었다. 썰매견 사육과 재능 있는 운동선수의 훈련을 연결 짓다니 놀라웠다. 성공하기 위해서는 그것을 간절히 바라면 된다고 순진하게 조언하는 사람들에게, 엡스타인은 철저한 연구 결과를 근거로 들어 그렇게 단순한 문제가 아니라고 답한다. 누군가는 스스로 원하지 않아도, 노력하지 않아도, 심지어 하겠다고 결정하지 않아도 해내곤 한다. 그들에게 선택지란 없다. 무조건 뛰어야 하는 것이다. 엡스타인은 팸 리드Pam reed를 예로 들었다. 팸은 캘리포니아 데스 밸리에서 시작해 약 220킬로미터를 달리는 '배드워터 울트라마라톤' 대회에서 무려 두 번이나 우승한 '울트라러너'다. 그녀는 하루에 최소 세 번, 총 세 시간 정도를 달리지 않으면 찝찝한 기분이라고 말한다. 나이를 먹어가며 가만히 앉아 있는 시간도 늘어날 수밖에 없게 되었지만,

그럼에도 앉아 있는 것을 불편해한다. 프랑수아즈 사강도 마찬가지다. 물론 달린 게 아니라 글을 썼다는 차이가 있지만. 10대에 자신의 가장 유명한 저서 《슬픔이여 안녕*Bonjour Tristesse*》을 써낸 그녀는 이렇게 말한다. "나는 항상 무언가를 읽는다. 심지어 집필 중일 때도 그렇다. 쉬지 않고 몇 시간 동안 글을 쓴 다음 휴식을 취하면서 가볍게 글을 읽는 것이다. 나를 대신해 생각해줄 사람에게 내 생각을 넘겨주는 것, 그것이야말로 최고의 휴식이다. 특히 책이 눈을 뗄 수 없게 재밌을 땐 더더욱 그렇다. 그것이 내게 활기를 불어넣는다." 세드리크도 분명히 수학 없는 하루는 상상도 할 수 없을 것이다. 이들 중 누구에게도 의지력은 문제가 되지 않았고, 다른 어떠한 특성도 마찬가지였다. 우리로선 불쾌하기 짝이 없지만, 노력할 필요도 없었다. 읽기든 쓰기든, 글과 함께하는 일은 사강에게 숨 쉬는 것과 같았다. 세드리크 역시 숨 쉬듯 수학 문제를 풀었을 뿐 아니라 아예 자리를 잡고 기분 좋게 뒹굴었다. 둘 다 물 만난 물고기, 아니면 차디찬 눈발을 헤치며 달리는 썰매견 같았다. 그래, 썰매견의 비유가 더 적절하겠다. 힘겨운 일이라도 그들은 즐기니까. 썰매 끌기를 재밌어하니까. 차이가 있다면 바로 그것이다.

어떤 일을 아무 노력도 없이 해내게 되면, 그 일

이 원래 그렇게 쉬운 것이라 모두가 자기만큼 할 수 있다고 믿기 시작한다. 이른바 '전문가의 환상'이다. 자신이 정반대의 상황에 처해봐야만 그것이 환상일 뿐이요, 나에게 쉬운 일이라도 다른 이에게는 어려울 수 있다는 사실을 깨닫는다. 모두가 독서를 좋아할 것이라는 문학 선생님의 믿음도 전문가의 환상이다. 왜 이 문제를 이해하지 못하는지 답답해하는 수학 선생님의 마음도 마찬가지다. 그들이 유일하게 어려워하는 것은, 자신에게 쉬운 것이 남들에게는 어려울 수 있다는 사실을 이해하는 일이다.

물론 반대의 경우도 존재한다. 다른 사람이 쉽게 하니까 나도 쉽게 할 수 있으리라 착각하는 경우 말이다. '초심자의 환상'이다. 필리프 프티가 별 노력 없이 줄을 건넜다고 당신도 그럴 수 있는 건 아니다. 세드리크가 수학 문제를 30초 만에 풀었다고 당신도 갑자기 동화되어 그렇게 할 수 있지는 않다. 어쨌든 보통은 오래지 않아 진실을 마주하게 된다. 초심자의 환상은 현실의 경험 앞에 금세 무너진다. 하지만 '초심자의 행운'이라는 것도 존재한다. 아직 어려움을 인지하지 못한 첫 시도에서 그 일을 얼결에 해내는 상황을 일컫는 말이다. 내가 난생처음 농구공을 만져보았을 때, 장난삼아 코트 한가운데에 뒤돌아선 채 골을 넣겠다고 덤빈 적이 있다. 말도 안 되는 일이었으니 진짜 선수들은 비웃을 수밖에 없었다. 나는 뒤쪽을 향해 가능한 한 멀리, 그리고 높이 공을 던졌다. 그런 뒤 돌아서자 내가 던진 공이 완벽한 포물선을 그리며 날아가 링도 건드리지 않고 네트에 쑥 들어가는 모습이 보였다. 나는 아주 태연하게, 선수들의 감탄 어린 눈빛을 받으며 유유히 코트를 떠났지만, 사실 스스로도 놀란 상태였다. 의도하고 넣은 골이 아니었기에 다시는 똑같이 할 수 없다는 사실도 알고 있었다. 초심자의 행운이란, 이름에서 알 수 있듯이 절대로 지속될 수 없다. 처음 그 순간은 마법이다. 두 번째, 세 번째 시도가 결국 그 놀라운 일을 지워버리겠지만, 기억은 마치 약속처럼 내 머릿속에 새겨진다. 몇 년이고 계속 연습하면 다시금 그 초심자의 행운을 보게 되리라는 약속이다. 기적이라 부르는 그러한 상태에 마침내 다시 도달한 사람들이 바로 전문가라 할 수 있다. 물론 그때는 더 이상 기적이 아니라 그들에게 걸맞은 은총이라 부르겠지만.

은총. 바로 프티가 줄 위에서 보여주는 모습, 지단이 축구 경기장에서 보여주는 모습이다. 누구나 목격할 수 있다. 지단의 경우에는 팀 동료들도 그 은총의 순간을 목격했다. 세계 최고 수준의 선수들을 늘 가까이

서 지켜보는, 동료들의 아내들마저도 지단에게 감탄했다. 레알 마드리드 시절 지단과 함께 뛰었던 데이비드 베컴 *David Beckham*의 아내 빅토리아*Victoria*는 지단을 발레리나에 비유했다. 그녀 자신이 댄서였다는 사실을 생각하면 굉장한 찬사다. 하지만 축구와 춤은 근본적으로 다르다. 축구 선수는 단순히 아름다운 동작을 창조하려는 게 아니라 승리를 원하므로 득점이 필요하다. 댄서에게 동작 자체가 목적이라면, 축구 선수의 동작에는 목적이 따로 있는 셈이다. 그럼에도 불구하고 춤과 축구에는 공통점이 있다. 바로 훈련이 매우 고되다는 사실이다. 심지어 지단마저 힘들어했다.

은총이란 종교적인 의미를 포함하기 때문에 위험한 단어가 될 수도 있다. 우리는 은총을 재능이라 여기기도 하지만, 재능이 있는 사람이든 아니든 은총을 얻기 위한 방법 같은 건 모른다. 믿거나 말거나, 지단 또한 그 은총의 상태에 도달하기 위해 엄청나게 노력했다. 물론 어느 정도의 재능을 가진 축복받은 존재긴 했지만 그것을 발현하기 위해서는 부단한 노력이 필요했다. 프티의 경우도 마찬가지다. 그는 아주 유쾌하게 그 사실을 인정한다. "비록 물리적인 안전망은 없지만, 나는 아주 세밀하게 정신적인 안전망을 만들어두었다." 트윈 타워 사이의 허공에 자신의 몸을 내던지기 전까지, 프티는 아주 많은 시간을 들였다. 몇 개월 동안 이 계획에 대해서만 생각했다. 중세 시대의 장인처럼 조각조각 계획을 세분화하여, 이 최고의 순간 자신만의 모자이크를 완성했다. 은총이 함께하는 그 몇 분을 위해 그는 몇 년을 준비했다. 프티는 경고한다. "이건 정말 고된 일이다. 냉정하고, 가혹하며, 현혹적이다. 무한한 노력과 극단적인 위험과 함정이 뒤따르는 이 지난한 싸움을 견딜 준비가 되어 있지 않은 자, 살아 있다는 느낌을 위해 모든 것을 내던질 준비가 되지 않은 자는 줄타기에 적합한 인물이 아니다." 그러면 프티만의 팁은 무엇일까? 간단하다. "연습하고, 연습하고, 또 연습하라. 그러다 보면 줄이 점점 자신의 일부가 될 것이다." 그런 뒤에야, "아주 오랜 훈련을 견디고 나면 비로소 모든 어려움이 사라지는 순간이 찾아온다. 무엇이든지 할 수 있을 것 같아진다. 모든 것이 쉽게 느껴진다". 그러니까, 수월하다는 느낌은 처음이 아니라 마지막에야 찾아온다는 얘기다. 대체 얼마나 많은 시간을 훈련해야 할까? "몇 시간짜리 가혹한 훈련 한 번 했다고 무언가 얻을 생각은 하지 말라." 프티가 말한다. "살 속에 훈련이 아로새겨져야 한다." 세계적인 샹송 가수 에디트 피아프*Edith Piaf*가 활동하던 시기, '살 속에 아로새겨졌다*under your skin*'는 표현은 어쩔 수 없이 꼼짝 못하는 상황을 의미했다. 사랑은 '예, 또는 아니요'의 문제이며 이는 바꿀 수 없다. 그냥 그렇게 생긴 문제다. 첫눈에 반한다는 것, 몽테뉴에게는 우정이 그랬다. "그였기 때문에, 그리고 나였기 때문이다." 친구든 연인이든 당신의 살 속에 아로새겨져 있거나, 또는 아무것도 아니다. 반면에 축구, 줄타기, 바이올린, 피아노, 춤과 같이 전문적인 동작이 중요한 활동은 문자 그대로 '통합'되어야 한다. 노력과 수고와 시간을 들여서라도 그렇게 만들어야 한다. 모두가 노력의 필요성은 알고 있다. 주사위를 굴리거나 손가락 한 번 튕긴다고 어디서 천재가 뚝 하고 떨어지지는 않는다. 설령 마법을 부릴 줄 안다 해도 학교에서 정식으로 배워야 하는 게 관례라 해리 포터도 예외는 아니었다. 훈련의 목적은 제2의 천성, 처음에는 어려웠던 일을 마지막에는 손쉽게 할 수 있는 능력을 얻는 것이다. 모든 재능은 어려움을 극복함으로써 얻게 된다. 군대에서 하는 말마따나, "훈련이 힘들면, 실전은 쉽다". 지름길 따위는 없다. 우리가 재능이라 부르는 것을 자세히 들여다보면 사실 그 대부분이 감춰진 노력의 결과가 아니었는가. 천재로 평가받는 이들도 그렇다. 정말로 숨겨진 노력이 없었을까? 훈련의 필요성을 부정하는 사람은 아무도 없다. 모두가 동의할 것이다. 문제는 '그래서 얼마나?' 이다.

맬컴 글래드웰에게로 돌아가보자. 〈뉴요커*The New Yorker*〉에 기고하는 저널리스트이기도 한 그의 책을 나는 아주 좋아한다. 저서 《아웃라이어*Outlier*》에서(아웃라이어 는 '이례적인 성공'을 의미한다) 글래드웰은 이 '얼마나?'라 는 질문에 1만 시간이라는 구체적인 대답을 제시하며 이 를 "위대함을 만드는 마법의 숫자"라 부른다. 어떤 영역 에서든 두각을 나타내고 싶은가? 방법은 아주 "쉽다". 1 만 시간, 그러니까 약 10년을 투자하면 그 일의 전문가 가 되거나 높은 수준까지 도달할 수 있다. 그런데 참 신 기하게도 이것은 스탕달이 도달한 결론과도 유사하다. "매일 한 시간에서 두 시간씩 글을 써라. 천재적이든 아 니든 상관없다." 매일 한 시간에서 두 시간씩 글을 써서 10년을 채우면, 3,652시간 내지 7,304시간 사이의 어딘 가에 도달하고, 그렇게 1만 시간에 가까워진다. 스탕달 과 글래드웰은 비슷한 생각을 한 모양이다. 우리는 천재 를 보며 그저 열심히 노력했나 보군 생각할 뿐이지만, 공 정하게 말하자면 그들은 10년이 넘도록 노력한 사람들이 라는 것이다.

왜 하필 10년일까? 하루에 열 시간씩 투자하면

겨우 1,000일, 그러니까 3년도 채 안 되어 1만 시간에 도달할 수 있는데 말이다. 문제는, 그 기간이 내공이 쌓이기에는 충분하지 않다는 거다. 훈련은 '신중하게' 이루어져야 하며 특정한 목표, 즉 아직은 알 수 없는 능력이나 행위를 체득하기 위한 '노력'을 대변해야 한다. 말하자면 시간의 경과를 느낄 필요가 있으며, 쉽게 얻으려고 해서는 안 된다는 뜻이다. 이것은 하루에 열 시간씩 글을 썼다고 알려진 프랑스 소설가 에밀 졸라*Emile Zola*나 귀스타브 플로베르*Gustave Flaubert*의 경우와는 좀 다르다. 이들이 워커홀릭으로 보일지 몰라도, 사실 두 사람은 자코메티가 점토를 가지고 놀았듯이 자신이 쓴 문장을 '이리저리 가지고 놀며' 대부분의 시간을 적절한 단어를 찾는 데 사용했다. 일부러 아주 오랜 시간을 흘려보내면서, 어떻게 보면 아주 무심하게, 자신들이 가장 좋아하는 일을 한 것이다. 훈련이라면 선호하는 방식에 따라 하루 세 시간에서 네 시간을 몇 차례로 나누어 신중히 진행하는 것이 그나마 허용 가능한 최대치라 할 수 있다. 그 시간 동안 집중하는 것도 꽤 힘든 일이기 때문이다. 나머지 시간은 휴식을 취하거나 비교적 덜 치열한 활동을 하는 데 쓰여야 한다. 독서나 사색, 계획 세우기, 기타 여가 활동과 관련된 것 등이 괜찮겠다. 하루에 서너 시간을 투자하고, 일주일에 하루는 온전히 쉬며, 1년에 2주 정도 휴가를 가지면 1년에 1,000시간, 즉 10년에 1만 시간을 달성할 수 있게 된다.

○

즉, 아웃라이어가 되려면 10년의 시간이 필요한 셈이다. 그런데 이 책에 대해 논하다 보면 책의 제목과 내용이 서로 어긋난다는 느낌이 들기도 한다. 그럴 만도 한 것이, 예외적인 경우를 근거로 보편적인 명제를 끄집어내기란 당연히 불가능하지 않겠는가. 그런 식으로 도출된 법칙은 제대로 증명하기 어렵다. 그런데 놀랍게도 글래드웰은 이 '1만 시간의 법칙'을 설명하면서 비틀스*The Beatles*와 빌게이츠*Bill Gates*의 사례를 든다. 만약 이들이 천재라고 생각한다면 이들의 삶에서 중요한 부분을 놓치고 있는 것이라고 그는 말한다. 글래드웰에 따르면, 기본적으로 '천재'란 게으른 사람들이 만들어낸 개념이다. 천재는 노력할 기회를 다른 사람들보다 더 많이 활용한 덕분에 두각을 나타내지만, 게으른 사람들은 그들이 애초에 성공할 운명을 타고났다고 생각한다. 글래드웰은 비틀스를 예로 들어, 비틀스가 무대 경험이 거의 없던 신인 시절 매니저가 왜 그들을 함부르크에 보내 몇 달 동안 허름한 클럽에서 하루에 몇 번이고 공연을 하게 했는지 알려준다. 다른 밴드들이 리버풀이나 영국 어딘가에 눌러앉아 주말을 통틀어 겨우 몇 시간 무대에 서보는 동안, 비틀스는 열악한 상황에 내던져져 1만 시간에 가깝도록 공연 시간을 채워나갔고, 그렇게 경험과 내공을 쌓아 길고 긴 시련을 기회로 탈바꿈시켰다. 이렇게 경쟁 우위를 만든 비틀스는 영국에 돌아오자마자 유리한 위치를 점했으며, 그것이 돌파구가 되었다. 빌 게이츠는 어땠을까? 그 역시 마찬가지다. 그가 컴퓨터와 프로그래밍에 관심을 보이기 시작하던 시절에 대학 내 컴퓨터를 사용하기 위해서는 일주일을 기다려야 했고, 그나마도 겨우 몇 분 사용할 수 있었다. 하지만 병원에서 일하던 빌 게이츠의 어머니는 이용자가 없는 밤에 아들을 불러 병원에 있는 컴퓨터를 사용할 수 있도록 도와주었다. 빌 게이츠는 그 기회를 이용해 매일 밤 컴퓨터 앞에서 긴 시간을 보냈다. 그렇게 쌓인 시간들은 몇 년이 흘러 빌 게이츠가 개인용컴퓨터 시장에 나설 때 커다란 경쟁 우위로 작용하게 되었다. 그러니 비틀스를 대중음악계의 아르튀르 랭보*Arthur Rimbaud*라거나 빌 게이츠를 컴퓨터계의 볼프강 아마데우스 모차르트*Wolfgang Amadeus Mozart*라고 생각한다면 오산이다. 이들은 엄청난 워커홀릭이었을 뿐이다. 또는 성실히 일한 장인, 영감을 받은 일꾼이거나. 무엇보다도, 이들은 자기 분야에 오랜 시간 공을 들인 사람들이었다. 게다가 랭보에 대해 자세히 알아보면 이른바 천재 시인이자, "열일곱 살 때 진지한 사람은 아무도 없다"라는 문장으로 유명한 이 작가가 정작 엄청나게 진지한 사람인 네다, 열다섯 살 때 라틴어 대중시로 상까지 받았다는 사실을 깨닫게 된다. 시대를 풍미한 반역 시인 랭보는 모든 작품을 스무 살이 되기 전에 썼으며 학업 능력도 뛰어났는데, 특히 라틴어에 능통해서 사전도 없이 자유자재로 시를 쓸 수 있었다. 랭보가 시를 쓰고, 라틴어를 공부하고, 심도 있는 독서를 한 시간을 전부 합치면 분명 1만 시간을 훌쩍 넘길 것이다. 모차르트는 어떨까? 아버지 때문에 다섯 살이라는 나이에 다루기 어렵다는 하프시코드에 입문했고, 열네 살에는 그레고리오 알레그리*Gregorio Allegri*의 〈미제레레*Miserere*〉라는 길고 복잡한 찬송가를 딱 한 번 듣고 편곡해냈다. 놀라운가? 자, 시간을 계산해보자. 열네 살이 될 때까지 모차르트가 연주한 시간을 따지면 1만 시간은 가뿐히 넘길 것이다. 랭보와 모차르트조차 하늘에서 뚝 떨어진 천재가 아니라, 그저 다른 사람보다 일찍 시작한 사람이었을 뿐이다.

　　10년 동안 1만 시간이라니. 그래, 괜찮지, 저 정도면 안 될 것도 없지, 생각할 수도 있을 것이다. 그런데 글래드웰은 저 딱 떨어지는 수를 어떻게 찾아낸 것일까? 이 모든 것은 1993년, 플로리다 주립대학의 안데르스 에릭손K. Anders Ericsson 교수와 세계적으로 인정받는 베를린 음악학교의 심리학자 두 명이 함께 진행한 연구에서 시작되었다. 요약하자면 이렇다. 선생님들이 바이올린 전공생 서른 명을 뽑아 열 명씩 세 그룹으로 나눈다. 먼저 '최우수' 그룹은 미래의 세계적인 솔로 아티스트, '우수' 그룹은 미래의 오케스트라 연주자, 마지막 '양호' 그룹은 미래의 음악 선생님으로 분류되었다. 학생들은 모두 이론, 악기 연습, 공연 등의 형태로 일주일에 50.6시간씩 음악을 공부했다. 이렇게 보면 악기 연주에 모두 동일한 시간을 들인 것 같지만 중요한 차이가 있었다. 최우수와 우수 그룹은 개인 연습 시간, 즉 혼자서 연습하는 데 일주일에 24.3시간을 할애한 반면, 양호 그룹은 9.3시간밖에 쓰지 않았다. 그리고 또 다른 중요한 차이가 있었으니, 앞의 두 그룹은 주당 수면 시간이 약 60시간 정도였던 데 반해 마지막 그룹은 54.6시간에 그쳤다는 점이다. 최우수와 우수 그룹에서 개인 연습 시간과 수면 시간이 모두 더 길었다는 뜻이다. 여기까지의 결과를 보면 '최우수' 그룹과 '우수' 그룹 간에는 특별한 차이가 없는 듯 여겨질지 모른다. 하지만 두 그룹에 과거부터 지금까지 바이올린 연주에 얼마나 많은 시간을 쏟았는지 회상해보라고 요청하자 차이점이 나타났다. 두 그룹의 일주일 개인 연습 시간은 같았지만, 최우수 그룹 학생들은 우수 그룹 학생들에 비해 더 어렸을 때부터 바이올린 연주를 시작했다. 열두 살이 된 시점에 이들은 양호 그룹보다 이미 1,000시간을 앞서 있었다. 열여덟 살이 된 시점에 최우수 그룹은 평균 7,410시간, 우수 그룹은 5,310시간, 양호 그룹은 3,420시간을 연주했다. 따라서 심리학자들은 "그룹마다 다르게 나타나는 연주 실력과 평균적인 개인 연습 시간 사이에는 분명한 상관관계가 있다"라고 결론지었다. 피아니스트들에게도 비슷한 결과를 관찰할 수 있었다. 어떤 악기를 다루느냐에 상관없이, 전문 음악가들은 평균적으로 스무 살 전에 1만 시간의 연습 시간을 채우는 것으로 추정된다. 하지만 더 명확히 하자면 시간만 채우면 되는 것이 아니라 노력을 요구하는 어려운 과제에 연주자 본인의 의지로 기꺼이 몰두하는 '목적의식이 있는 연습'을 해야 하며, 많은 것이 걸려 있는 이 연습은 다른 사람들의 평가가 개입될 수 없는 독립적인 환경에서 이루어져야 한다. 〈전문가적 성과를 얻기 위한 의식적인 연습의 역할*The Role of Deliberate Practice in the Acquisition of Expert Performance*〉이라는 논문에서, 에릭손과 공저자들은 자신들이 도출한 결과를 스포츠의 영역으로 확대한다. 음악과 마찬가지로 스포츠의 영역에서도 우리가 타고난 재능이라 여기는 것들이 사실은 수년에 걸친 혹독한 훈련의 결과라는 것이다.

추정과 일반화를 기반으로 한 이 연구가 바로 '1만 시간의 법칙'으로 이어졌다. 법칙에 따르면 1만 시간은 어떤 분야의 전문가가 되기 위한 필요충분조건이다. 참으로 고무적이고 민주적이며 비차별적인 결론 아닌가. 원하면 이룰지니. 열심히 노력하면 원하는 곳이 어디든 닿을 수 있다는 메시지다. 하지만 스포츠의 영역에서든 음악의 영역에서든 이러한 결론은 아이들 대상의 조기교육을 부추길 수 있고, 어떤 영역에서 두각을 나타내지 못하는 것은 개인이 최선을 다하지 않은 탓이라는 편견을 강화할 수도 있다. 우리를 해방하는 동시에(무엇이든 가능하니까), 책망하기도 하는(성공하지 못한 건 다 내 탓이니까) 메시지다. 글래드웰이 말하는 "위대함을 만드는 마법의 숫자"가 자칫 우리를 옭아매는 데 쓰일 수도 있는 것이다.

댄 매클로플린*Dan McLaughlin*은 글래드웰의 글을 읽고 이 마법의 숫자에 너무나 감명을 받은 나머지, 서른 살이 되던 2010년 4월 5일 모든 것을 내던지고 골프에 매진하기로 결심한다. 1만 시간 동안 훈련하여 프로 골퍼로 거듭나는 것이 목표였다. 이 실험에 힘이 실리려면 댄은 아무런 신체적 유리함도 없어야 했고, 골프를 쳐본 경험도 없어야 했다. 실제로 그랬다. 댄은 자신을 완벽하게 평균적인 인간이라고 묘사했다. 따라서 이 법칙이 그에게 통하면, 누구에게든 통할 것이었다. 댄은 블로그를 개설하고 자신의 계획을 실행에 옮기기 시작했다. 그는 에릭손과 직접 소통하며 에릭손이 직접 짠 시간표대로 훈련하고 전문적인 골프 강사까지 고용했다. 하루에 여섯 시간씩, 일주일에 엿새를 매달렸다. 아니, 정확히 말하면 여덟 시간이었다. 휴식을 취하면서 구상하고 분석하는 데 두 시간씩 할애했기 때문이다. 하루 여섯 시간이면 '일반적인' 경우보다 두 배쯤 많은 훈련량이었다. 그 속도로 간다면 2016년까지는 1만 시간을 채워 프로 골퍼가 되어야 했다.

하지만 그렇게 간단한 문제가 아니었다. 심지어

에릭손도 자신의 연구 결과를 일반화하기에는 표본 집단이 너무 작다고 인정한 터였다. 게다가 그 연구의 피실험자들은 애초에 두각을 나타내어 훈련을 받게 된 사람들이었다. 따라서 타고난 재능과 습득한 능력, 재능에 의한 결과와 노력에 의한 결과를 구분하는 것이 중요했다. 이 연구는 타고난 재능이라는 요인을 전부 배제하는 방식으로 수행되었다. 게다가 '후향 연구retrospective study'였기에 바이올리니스트에게서 얻은 추정치와 최대 500시간까지 차이가 났다. 마지막으로 가장 중요하게 고려할 점은, 1만 시간은 그저 평균치일 뿐이라는 점이다. 최우수 그룹의 학생들은 평균적으로 1만 시간을 연습했다. 다른 학생들이 평균치에서 얼마나 떨어져 있는지를 나타내는 '편차'는 알 수 없었다.

엡스타인은 《스포츠 유전자》에서 결코 단순하지만은 않은 사소한 이 부분에 주목하여, 체스를 떠올려보자고 제안한다. 체스는 바이올린과 다르다. 선수들의 순위가 국제적인 체계인 '엘로 포인트'*에 따라 산정되므로 해당 선수의 정확한 수준을 알 수 있으며, 순위도 정

---

* Elo points. 이 체계를 고안한 아르파드 엘뢰Árpád Élő의 이름에서 따온 명칭이다.

확한 근거에 의해 오르내린다. 2007년 기예르모 캠피텔리*Guillermo Campitelli*와 페르낭 고베*Fernand Gobet*는 각기 순위가 다른 선수 104명을 대상으로 연구를 진행했다. 선수들의 평균 엘로 포인트는 약 1,200점이었다. 마스터 선수는 2,200점에서 2,400점 사이였고, 그랜드마스터 선수는 2,500점 이상이었다. 연구 결과 전문적인 선수라 할 수 있는 점수, 즉 2,200점의 문턱을 넘기까지는 평균적으로 1만 1,053시간이 소요되었다. 음악가에게 필요했던 1만 시간보다는 조금 더 길다. 하지만 이 연구에서 문제를 복잡하게 만든 것은, 개인에 따라 그 기간이 3,000시간에서 2만 3,000시간까지 아주 폭넓게 분포한다는 점이었다. 2만 시간 차이면 사람에 따라 '목적의식이 있는 연습'을 20년 더 해야 할 수도 있다는 뜻이다! 어떤 사람은 같은 경지에 오르기 위해서 다른 사람보다 여덟 배는 더 훈련해야 한다. 심지어 2만 5,000시간을 연습하고도 마스터 레벨에 오르지 못한 선수들도 있었다. 그들이 언젠가 마스터 레벨에 오를 수 있다는 보장도 없다.

○

스포츠에서도 마찬가지다. 트라이애슬론 선수를 대상으로 진행한 연구에서는 같은 수준의 선수들 사이에 열 배의 차이가 있었다. 어떤 선수는 동일한 기준에 도달하기 위해 열 배 더 많이 훈련해야 했다는 뜻이다. 더구나 같은 양의 훈련을 받아도 사회학자들이 마태 효과*Matthew effect*라고 부르는 현상이 나타났다. '마태 효과'라는 명칭은 그 내용이 성서《마태복음》의 구절에서 비롯했기 때문인데, "무릇 가진 자는 더 풍족해질 것이며, 없는 자는 있던 것마저 빼앗길 것이니"라는 부분이다. 물론 이 말이 정확히 들어맞는 건 아니다. 훈련은 누구에게나 효과가 있으니까. 다만 타고난 차이 때문에 결국 돌이킬 수 없을 만큼 격차가 커지는 것뿐이다. 최우수 그룹은 우수 그룹보다 더 빠르게 실력이 향상되며, 다른 그룹은 말할 것도 없다.

1만 시간의 법칙에 의하면 편차가 훈련에 들인 시간 때문에 발생한다지만, 또 다른 연구를 살펴보면(이역시 에릭슨이 진행한 연구로, 이번에는 바이올리니스트 대신 다트 선수를 대상으로 했다) 15년 동안 훈련한 후 발생한 편차의 오직 28퍼센트만이 훈련에 영향을 받은 것으로

드러났다. 다시 말해 평생을 훈련해도 최상위 수준에 도달하거나 진정한 전문가가 되지 못할 수 있다는 의미다. 엡스타인은 1만 시간의 법칙이 아니라 1만 년의 법칙이라고 불러야 할 판이라고 농담을 던진다.

결국 특정한 영역에 1만 시간을 투자하는 행위로 모든 사람이 전문가적인 수준에 도달할 것이라고 보장할 수는 없다. 성공을 위해서는 타고난 '하드웨어'와 훈련을 거쳐 획득한 '소프트웨어', 이 둘을 모두 갖추어야 한다. 재능 없이 노력만으로 위대함을 이룩해줄 마법의 숫자 같은 건 없다. 재능과 노력, 어느 한 쪽도 없어서는 안 된다. 노력하지 않는 천재는 밭에 씨를 뿌릴 수 없고, 재능 없이 노력만 하는 사람은 열매를 맺지 못할 것이다. 두 경우 모두 낭비다. 재능이 있는데 훈련하지 않는 것만큼 안타까운 일도 없지만, 재능도 없이 무작정 훈련하는 것 역시 해롭다. 신체와 정신 모두 불필요하게 소모될 뿐 아니라, 집요하게 매달리며 자기부정을 거듭하다 보면 판단력이 흐려져 집착에 빠질 수도 있다.

○

댄은 이 점을 깨닫고 2015년에 '댄 플랜'을 그만

두어야 했다. 허리를 다치는 바람에 '목적의식이 있는 연습', 말하자면 그의 모든 연습을 중단해야 했기 때문이다. 사고였을까? 피로? 아니면 의식의 반영? 댄은 1만 시간이라는 중압감에 짓눌려 있었다. 6,000시간을 넘기자 온몸이 '그만!'이라고 외친 것이다. 2년간 침묵과 부정을 반복하던 댄은 우울증을 겪기 일보 직전이었고, 진행 상황을 기록하기 위해 2010년에 개설했던 블로그에 자신의 실험을 마무리하겠다는 마지막 글을 올렸다.

다시 글을 올리기까지 거의 2년이나 걸려 죄송합니다. 중간에 방향을 틀어 골프채를 내려놓은 것은 결코 제 의지가 아니었습니다. 오랜 시간 우울함에 갇혀 지낸 뒤에야 제 신체적 한계와 일상을 지속하기 위해 어떤 조치가 필요한지 알게 됐습니다. 심지어 올해 초까지만 해도 전부 끝났다는 사실을 스스로 인정하지 못했으며, 현실을 온전히 받아들이지 못했던 것 같습니다. (……) 골프를 그만두어야 한다는 사실이 조금도 기쁘지 않지만, 삶을 바로잡기까지 오랜 시간을 흘려보낸 지금 저는 우리의 힘으로 어떻게 하지 못하는 것도 있다는 사실을 깨달았습니다. 결국 내가 바라는 세상에서 내가 무엇을 원하는지의 문제가 아니라, 내게 주어진 상황에서 내가 무엇을 하는지의 문제입니다.

댄에게 진정한 용기는 자신의 한계와 인간다움을 깨닫고 최고가 되기 위한 욕망을 내려놓는 것이었다. 행복해지려면 우리가 통제할 수 있는 것에만 집중하고 나머지는 신께 맡기라는 스토아적 계율을 깨우친 것이다. 이런 관점에서 보면, 실험을 통해 분명하게 배운 점이 있으니 그는 실패한 것이 아니라 오히려 성공했다고 할 수 있다. 자신의 현실적인 신체 조건, 그리고 현실 그 자체를 직시할 수 있게 되었으니 말이다. 좋게 생각하면 댄이 교훈을 얻고 스토아주의를 깨우치기까지 6,000시간밖에 걸리지 않았으니, 원래보다 4,000시간은 절약한 것 아닐까? 하지만 이 계산에는 의심과 부정의 시기였던 2년이 제외되어 있다. 1년을 365일로 놓고 2년 x 24시간(우울은 스물네 시간 지속되므로)을 계산하면 1만 7,500시간이 나온다. 이렇게 보면 댄은 1만 7,500시간 동안 '목적의식이 있는 우울함'을 지속한 끝에 1만 시간의 법칙이 존재하지 않거나 아니면 자신에게는 통하지 않을 수 있다는 사실을 깨달은 셈이다. 1만 시간의 법칙은 충분히 노력하면 누구든지 원하는 바를 이룰 수 있다고 우리를 현혹한다. 모든 것이 개인의 의지와 노력에 달렸다고 말한다. 성과가 오직 훈련에 의한 것이라면, 1만 시간이 타고난 차이를 극복하는 데 충분하다면, 왜 우리는 지금도 남성과 여성을 나누어 경기를 할까? 엡스타인이 지적했듯이, 단순히 우리가 원한다고 해서 무엇이든 이룰 수 있는 것은 아니기 때문이다. 1만 시간 동안 훈련한 뒤에도 골프 챔피언이 되지 못한 이유를 충분히 노력하지 않았기 때문이라고 생각하는 것은 챔피언은 원래 훈련할 필요가 없다고, 그냥 우승할 운명으로 태어났다고 생각하는 것만큼이나 큰 착각이다. 1만 시간의 법칙은 얼핏 모두를 평등하게 대우하는 것처럼 보이지만, 아예 포기하고 놓아버리라는 말보다 더욱 위험한 유혹이 될 수 있다. 훈련을 줄이지도 못하고, 그렇다고 자신의 한계를 인정하지도 못하게 되니 말이다. 이제, '원하면 이룰 수 있다'가 아니라 '이룰 수 있다면 제대로 원한 것이다'라고 말해야 한다.

지단이 1998년 월드컵에서 브라질을 상대로 두 번이나 헤딩 골을 넣었을 때 그는 겨우 스물여섯 살이었다. AS 칸에 입단한 것이 14살이었으니, 그때까지 1만 시간은 거뜬히 채웠을 것이다. 그는 유벤투스 소속으로 이탈리아 토리노에서 훈련을 받으며 1998년 당시에도 계속해서 실력을 닦고 있었는데, 이때 받았던 훈련은 강도가 높기로 유명하다. 지단은 축구 선수 지단으로 거듭나기 위해 밤낮으로 노력해야 했다. 프티는 어떨까? 1974년 트윈 타워 사이를 가로지를 때 그는 스물다섯 살 생일을 바로 앞두고 있었다. 그가 처음 줄에 발을 디딘 순간부터 훈련 시간을 헤아려보면 틀림없이 1만 시간을 넘길 것이다. 프티의 경력은 계속해서 정점을 찍었다. 1971년 노트르담대성당의 건물 사이를 횡단하고, 1973년에는 당시 세계에서 가장 긴 다리였던 시드니 하버브리지의 철탑 사이를 건넜다.

이제 스스로에게 솔직하게 물어보자. 노력은 배신하지 않으며, 1만 시간이면 세계 최고가 되지는 못하더라도 최소한 선택한 분야의 전문가가 될 거라고 믿는가? 대답이 망설여진다면, 다르게 다시 묻겠다. 1만 시간 동안 훈련하면 400미터 높이의 줄 위를 걸을 수 있는 용기가 생기리라 믿는가? 예시가 지나치게 극단적이라면 기준을 조금 낮춰서, 노트르담대성당 정도는 건널 용기가 생길까?

chapter 4

성공의 순간

The Experience of Grace

신은 노력하지 않는다

야니크 노아는 음악을 사랑한다. 노래하며 근심을 잊고, 춤추며 행복을 배운다. 언젠가는 음악을 업으로 삼겠다고 결심한다. 현재 그는 프로 테니스 선수다. 하지만 아직 프랑스 오픈에서 우승해본 적이 없다. 1982년 12월 12일 아침 7시 툴루즈의 한 나이트클럽, 친구들과 한바탕 즐기고 잔뜩 취한 노아가 몸이 부서져라 춤을 추고 있다. 신나게 노는 거야 상관없다. 몇 시간 후, 정확히 말하면 여섯 시간 후인 오후 1시 정각에 체코의 토마시 슈미트*Tomáš Šmíd* 선수와 결승전을 치르는 것만 아니면 말이다. 노아는 친구들이 갑자기 술이나 한잔 하자고 불러냈을 때 거절하지 못했을 뿐이다. 드디어 클럽이 폐장하여 밖으로 나서니 햇빛이 눈부시다. 자기도 왜 이러는지 이해하지 못한 채, 그는 옷을 몽땅 벗어 눈이 휘둥그레진 구경꾼들 사이로 던져버린 뒤 배를 잡고 웃다가 속옷 차림으로 호텔로 돌아간다. 막 잠이 드는가 싶었는데 눈을 떠야 할 시간이다(여러분도 아침마다 겪을 것이다. 잠든 지 1분밖에 안 된 것 같건만 시계는 다른 말을 하고 있는 상황). 오후 12시 10분이다. 블랙커피, 크루아상, 아스피린, 소화제를 챙겨 먹는다. 곧 노아가 경기장에 모습을 드러낸다. 그리고 모두의 예상을 뒤엎고(특히 자기가 제일 놀랐는데), 인사불성의 상태에서 6대 3과 6대 2라는 스코

어로 승리를 거둔다.

대체 무슨 일이 일어난 걸까? 이 이야기에서 무엇을 배울 수 있을까? 첫째, 스포츠에 불변의 도덕률은 없어도 그 나름의 논리는 존재한다는 점이다. 원래 훈련이나 중요한 경기를 앞두면 과음하지 않도록 조심해야 하지만, 이 경우에는 오히려 과음이 도움이 되었다. 노아는 방 안에 틀어박혀 자신의 약점을 곱씹고 다음 날 있을 경기를 생각하며 잠을 설치는 대신, 파티에 가서 당장의 걱정을 잊어버리는 쪽을 택했다. 그렇게 모든 상념을 떨쳐내자 생각보다 더 편안히, 기대라고는 없이 완벽하게 마음을 비운 상태로 경기에 임할 수 있었다. 노아가 보여준 이 상대적인 무심함은 자신의 몸을 완전히 믿는다는 의미이자 '내려놓기'의 전형적인 사례다. 내려놓기는 현대인이 받는 스트레스에 대한 기적의 치료법이라고 일컬어지지만, 보통은 내려놓자는 생각에 집착할수록 더 놓을 수 없게 된다. 한번 생각해보자. 누군가 "그냥 내려놔!"라고 말하면 우리는 그래야 한다는 생각에 사로잡혀 어느새 긴장하게 된다. 생각이란 꼬리를 물고 계속 이어지기 때문에, 내려놓자는 생각만 하고 있으면 절대 내려놓을 수 없다. 하지만 노아는 알코올 덕분에 어떤 방해도 없이, 어쩌면 아주 약간의 의식은 있었겠지만, 자동조종 모드라도 켠 것처럼 몸을 움직였다. 무념무상의 자기최면 상태는 어떤 것도 바라기를 거부함으로써 모든 것을 얻는, 불교에서 말하는 해탈의 경지와 비슷하다.

그러한 상태의 전제 조건이 있다면 바로 휴식이다. 자신의 몸을 완전히 믿고 몸에 내맡겨야 한다. 설마 술 취한 상태를 말하는 거냐고 묻는다면, 빙고! 정답이다. 차마 대놓고 말하지는 못했었지만, 밤새도록 흥청망청 술을 마시며 겪는 신체의 변화들은 은총의 상태에 가장 가까운 모습을 띤다. 줄타기 곡예사 필리프 프티도 노아와 똑같은 경험을 한 적이 있다고 털어놓았다. "술에 취한 상태라도, 무엇을 해야 하는지 이미 알고 있는 몸만 있으면 생각할 필요가 없다는 사실을 실감했다." 만취 상태에서 전문가의 몸은 마치 자동조종 모드를 켠 기계처럼 전원 버튼을 누른 순간 저절로 움직이는데, 이를 보여주기 위해 딱히 모범적인 사례라 할 수는 없지만 노아의 일화를 실을 수밖에 없었다. 여기서 보듯, 몸이 알고 있다면 알아서 하도록 내버려두어도 된다는 이야기를 하고 싶었으니까. 그런데 몸이 알고 있다면, 시간을 얼마나 들였느냐는 차치하더라도 어디에선가 배웠기 때문이 아닐까? 곡예사도 테니스 선수도, 몸을 완전히 믿고 모든 것을 내맡기는 경지에 이르려면 틀림없이 훈련이 필요했을 것이다. 우리가 앞서 살펴본 바와 같이 이는 훈련 시간만의 문제는 아니다. 그러면 무엇 때문일까?

이듬해인 1983년, 철저하게 훈련한 맨정신의 노아는 프랑스 오픈에서 우승을 거머쥐었다. 승패를 가르는 마지막 한 점을 따냈을 때 노아는 몸이 아주 가벼웠다고 한다. "발이 둥둥 떠다녔습니다. 몸이 깃털처럼 가벼웠죠. 꿈을 꾸는 것 같았냐고요? 아니요. 그렇다기보다⋯⋯ 글쎄요, 어떻게 표현할 수가 없네요." 노아는 그로부터 몇 년 뒤 마지막으로 한 번 더 이러한 상태를 느낄 수 있었다. 이른 아침 비몽사몽 상태로 침대에 누워 있던 중 순수하고 완전한 행복을 맛보았다. "머리부터 발끝까지 온몸에서 느껴졌다. 나 자신이 바로 행복이었다. 그 20초 동안은 무엇도 나를 막을 수 없었다. 비록 볼 수는 없었지만 나는 할아버지가 곁에 있는 것을 느낄 수 있었다." 더 이상 이 세상 사람이 아니었던 할아버지가 나타났다니 미신이라고 생각할 수도 있지만, 전부 물리적인 경험이었다. 안타깝게도 그런 순간이 오래 지속되지는 않는다. 그러나 한번 진정한 행복을 경험한 이상 절대 잊을 수 없다. 이후로 바라는 건 오직 하나, 언제 다시 올지 모르는 그 행복의 순간이다.

○

　　지네딘 지단도 2006년 월드컵 때 비슷한 경험을 했다. 지단은 2004년 프랑스 팀을 떠났다가 결승을 앞두고 돌연 복귀했는데, 누군가가 꿈결처럼 자기 앞에 나타나 한 번만 더 프랑스 유니폼을 입고 뛰라고 밤새도록 설득했기 때문이라고 한다. 그 외에는 꿈과 관련해서 어떤 말도 하지 않았지만, 워낙 속내를 드러내지 않기로 유명한 선수였기에 이 정도만으로도 놀라운 발언이 아닐 수 없었다. 이것이 지단의 복귀전이자 마지막 무대였다. "제게는 그 경기가 전부였습니다. 모든 것을 쏟아부었죠. 제 안에 남은 것을 전부 끌어모아 핵심에 찔러 넣었습니다." 나이가 너무 많다고, 이제 끝났다고, 모든 경기마다 이것이 은퇴전이 될 거라는 얘기를 듣던 그는 이 경기에서 어느 때보다 멋지게 활약했다. 스페인과 포르투갈이 희생양이었다. 하지만 1998년에 그랬던 것처럼 지단은 브라질을 상대로 가장 훌륭한 경기를 펼쳤으니, 이번엔 2006년 7월 1일, 프랑크푸르트에서 열린 8강전이었다. 처음부터 끝까지 모든 것이 완벽했다. 공이 그의 발끝에 닿을 때마다 마법이 펼쳐졌다. 프로 축구 선수로 뛰다가 현재는 독설로 유명한 축구 논평가가 된 장

미셸 라르케*Jean-Michel Larqué*는 아직까지도 그 순간을 언급한다. "경기장에서 그런 플레이를 보여준 선수는 그때껏 한 명도 없었다. 마치 행위 예술을 보는 기분이었다." 하지만 지단은 덤덤하다. "저희 팀원들은 경기에 온전히 몰입했습니다. (……) 상대는 브라질이었으니, 지면 지는 거지 뭐 어쩔 거야 하는 식으로 덤볐죠." 아이러니하게도 브라질이 뛰어난 팀이었기 때문에 상대하기가 쉬웠다. 잃을 게 없었기 때문이다. 1998년과 비교하면 2006년의 경기는 결승전도 아니었기에 더더욱 그랬다. 라커룸 복도에서부터 경기장까지 이어진 두 팀의 분위기는 놀랍도록 편안했다. 서로 웃기도 하고 포옹을 나누는 등, 함께 경기를 치르게 되어 그저 즐겁다는 마음뿐이었다. 보통은 서로를 '상대로' 경기를 치르지만, 이번만큼은 서로와 '함께' 경기를 뛰었다. 브라질은 비할 데 없는 최고의 상대로, 축구 선수라면 한 번쯤 겨뤄보고 싶기 마련인 팀이었다. 선수들은 압박을 느끼기는커녕 그저 즐거울 뿐이었다. 지단은 당시 심정을 이렇게 설명한다. "선수들 모두 경기에 진심으로, 제대로 몰입했습니다. 그러니까 그런 기분이 들더군요. 아, 이쯤 되면 뭐 잘못될 것도 없겠다. 그냥 같이 재밌게 뛰고, 신나게 즐겨보자. 그러다 골을 만들어냈을 때는 정말 좋았습니다. 세상을 다가진 기분이었죠."

　　빅상트 리자라쥐*Bixente Lizarazu*가 증언을 더한다. "그 경기에서 지단은 천상계의 존재였습니다. 살면서 그런 플레이는 본 적이 없어요. 확실히 인간의 영역이 아니었죠." 지단 역시 겸손함을 잃지 않으면서도 그날의 특별함만큼은 인정한다. "불가항력이었죠. 제가 뭔가 다르게 보인 날은 늘 그런 식이었습니다. 그날 경기에 진짜 브라질 선수가 있다면 다름 아닌 저, 지단이었다고 입을 모으더군요. 확실히 말씀드릴 수 있는 건, 저 혼자였다면 아무것도 할 수 없었으리라는 겁니다." 이 모든 것은 공동체 정신, 또는 선수들 개개인의 정신력 덕분이었다. 단순한 축구 경기를 뛰어넘어 견고함, 완벽함, 영원함이 느껴졌다는 것이다. "라커 룸에서 저희 선수들은 줄곧 그런 식이었어요. 그래, 뭐 어쩔 거야. 계속 경기하고 싶은데. 그럴 수 있다면 얼마나 좋을까. 정말 얼마나 재미있을까……." 그때를 돌아보는 지단의 얼굴에 미소가 떠올랐다. 그날 지단은 축구 인생에서 처음이자 마지막으로 유니폼을 벗어 던지고 의료 침상 위에 올라가 춤을 췄다. 감히 어떤 말로 묘사할 수 있을까. 노아 또한 이 경기를 지켜본 여느 사람들처럼 그의 모습을 해석해보았다.

지단은 은총을 받은 상태였어요. 저는 언제나 그 상태에 이르기 위해 노력하고 연습해왔으며, 이를 증언하고 또 낱낱이 파헤치고자 합니다. 어느 날 돌연 모든 것이 제자리를 찾아 자연스럽게 흘러가는 순간이 오는데, 그건 사실 지난 15년 동안 노력했기 때문이죠. 갑자기 뚜렷한 이유도 없이 은총을 입게 되는 겁니다. 지단이 보여주었던 여러 가지 몸짓이 기억에 남네요. 승리의 순간도 그렇지만, 그의 몸짓, 특히 그의 표정은 결코 잊을 수 없을 겁니다. 지단의 얼굴과 표정을 생각하면 지금 이 순간에도 온몸에 소름이 돋습니다. 너무나 경이로웠어요. 그리고 하늘을 올려다보던 지단의 모습, 그 모습이란……

노아도 달콤한 회상에 잠겼다. 지단과 마찬가지로 자신의 감동을 말로 다 표현할 수 없었던 것이리라. 게다가 그 순간은, "다시 오지 않을 수도 있다".

현역 선수 생활을 끝낸 노아는 프랑스 데이비스컵* 팀의 감독을 맡아 1991년, 1996년, 그리고 한참 후인 2017년에 팀을 우승으로 이끌었다. 이제 다른 선수들을 훈련시키는 입장이 된 그는 개인으로서든 또는 팀으로서든, 자기 자신을 뛰어넘기 위해 꼭 필요한 그 '상태'에 대해 줄곧 생각을 정리했다. 하지만 그는 지단을 이야기 할 때 말고는 '은총의 상태'라는 표현을 좀처럼 입에 올리지 않는다. "아름다운 표현이지만, 그런 상태에 이른 사람은 일어나는 일에 대해 진정한 통제권이 없는 것처럼 보인다는 게 문제입니다. 사실은 정확히 그 반대인데 말이죠." 그래서 노아는 '영역 안에 있다in the zone'라는 표현을 더 자주 쓴다. 이는 '은총의 상태'와 달리 상황의 주도권이 완전히 자신에게 있음을 내포한다. '영역 안에 있는' 사람은 최상의 플레이를 선보이기 위해 고민할 필요가 없다. 모든 것이 본능적으로, 자연스럽게, 술술 흘러간다. 숙취만 빼면 취했을 때의 특징이 모두 발휘되는 셈이다. 처음에는 우연히 들어설지 몰라도 나중에는 스스로의 의지로 그 영역에 들어설 수 있어야 한다. 은총은 '내려지는' 것으로서 그 종교적인 어원 때문에 수동성이나 신도를 연상시키는 반면, 영역이란 '정복하는' 대상으로서 능동성이나 근면함, 그리고 특정한 구역처럼 점유할 수 있는 무언가를 연상시킨다. 은총은 상태이지

* Davis Cup. 테니스의 올림픽이라 불릴 만큼 세계적으로 권위 있는 테니스 대회.

만 영역은 공간이다. '영역zone'은 그리스어 '벨트belt'나 '거들girdle'에 어원을 둔다. 개인적으로 나는 '행위의 지점'에 대해 즐겨 이야기하는데, 이는 자기 자신을 만나게 되는 곳이자 의도와 행동의 경계가 무너지는 곳을 뜻한다. 행위의 지점은 자연스러운 곳으로, 이 지점에 이른 사람은 이미 알아서 행동하고 있기 때문에 다음 행동을 생각할 필요가 없다. 자신이 가장 편안함을 느끼는 곳이자 가장 행위가 활발해지는 곳이며, 집중과 망각의 지점으로 자기 자신에 대해 생각할 필요가 없기 때문에 내가 가장 나다워지는 곳이기도 하다. 행동 하나하나가 자신에게 진실하며, 자신이 생각하는 삶과 조화를 이룬다. 모든 것이 하나되어 의미를 이룬다. 집중과 망각의 지점은 나와 타인과 세상과의 관계가 조화를 이루는 곳이다. 행복에 이른, '나의 지점'이다.

스포츠를 좋아하는지 싫어하는지, 연습을 하는지 안 하는지의 문제가 아니다. 느긋함이나 은총이라는 개념은 모든 사람, 삶의 모든 부분과 맞닿아 있다. 이해하기 쉬운 예로써 스포츠의 사례를 가져왔을 뿐이다. 스포츠에서는 누가 자신의 '몸 안'에 있지 않은지, 반대로 누가 '경기 중'에 있는지 쉽게 구분할 수 있다. 프랑수아즈 사강 역시 자신이 도달한 행위의 지점, 글쓰기 중 만나는 은총의 순간에 대해 스포츠를 예로 들어 묘사한다.

> 일단 '어떤'하면, 윤환유는 잔 기계처럼 완벽하게 작동한다. 마치 100미터 거리를 10초에 주파하는 사람을 보는 기분이다. 문장이 산처럼 쌓이는 기적이 일어나고, 정신이 내 몸을 빠져나와 바깥에 존재한다. 나는 나 자신을 지켜보는 구경꾼이 된다. 이런 상태에 이르면 글이 망설임 없이 술술 써진다. 정말 환상적인 기분이다. 분명한 축복의 순간이다. 단어를 기다리는 왕이 된 기분이기도 하다. 말로 설명할 수 없이 오묘한, 마치 천국에 온 느낌이다. 내가 쓰고 있는 내용을 나 스스로 믿을 수 있다는 것이 얼마나 행복한 일인지, 이 세상을 전부 내 발아래 둔 것만 같다.

피아니스트 엘렌 그리모는 늑대 보호에 앞장서는 만큼이나 연주할 때의 아름다운 모습으로도 유명하다. 피아노 앞에 선 그리모는 '영접迎接'의 상태에 빠진다. 말하자면 직관적으로 느껴지는 존재에 "온몸이 떨리고", "갑자기 불을 켠 듯 머릿속이 환해지며 몸이 저절로 움직이는 상태"다. 스포츠의 영역에서와 달리 여기 이 단어는 굉장히 종교적이고 초자연적인 느낌을 준다.

> 엄청난 노력을 거듭하며 피아니스트는 영접의 순간을 기다린다. 무대에 올라설 때 나는 분명 혼자지만, 연주를 시작하는 순간 그러기를 거부한다. 어떤 존재가 나를 지켜주고 있다. 음악일까? 내가 연주하는 곡의 작곡가들일까? 마치 내가 두 사람이 되어 음악을 연주함과 동시에 나 자신을 지켜보는 기분이다. 가끔은 천장 조명에서 떨어지는 빛줄기가 피아노를 환하게 감싸는 모습을 포착하는데, 그 빛이 바로 그들이라는 느낌이 들기도 한다.

그리모가 '두 명의 나'가 되는 이 순간은 사강이 글을 쓸 때 경험했던 '기적'의 순간과 비슷하다. 내가 나를 지켜보는 '구경꾼'이 되거나 '천국'에 온 듯 느껴지고, 내가 '거의 내 몸 바깥에' 있다고 인지되는 상태 말이다. 마치 신비주의자라도 된 듯이, 그리모는 '거의'라는 단어조차 쓰지 않은 채 이 영적이면서도 물리적인 경험을 거침없이 묘사한다. 자신이 '영매'가 된 상태로 작곡가의 영을 불러낸다는 그리모의 말에 누군가는 코웃음을 칠 수도, 또 누군가는 오싹함을 느낄 수도 있다. 아니면 그녀가 피아니스트로서 단순히 음악을 연주하는 데 만족하지 않고 영적인 상태로 연주를 완수해내기 위해 노력하는 모습에 깊은 감명을 받을지도 모르겠다. 무지의 상태에서 갑자기 머릿속이 환해지는 경험, 그리모는 이 깨달음의 순간이 지닌 본성을 설명하고 분석적으로 묘사한다. 우선 은총의 경험은 우리와 시간이 맺는 관계성을 차례로 바꾼다고 그녀는 말한다. 피아니스트는 "악보를 넘길 때마다 사실 시간도 함께 넘기고 있으며, 미래가 연주자와 만나기 위해 다가온다. 그러나 이때 연주자는 단순히 미래를 향해 성립된 존재가 아니다". 음악을 연주하는 동안 연주자는 시간 속을 여행한다. 정확히 말하자면, 연주자 자신을 향해 여행하는 시간을 바라본다. 피아니스트는 "무한한 현재 안에 모든 것을 한데 모으고, 가장 마지막 순간 황홀경에 취해 날아오른다. 그러면 피아노를 연주하는 손 한참 아래로 지면이 무너져 자취를 감춘다". 현재는 한계랄 것이 없기에 자연스럽게 과거와 맞닿고, 연주자는 자신과 비슷한 경험을 했던 작곡가와 조우한다. 작곡가의 음악을 연주하는 동안 작곡가가 느낀 감정을 느끼고, 그가 살았던 곳에 머물며, 작품 속에서 존재하는 그를 온전히 느낀다. 그리모는 자신이 로베르트 슈만Robert Schumann과 특히 이런 교감을 나누며, 그의 음악을 깨닫는 슈만이라는 인물도 알게 된 느낌이 든다고 말한다. 생각해보면 그리모의 고백은 딱히 놀라울 것도 없다. 예술가란 본래 매개체로, 자신의 작업물을 통해 시공간에 구애받지 않고 우리들 개개인과 소통할 수 있지 않은가. 여러분도 책이나 영화, 음악을 접하며 마치 그 예술가의 이야기를 듣는 듯한 느낌을 받은 적이 있을 것이다. 예술가들은 우리의 솔메이트로서 자기 자신을 우리와 나눌 수 있는 그 은총의 순간을 언제나 기다린다. 하지만 여기엔 모순이 있다. 은총의 순간이 오면 '그 안에' 너무나 강력하게 사로잡히게 되고, 따라서 나 아닌 다른 어떤 것도 공존할 수 없다는 점이다. 다른 이와 그 무엇도 공유할 수 없다. 슈만은 "음악이 완전히 나를 소유하는 순간들이 있다. 그때는 오직 소리만이 존재하며, 더 정확히 말하면 아무것도 기록할 수 없게 된다"라고 밝힌 바 있다. 일단 그것이 '시작되면' 하던 것을 멈추고 기록으로 옮기는 것이 불가능하다. 마찬가지로 일이 잘 풀리지 않을 때도 할 수 있는 건 별로 없다. "어제 피아노 연주가 얼마나 형편없었는지, 누가 내 팔을 꽁꽁 묶어둔 느낌이었다. 억지로 하고 싶지는 않았다. 의심과 어둠이 이곳 지상에 내려앉아 모든 이를 집어삼키고, 저 높은 하늘마저 덮쳐버린 듯했다." 슈만과 그리모, 두 사람 모두 억지로 하는 것은 아무 소용이 없다는 사실을 알고 있었다. 영접의 순간을 위해 늘 준비해야 하지만, 열심히 한다고 모두가 광명을 볼 수는 없다. 노력이란 그저 은총이 오면 맞이할 수 있는 접객실 같은 존재다.

은총이 누구에게나 찾아오리라는 보장은 없다. 우리는 기껏해야 은총을 바라는 처지에 놓여 있을 뿐이다. 그렇지만 은총을 경험하기 위해, 세상을 내 발아래 두는 기분을 느끼기 위해, 반드시 어떤 분야의 최고가 될 필요는 없다. 축구나 테니스, 문학이나 음악 같은 분야는 행위자와 행위가 합일을 이룬 상태, 즉 행위자가 행위의 지점에 이른 상태를 구체적으로 보여주기 위한 예시일 뿐이다. 그런 합일이 '일어나거나', '시작되거나', '그저 훌륭'할 때, 행위자는 '그것'을 말이나 기호로 표현할 수 없다. 그때의 말하기란 작곡과 마찬가지로 자신이 경험하는 것의 '내부'에서 분리되어 나와 바깥에 머물며 그것을 평가하는 일이기 때문이다. 행위의 지점에 대해 가장 잘 설명할 수 있는 건 그저 점 여섯 개로 이루어진 말줄임표뿐이다…….

그렇다면 어떻게 해야 이 지점에 어떻게 도달할

수 있단 말인가? '영역'이나 '은총' 또는 '행위의 지점'을 이미 경험한 적이 있다면, 자신을 그곳으로 인도했던 그 길을 다시 복원해보는 것이 가장 쉬운 방법이다. 노아는 이 방법을 '난쟁이 톰의 조약돌*Tom Thumb's pebbles*'*이라고 부른다. 그 지점에 다가서는 동안 나는 무얼 하고 있었는가? 어떤 상황이었는가? 주변에 어떤 사물과 어떤 사람들이 있었는가? 무슨 생각을 하고 있었나? 숨을 깊게 들이쉬고 편안히 앉아 모든 기억과 감정을 받아들이자. 머릿속이나 노트에 모든 것을 기록해두자. 사강은 이 방법에 대해 기자들과 많은 이야기를 주고받았다. 사강이 어떤 식으로 글을 쓰는지 살펴보자.

저는 밤에 작업을 합니다. 밤은 전화벨 소리나 사람들의 갑작스러운 방문 같은 방해 없이 평화로운 상태로 작업에 집중할 수 있는 유일한 시간이니까요. 파리에서도 밤에 일을 하다 보면 시골에서 일하고 있는 듯한 기분이 들어요. 꿈만 같

* 영국 동화 중 난쟁이 톰이 자신을 버리려는 부모의 계획을 엿듣고 조약돌을 준비했다가 부모에게 이끌려 숲으로 들어가며 돌을 떨어뜨린 다음 그 흔적을 보고 돌아올 수 있었다는 이야기가 있다.

조! 저는 자정부터 새벽 6시까지 일을 합니다.
낮 시간은 괴물 같아요. 만남이 계속되잖아요.
밤 시간은 잔잔한 바다처럼 끝이 보이지 않지요.
잠자리에 들기 전 해가 뜨는 모습을 보면 기분
이 좋아요. 제 글쓰기 작업은 한 번에 열흘에서
보름씩, 몇 번이고 이어집니다. 그 사이사이에는
책도 읽고, 공상도 하고, 의견도 주고받지요. 그
러다 잊어버리는 아이디어들도 있지만요. 시골에
서 지낼 때는 오후에 일을 합니다. 시골의 가장
좋은 점은, 아침에 일어나 무작정 바깥을 거닐면
서 풀 내음도 맡고 그날의 날씨를 즐길 수 있다
는 거예요. 그러다 오후 4시쯤이 되면 이렇게 말
하는 거죠. "이제 난 일하러 가야겠어요." 투덜
대고 앓는 소리를 내면서, 짐짓 거창하게 말이에
요. 정말 마법 같은 순간은, 타자기든 펜이든 말
을 너무 잘 들어서 식사 시간마저 잊어버린 때에
요. 아, 그렇다고 시골에서 일하는 게 더 좋다는
건 아니에요. 저는 어디에서든 일할 수 있어요.
공원 벤치에서나 나무 아래에서나. 임신한 여자
랑 비슷하달까요. 항상 배 속의 아기를 생각하진
않더라도 가끔 느껴지는 태동으로 아기를 떠올

리는 것처럼요. (가끔은) 한밤중에도 그러죠. 그러면 불을 켜고 이곳저곳을 뒤져 연필을 하나 집어 든 다음 종이에 아이디어를 기록해두지만 다음 날이면 잃어버리고 없어요. 메모를 정말 많이 하는데 전부 글쓰기와 관련된 아이디어죠. 게으르게 사는 게 중요하답니다. 책의 상당 부분이 우리가 공상을 하거나 멍하니 흘려보내는 시간 속에서 만들어지거든요.

노아는 '영역 안에 들어가기'위한 방법이 과연 존재하는가에 대한 답을 찾으려 노력했고, 그 방법을 우리의 삶 전체에 적용한 책《비밀, 그리고······*Secrets, etc...*》를 펴냈다(제목의 말줄임표가 보이는가). 굳이 모든 '비밀'을 누설하지 않더라도 몇 가지는 여기서 짚고 넘어갈 수 있는데, 그중 지금 말하려는 첫 번째가 가장 중요할 것이다. 노아는 이렇게 쓴다. "1991년, 테니스를 그만두기로 마음먹고 시작한 요가가 삶을 바라보는 나의 관점을 완전히 바꾸어주었다. 사실 그동안 편안한 마음으로 테니스를 즐길 수도 있었지만, 그때는 그럴 수 있다는 생각 자체를 못 했기 때문에 강압적으로, 아주 격렬하게 공을 쳐댔다." 아이러니하게도 노아는 테니스를 그만두고 나서야 온화한 마음가짐과 놓아주기의 미학을 깨달았다. 은총을 맞이하기 위한 첫 번째 조건은 바로 '억지로 하지 않기'다. 노아의 경우는 조금 특별했다. 선수로서 그는 1983년 프랑스 오픈에서 처음이자 마지막으로 은총의 순간을 경험했고, 그 후로 몇 년 동안 자신이 놓치고 있던 것들을 잘 풀어보려 노력한 끝에 또다시 성공할 수 있었다. 은총은 그것을 '격렬하게' 갈구하는 사람에게서는 멀어진다. 노아는 선수 생활을 끝낸 뒤에야 이 사실을 깨닫고 다른 사람에게도 알리고자 했다.

지단 또한 사람들이 자신과 연관 짓는 그 은총이라는 것의 원천이 무엇일까 궁금해한다. 물론 그 단어를 직접 입에 올리진 않는다. 오히려 그것을 의심하는 쪽에 가깝다. 그럴 만도 한 것이, 자신이 얼마나 열심히 노력해왔는지, 최고의 경지에 이르기 위해 어릴 때부터 무엇을 희생해왔는지 지단 본인이 가장 잘 알기 때문이다. 하지만 몇 번의 경험으로 깨닫게 되었듯이, 최고의 경지 너머에도 무언가, 어쩌면 누군가가 존재했고, 그것이 그의 축구 인생의 대미를 화려하게 장식해주었다. 1998년 월드컵 내내 전혀 득점하지 못하던 지단이, 어떻게 갑자기 무언가 깨달은 양 결승전에 나타나 브라질을 상대로 두 골이나 넣을 수 있었던 걸까? 그에게 정말 중요한 일이었기 때문에? 두 골을 넣었으니 두 배는 더 중요했던 건가? 지단이 넣은 두 골은 모두 헤딩슛이었는데, 그럴 기회만 있다면 그는 당시 헤딩이 자신의 주특기가 아니었다고 고백할 것이다. 또 다른 예를 들어보자. 2002년 챔피언스 리그 결승전에서는 어떻게 발리슛을 시도해 골 망을 흔들 수 있었을까? 누군가 지단의 몸을 조종한 것처럼, 자세와 마무리 모두 완벽함 그 자체였다. 지단은 《지단: 특별할 수밖에 없는 운명 *Zidane, un destin d'exception*》에서 당시를 이렇게 회상한다. "인생에서 딱 한 번밖에 오지 않는 순간들이 있다. 그때가 바로 그런 순간이었다. 그러고 나면 이런 의문이 들기도 한다. '누군가 날 도와준 것 같은데, 아닌가?' 어쨌든 난 그렇게 생각한다. (……) 누군가 날 돌봐주었다고……." 도대체 그 '누군가'란 누구란 말인가? 신을 말하는 걸까? 지단은 말을 아낀다. 하지만 최소한 행운의 여신이라든지, 어떤 초인적인 존재가 자신을 보호하며 함께 있어주었다고 고백한 것은 틀림없다.

　　유러피언 컵 역사상 가장 아름다운 골로 회자되는 그 순간이 어쩌면 지단이 마음만 먹으면 언제든지 만들 수 있는, 의도적으로 연출된 장면으로 보였을지도 모른다. 보는 사람으로서는 감히 따라 할 수도 없겠구나 싶은 슛이었다. 여기서 재밌는 건, 지단도 우리 모두와 똑같이 생각한다는 점이다. 그 동작은 누구도 예상할 수 없는 것이었으며, 지단 자신조차 재현이 불가능하다. 지단은 자신이 결승전에서 저절로 몸을 움직여 만들어낸 그 슛을 다시 시도하기 위해 부단히 노력했지만 결국 재현이 불가능했다고 담담하게 인정한다. 중요한 대목은 '몸이 저절로 움직였다'는 것이다. 어떤 면에서든 '통제받지 않는' 킥이었다. 생각하지 않음으로써 지단은 성공했다. 더 정확히 말하면 생각하지 않았기 때문에, 그리고 그가 지단이었기 때문에 성공한 것이다. 단순히 생각하지 않고 움직인다고 해서 지단처럼 플레이할 수 있는 건 아니다. 생각하지 않는 것이야 누구나 할 수 있으니까. 하지만 지단이라면 더 이상 생각할 필요도 없는 순간이 오고, 그땐 생각을 멈추는 편이 낫다. 축구가 제2의 천성이 되어 하나의 본능처럼 작동하는 사람이라면, 몸이 저절로 반응하는 순간 자신을 온전히 내맡겨야 한다.

그의 슛이 더 대단한 이유는 실질적인 동작 때문만이 아니라 바로 그 순간 감히 그런 슛에 도전했다는 사실이다. 단순한 결승전이 아니었다. 지단은 1997년에서 1998년 사이, 유벤투스 선수로 뛰며 이미 쓰라린 패배를 두 번이나 맛보았다. 이제 레알 마드리드에서 뛰게 된 그는 또다시 패배할지 모른다는 엄청난 두려움을 느끼고 있었다. 동료들은 물론 축구계 인사들을 비롯한 모든 이가 보기에도 이 경기는 지단에게 '검은 고양이' 같은 징크스가 될 것만 같았다. 정말 많은 것을 걸었던 이 경기에서 그가 징크스에 사로잡히지 않았다니 놀랍기만 하다. 어떻게 그럴 수 있었을까? 그가 특별한 방법을 밝힌 적도 없고 실제로 방법이란 것이 존재하는지도 잘 모르겠지만, 4년 후 2006년 월드컵 결승전에서 이탈리아를 상대할 때 지단은 자신의 사고 과정을 묘사했다. 경기 시작 7분 만에 페널티킥을 따낸 그는 전설적인 골키퍼 잔루이지 부폰*Gianluigi Buffon*을 상대해야 했는데, 부폰은 유벤투스 시절에 지단과 함께 뛰어 그를 속속들이 알고 있는 선수였다. 페널티킥 자체가 엄청난 정신력 시험인 마당에 잃을 게 많은 훌륭한 선수에게는 어떤 의미였을지 더 말할 것도 없다. 월드컵 결승전에서 페널티킥을 득점으로 연결하지 못한다면, 특히 축구 인생의 마지막 경기에서 그런 실수를 한다면 이는 남은 평생 꼬리표로 따라붙게 될 터였다. 페널티킥의 상황에서야말로 데카르트의 말처럼(그는 축구라는 종목이 생겨나기 수 세기 전 사람이긴 하지만) 망설임이 악 중에서도 최고의 악이다. 지단 본인의 설명에 의하면 페널티킥은 "예외적인 움직임"이다. 경기 중에 자연스럽게 이어지는 하나의 동작이 아니기 때문에 따로 준비가 필요하며, 본능에만 맡길 수도 없다. "갑자기 당황하게 될 수도 있기 때문에 어느 쪽으로 찰지 미리 정해두어야 한다." 다리를 들어 올리기 전에 어느 쪽으로 찰지, 얼마나 세게 찰지, 얼마나 높이 찰지를 결정하고 중간에 마음을 바꾸는 일이 없어야 한다는 것이다. 골키퍼의 작은 몸짓 하나 때문에 의심과 망설임을 가지면 머릿속이 바로 뒤엉켜버린다. 지단이 공을 차기 위해 앞으로 나서는 순간 전 세계가 숨을 죽였다. 평소 지단은 골 망의 왼쪽 구석을 노려서 오른발 안쪽으로 공을 차올리곤 한다. 하지만 이번엔 모두의 예상을 뒤엎고, 완전히 말도 안 되는 시도를 했다. 파넨카 킥*이었다. 골대의 정중앙, 골키퍼의 정면을 향해 힘을 빼고 공을 툭 찔러 넣자 공이 낙엽처럼 골대 안으로 떨어져 들어갔다. 지단은 부폰이 어떻게 예상할지 확신했고, 정말로 부폰은 지단의 공이 향하리라 생각한 오른쪽으로 이미 몸을 기울이던 중이었다. 잘못된 선택임을 깨달은 부폰이 움직임을 멈추고 돌아섰지만 공은 이미 골대를

---

* 골키퍼를 향해 느리게 차는 킥으로, 처음 이 킥을 시도한 안토닌 파넨카*Antonin Panenka*의 이름을 땄다.

살짝 맞힌 뒤 골라인을 넘어서고 있었다. 테니스에 비유하자면, 매치포인트의 상황에서 손쉬운 스매싱 공격 대신 예상치 못한 드롭샷을 선보인 셈이다. 노아는 이렇게 평한다. "다른 사람이었다면 공포에 질려 안전한 선택을 했을 그 타이밍에, 지단은 과감히 판을 흔들어보기로 결정한 것이다. 정말 놀랍지 않은가?" 놀랍지만 사실이다.

지단은 왜 수백만 명이 지켜보는 월드컵 결승전에서 그렇게 위험한 선택을 한 걸까? 지단 본인이 밝힌 바에 따르면, 당시에는 자신도 아무 생각이 없었다고 한다. "굉장히 즉흥적인 결정이었습니다. 내려놓은 공을 차려고 뛰어가던 순간, 막 발을 들어 올리던 그 순간에 계획한 일이죠. 그 전에는 저도 몰랐습니다. 딱 그 순간, 10초도 안 되는 사이에 일어난 일이에요. 순간적으로 이렇게 차야겠다는 생각이 스친 겁니다." 평소 그가 말해왔던 바와는 다르게, 페널티킥 상황에서 지단은 공을 차기 전까지 자신이 무얼 하게 될지 몰랐다. 일이 그냥 벌어졌다. 하지만 그의 대답을 조금 더 주의 깊게 새겨보면 어쨌든 공을 차기 직전에는 판단을 내렸다는 사실을 알 수 있다. 데카르트의 두 번째 격률이다. 훌륭한 결정을 내리기 위해서는 그것에 대해 오래 생각할 필요도, 아니면 아예 생각할 필요도 없다는 것. 그냥 받아들인 다음

끝까지 밀고 나가야 한다는 것. 이 경우에는 아주 즉각적인 결정이었다. 행위의 순간에 일어난 결정이랄까. 의심은 들어설 수 없었다. 사실 그럴 시간도 없었다. 너무 순식간에 일어난 일이라 지단이 결정을 내린 것인지, 결정이 지단을 선택한 것인지조차 명확히 알 수 없다. 이 즉각성, 순간성이 바로 성공적인 결정을 위한 조건 중 하나다. 결국 지단에게도 자신의 방법이 있었다. 페널티킥이 원래 본능적인 행위라 할 수 없다 해도, 이 경우에 지단은 생각을 배제하고 최대한 본능적으로 임했다. 최대한 아무 생각 없이 결정에 이른 것이다. 우리가 맹목이라든지 영감이라고 부르는 두 가지는 결국 같은 것이다. 그것들이 우리로 하여금 불가능한 일에 과감히 도전하게 한다. 여기에는 '비개인적인*impersonal*' 무언가도 연관되어 있다. 행위의 지점에 도달한 자기 자신을 보면 그 누구도, 그 어떤 존재도 아닌 내 사고 밖의 존재로 느껴지고, 그러면 그 순간이 시키는 대로 나를 내맡길 수 있게 된다. '행위*action*'의 지점이 곧 비행위*inaction*의 지점이 되는 셈이다. 지단은 "사람들이 지켜볼 때면" 자신의 행위에 아무 영향력을 행사하지 못하는 느낌이 든다고 고백한다. 그는 그냥 그렇게 해야 된다고 느낄 뿐이다. 신의 부름이라도 받은 양 그저 자신의 운명을 이행한다.

동시에 그는 자신의 행위에 깃든 어떤 다짐을 깨닫는다. "사람들의 뇌리에 박혀야 한다." 자신의 마지막 경기이자 모두가 지켜보는 월드컵 결승에서 지단은 족적을 남기고 싶었다. 페널티킥이 절호의 기회였다. 노아는 그렇게 압박이 심한 상황에서도 그가 전혀 굴하지 않고 자신의 의지대로 플레이했다는 사실에 감탄하지만, 한 가지 중요한 사실을 놓치고 있다. 지단이 정말 중요하게 생각한 것은 월드컵 경기에서 두 번 우승하는 것이 아니라, 자신만의 방식으로, 그것도 아주 이례적인 방식으로 영원히 축구 역사에 기록되는 일이었다.

○

운명이라는 개념은 시도하지 않기 위한 변명으로 사용되기도 한다. 만약 모든 것이 예정되어 있다면, 신성한 힘에 모든 것을 걸고자 하는 유혹에 빠져 더 이상 자신의 삶을 개척하려는 어떠한 행위도 하지 않을 것이다. 바라거나 노력하기를 멈추고 아예 게임을 그만두는 것이다. 하지만 운명이란, 올바로 인식하기만 한다면 우리를 무기력하게 만드는 게 아니라 오히려 자유롭게 하는 힘이 된다. 모든 것이 이미 결정되어 있으니 걱정할 필요가 없다. 그냥 짜인 대로 움직이면 된다. 무엇이 걸려 있든 상관하지 않고 최대한 온전하게 나 자신이 되면 그것으로 그만이다. 운명의 선고만을 기다리던 처지에서 벗어나 자기 자신이 되기 위한 기회를 쟁취하는 것, 그것이 결국은 운명이다. 운명이란 이끌림이며, 모든 것을 포기하게 하기보다는 조금이나마 긴장을 풀어주는 요소이기도 하다. 그렇게 긴장을 덜어낼 때 노아가 말한 최고의 게임을 펼칠 수 있다. 책임감, 일을 망칠 수 있다는 두려움, '안전하게 가야 한다'는 강박을 내려놓으면 승리를 향한 집착에 작별을, 패배를 향한 공포에 이별을 고할 수 있다. 결국 행위를 할 때 순수한 즐거움만을 느끼게 된다. 아무것도 없이, 오직 즐거움만 남는다.

노아는 사람들이 신을 믿듯이 운명을 믿는다. 그 목적이 무엇이든, 신념은 우리의 몸을 생각에서 해방한다. 무언가 어려운 일을 시도하는 사람에게는 어딘가에 이 일을 성공한 사람이 있다고 믿는 태도가 가장 중요하다. 가장 위험한 경기를 펼치는 헤비급 복서들이 신실한 신앙심을 가지는 것도 아마 그 때문이리라. 캐시어스 클레이*Cassius Clay*, 그러니까 우리가 아는 무하마드 알리*Muhamad Ali*가 이슬람교로 개종하던 순간은 아직까지도 모두의 뇌리에 강렬히 남아 있다. 알리의 유명한 적수로 1974년 킨샤사에서 그와 함께 '럼블 인 더 정글*Rumble in the Jungle*'이라 일컫는 세기의 대결을 펼쳤던 조지 포먼*George Foreman*이 말년에 텍사스에서 목사가 된 것 역시 유명한 일화다. 어떤 신이든 신을 믿으면 고난을 더 수월하게 극복할 수 있으며, 험난한 시련에도 굳건한 버팀목이 된다. 우리의 고통에 의미가 있다고 생각하면 그 고통의 강도가 줄어들고, 신이 우리를 굽어본다고 생각하면 두려움이 덜어진다. 곡예사 프티도 전선에 첫발을 내디딜 때 종교적인 신념과 아주 흡사한 것에 의존했다. 하지만 프티가 기도를 드렸다면 아마도 자신의 발과 다리에 깃든 신들, 그리고 생명을 관장하는 신들을 향한 기도였을 것이며, 그 신들은 프티의 흠잡을 데 없는 준비에 감동하여 그의 몸에 들기로 결정했을 것이다. 프티가 세계에서 가장 큰 성당인 뉴욕의 세인트존 더 디바인 대성당에서 줄타기 곡예를 선보이다가 불법 공연이라는 죄목으로 붙잡혔을 때(노트르담대성당에서 그랬던 것처럼), 그곳의 주임 사제 제임스 파크스 모턴*Jame Parks Morton*은 경찰에게 당장 그를 석방할 것을 요청했다. 프티는 침입자가 아니라, 성당에 속한 곡예사라는 것이 그의 주장이었다.

아슬아슬한 줄타기와 대성당은 동전의 양면 같

은 관계다. 그 역사는 유구하다. 당장 중세 시대의 필사본만 뒤져봐도 탑이 있는 곳에 곡예사가 있음을 알 수 있다. 탑과 곡예사, 모든 것이 완벽하게 균형을 이루는 엄청난 순간이다. 이는 삶과 죽음이요, 천국과 지옥이다. 그러니 신에게도 훌륭한 제물인 셈이다. 곡예사가 줄을 건너는 순간, 돌로 지어진 대성당은 살아 움직인다.

프티가 가톨릭 신자가 아니라는 사실에 대해 어떻게 생각하는지 묻자, 사제는 미소를 머금고 이렇게 답했다. "신을 믿을 필요가 없지요. 신이 그를 믿고 있는데요."

chapter 5

자 세 찾 기

Find the Right Position

이완된 몸이 긴장한 몸보다
더 많은 에너지를 갖고 있다

느긋함이란 개념이 아니라 자세다. 가끔은 아주 약간만 변화를 주어도 안락의자에 앉은 듯한 편안함을 느낄 수 있다. 편안한 자세는 중요한 요소이니 여유를 가지고 찾아보자. 몸의 자세 하나로 많은 것이 바뀔 수 있다. 이제 선생님이나 부모님께 "똑바로 앉아!"라든지 "허리 펴고 앉아!" 같은 잔소리를 들을 나이도 아니므로, 그냥 자신이 편하다고 느끼는 자세를 찾으면 된다. 모든 것이 여기서부터 시작된다.

실행에 앞서 먼저 '수신 중' 모드에 들어가자. 이때는 수동적으로 몸을 받치는 안락의자가 아니라, 직접 라디오 주파수를 잡는 안테나가 되는 시간이다. 외부의 소리를 깨끗하게 잡을 수 있도록 안테나의 방향을 조정하는 건 건 나 자신이다. 외부의 것들은 이미 수신 거리 안에 들어와 있다. 지금 어떤 상황에 놓였는지와 상관없이 가장 먼저 바로잡아야 할 것이 있다면 단 두 가지, 당신의 안테나 위치와 안락의자에 몸을 누인 자세다. 나서서 해야 할 일은 아무것도 없다. 그냥 자세가 저절로 모양을 갖추도록 하면 된다. 적절한 자세는 오직 본인만이, 본인의 몸만이 알 수 있기 때문에 명령이나 요청에 의지하려고 해서는 안 된다. 그런 자세는 쉽게 찾거나 아니면 평생 못 찾거나 둘 중 하나다. 한 가지는 확실하다. 누군가 당신이 그런 자세를 취하도록 강제할 수는 없다는 것. 그러니 여유를 가지자.

삶을 순탄하게 만드는 방법이 궁금해서 이 책을 집어 들었다면, 당장 그 꿈을 실현하자. 자신의 몸을 믿어보자. 몸이 알아서 하도록 두자. 나 자신을 내맡겨 보자. 진정한 변화가 시작될 것이다. 시련을 피하고 싶다면 저항하지 말아야 한다. 그렇게 내버려 두면 느긋함은 따라오기 마련이다.

심지어 무술에서도, 아니 특히 무술에서야말로 자세 잡기가 최우선이다. 무술을 처음 접할 때 자세 잡는 법부터 배우는 까닭이다. 자세가 올바르면 호흡이 훨씬 쉬워진다. 관절이 유연해지며 부상의 위험이 줄어들고 온몸에 에너지가 돈다. 안정된 상태도 결국 하나의 행동이라 볼 수 있다. 평소 요가와 태극권을 즐겨 하는 나의 지인이자 시간 연구 수학자인 알렉시스에게 이 책의 주제에 대해 이야기하자, 알렉시스는 곧바로 평범함을 거부했던 정신분석학자 프랑수아 루스탕의 이야기를 꺼냈다. 루스탕은 정신분석학자 자크 라캉*Jacques Lacan*의 제자로서 몇 년의 수련을 거친 끝에 언어를 기반으로 한 전통적인 분석 기법에서 최면치료법 연구로 넘어갔다. 영화에 나오는 것처럼 대상자가 일방적으로 의식을 잃고, 깨어난 뒤에 자신의 행동을 기억하지 못하는 그런 식은 아니다. 최면은 제안일 뿐이며, 따르는 것은 대상 자의 자유다. 예를 들어 최면치료법을 시도할 때는 "당 신은 편안한 상태가 됩니다……"처럼 강압적이고 일방적 인 어투 대신, "본인에게 편한 상태를 찾을 수 있도록 마 음을 열어보세요"라고 제안하는 식이다. 혐오치료 *aversion therapy*처럼 대상자가 두려워하는 행위를 직시하게 함으 로써 결국 그 두려움에서 벗어날 수 있다고 여기는 공격 적인 치료 방법과도 아무 상관이 없다. 혐오치료에서는 마치 공포를 느낄수록 그 공포감이 깎여나가는 듯, 감정 을 없애려면 그 감정을 약화시키는 것만으로도 충분하 다는 듯 여기지만, 사실 그러한 치료 과정의 상당 시간 동안 공포감은 증폭되고 고착되고 내면 깊은 곳까지 파 고들어 더 강력한 형태로 마음속에 영구히 자리 잡기도 한다. 두려움을 두려워하게 되는 것이다. 사실 그럴 수밖 에 없는 것이, 우리가 두려움을 느낄 때는 헤어 나올 방 법도 생각하지 않은 채 이미 그 감정에 깊이 매몰된 상 태이기 때문이다. 두려움의 대상을 맞닥뜨리기도 전부터 두려움이 밀려든다면 이를 어떻게 극복할 수 있을까? 두 려움이란 감정은 언제나 대상보다 앞선다. 내가 루이 르 그랑 고등학교에 다닐 때 철학을 가르쳤던 위베르 그르니에*Hubert Grenier* 선생님은 샤를 드골 광장을 예로 들었다. 열두 개의 직선 도로가 하나의 커다란 로터리로 모이는 이곳에서는 사실상 차선이 무의미하며, 개선문을 빙빙 도는 차들은 끊임없는 체증에 시달린다. 게다가 위험하기로 악명 높아서 차량 렌털업체들도 보험 가입 시 담보 범위에 샤를 드골 광장이 포함된 것과 제외된 것 최소 두 종류를 제시한다. 얼마나 무시무시한가. 이처럼 수많은 상황에서 어떤 대상을 떠올릴 때 우리는 두려움을 먼저 느낀다. 하지만 실제로 그런 상황에 놓이면 그저 최선을 다할 뿐이다. 행동함으로써 두려움에서 해방된다. 하지만 비행 공포증이 있다고 비행기에 타보거나 비행 시뮬레이션을 할 필요는 없고, 물 공포증이 있다고 수영장에 뛰어들 필요도 없다. 시도를 반복한다고 해서 공포증이 없어지지 않는다. 루스탕이 말한 것처럼 지금 당장 여기, 안락의자에 앉아 자신에게 끌리는 자세부터 찾아야 한다. 끌리는 자세란 곧 편안하게 느껴지는 자세다. 주의할 점은, 편안함을 느끼기 위해 휴식이 필요한 건 맞지만 진정한 편안함은 휴식에서만 얻어지는 게 아니라는 사실이다.

편안한 자세란 단순히 긴장이 풀린 상태가 아니라, 팔다리와 모든 신체 기관이 하나로 결집된 상태다. 모든 부위의 관절이 유연해지고, 마치 몸속에 숨결을 불어넣은 듯 머리끝부터 발끝까지, 다시 발끝에서 머리끝까지 끊임없이 에너지가 순환한다.

철학자 미셸 세르*Michel Serres*는 발리를 위해 도약하는 테니스 선수의 몸이나 페널티킥 상황에 놓인 골키퍼의 몸을 묘사하기 위해 아주 아름다운 표현을 만들어냈다. 바로 '가능한 몸*possible body*'이라는 표현이다. 당연히 몸은 언제나 그 순간에 가장 뚜렷하게 실재한다. 하지만 몸이 가능한 모든 상황에 대비해 열려 있는 상태라면, 즉 무엇에 대한 예상도 없이 어떤 상황에나 적응할 수 있는 상태라면, 바로 그러한 몸이 모든 것에 준비된 '가능한 몸'이 된다. 가능한 모든 것을 받아들이도록 스스로 개방하되, 감정에 생각이 개입되지 않도록 한다. 휴식은 활동의 반대 상태가 아니라 '가능'해지기 위한 전제 조건이다. 행동하고 싶다면 완전한 휴식 상태에 들어설 수 있어야 하고, 그러한 휴식 상태를 거쳐야 벼락처럼 폭발적인 에너지로 행동할 수 있다. 휴식은 에너지를 길어 올릴 수 있는 신비의 샘물이다. 휴식을 잘 취할수록 행위에 더 집중하여 강렬한 결과를 이끌어낼 수 있다. 사실상 휴식을 취해야 에너지가 쌓이고 그 에너지가 순환하는 것이다. 편안함이 치유해주는 것은 고통이라기보다는 공포다. 편안함을 느끼며 무력감을 극복해낸 몸은 무엇이든 가능한 상태가 되어, 특정한 무언가에 대비하지 않음으로써 모든 것에 대비한다. 몸이 차분해지면 에너지가 "호흡하는 것처럼 막힘없이 순환한다". 어떻게 보면 당연하지만, 어떻게 보면 놀랍고 모순적인 현상이다. 이완된 몸이 긴장한 몸보다 에너지를 더 많이 갖고 있다니 말이다.

　　　이야기를 더 진행하기 전에 한 가지만 짚고 넘어가자. 여러분이 상상하는 에너지란 무엇인가? 머릿속에 어떤 이미지가 그려지는가? '에너지'라고 하면 보디빌더나 헤비급 복서의 이두박근처럼 노력으로 만들어낸 커다란 근육이 떠오를 수도 있고, 날렵한 몸을 지닌 장거리 육상 선수의 가벼운 도약이 연상될 수도 있다. 상상을 돕기 위해, 로댕의 개인 소장품을 모아놓은 공간에 방문했다고 가정해보자. 그중에서도 로댕이 가장 자랑스럽게 생각하는 작품은 초인적인 힘의 소유자이자 열두 과업을 달성한 것으로 유명한 그리스신화 속 인물, 헤라클레스의 조각상이다. 어떤 이미지가 그려지는가? 영화 〈베이워치*Baywatch*〉에 나오는 주인공들처럼 커다란 몸통에 두꺼운 팔, 거대한 허벅지, 터질 듯한 가슴을 지닌 영웅의 모습이 떠오른다면 잘못 짚었다. 예술비평가 폴 그젤*Paul Gsell*은 이렇게 평한다. "그 조각상의 모습은 우리가 상상하는 위대한 〈파르네세의 헤라클레스*Farnese Heracules*〉 속 모습과는 전혀 딴판이다. 놀랍도록 고상하다. 반신半神이라 칭송할 만한 그의 몸통과 사지는 젊음을 찬란하게 뽐내니, 이는 가히 기교의 절정이다." 로댕이 반한 헤라클레스의 힘은 막강하다기보다 가볍고 유연하며 날렵한 것이었다. 따라서 외형 역시 엄청난 순발력을 지닌 단거리 선수의 외형이 아니라 장거리 선수의 외형에 가깝다. 그렇지 않으면 어떻게 청동 발굽을 지닌 사슴을 따돌릴 수 있었겠는가? 헤라클레스의 몸에서 풍기는 단단한 인상은 한껏 키운 근육에서 나오는 게 아니라 몸 전체가 이루는 균형에서 나온다. 로댕은 "힘과 우아함은 곧잘 동맹을 맺기에 진정한 우아함은 강력하다"라고 말한다.

로댕이 이 모순을 이해하기까지는 시간이 좀 필요했다. 젊었을 때 그는 힘과 노력을 같은 것이라 여겼다. "난 서른다섯 살이 될 때까지 조각가로서 이런 잘못된 작업 방식을 감히 포기하지 못했다. 언제나 힘세고 강력한 것을 만들고 싶었지만, 무슨 짓을 해도 내 작품은 볼품없이 죽어 있었다. 그런 결과물을 보면서도 나에겐 어떻게 손쓸 방도가 없었다. 그 방식이 옳지 않다는 것을 느끼면서도 계속할 수밖에 없었다." 1875년 말, 로댕은 훗날 〈청동 시대*The Age of Bronze*〉라 이름 붙인 작품을 어떻게든 살려보고자 몇 달 동안 씨름하다 문득 미켈란젤로의 작품을 보러 떠나야겠다고 결심한다. 처음에는 무작정 걷다가 곧 기차를 타고 이탈리아로 향했다. 그렇게 로마와 피렌체에서 보낸 고작 며칠이 로댕의 삶을 완전히 바꾸어놓았고, 그는 비로소 형식주의에서 해방될 수 있었다. 수년 동안 예술원의 인위적인 규칙을 고수하며 구하고자 했을 때는 결코 구할 수 없던 것이 미켈란젤로 작품의 자연스러움을 목격한 순간 갑자기 명백해진 것이다. 다름 아닌 자연을 따라야 하며 그것은 어렵지 않다고, 그 작품은 말하고 있었다. 로댕은 자신의 고향, 어쩌면 그 어디에서라도 발견할 수 있었던 것을 찾기 위해 로마까지 가야 했던 셈이다.

몇 년 뒤, 이제 자기 자신의 스승이 된 로댕은 여전히 조각가로서 미켈란젤로를 경외하는 마음을 품고 있되 한편으론 그의 예술 세계에 대한 커다란 의구심을 드러낸다. 곧 살펴보겠지만, 전부 '몸의 자세'에 관한 이야기다. 고대 그리스의 조각가 페이디아스*Phidias*가 만든 조각상의 자세를 보면, 작품의 모든 부분이 조화로움, 유연함, 느슨함, 균형, 편안함을 지향하고 있다는 사실을 깨닫게 될 것이다. 사방에서 살펴본 조각상의 모습은 이렇다.

몸 전체가 매우 부드러운 곡선을 이루고 있다. 이런 평온함이 주는 매력은 몸 자체가 지닌 수직성에서 비롯된다. 경추 한가운데서부터 왼발 안쪽 복사뼈까지 위에서 아래로 이어진 직선이 온몸의 무게를 지탱하고, 그에 비해 반대쪽 다리는 자유롭다. 발의 가장 끝부분으로만 땅을 짚고 서서 보조적으로 몸을 받치는 형국이다. 필요하다면 몸 전체의 균형을 깨뜨리지 않고도 이 다리를 들어 올릴 수 있을 것이다.

이것은 "자유분방함과 우아함으로 가득한 자세다. 어깨를 흐르는 곡선은 둔부의 곡선을 그대로 닮아 조각상 전체에 평온하고 고상한 느낌을 더한다". 여기서 로댕이 말하고자 하는 바를 진정으로 이해하기 위해, 우리 역시 잠시 이 그리스 조각상의 자세를 취해보는 게 좋겠다. 자리에서 일어나자. 온몸의 무게를 왼쪽 다리에 싣고, 오른쪽 다리는 앞으로 뻗어 발끝으로만 땅을 짚는다. 한쪽 손은 엉덩이 위에 가져다 대고 반대쪽 팔은 가

133

만히 늘어뜨린 다음 고개는 자연스럽게 한쪽으로 기울인다. 가슴은 볼록 나올 정도로 바깥을 향해 활짝 열어서 빛을 온전히 받을 수 있도록 한다. 언뜻 무심해 보이면서도 동시에 꽤 신경을 쓰고 있는 듯한 이 평온한 자세는 고대 그리스 예술의 집합체로서, "삶의 환희, 고요, 우아함, 균형, 이성"을 모두 담는다.

　　　이번엔 음영이 주는 아름다움을 살펴보자. '미켈란젤로' 자세를 취하는 게 좋겠다. 자리에 앉은 채 다리를 한쪽 방향으로 꺾어서 서로 포개고, 가슴을 그 반대 방향으로 내민다. 뭔가 주우려는 것처럼 몸통을 숙인다. 한쪽 팔을 구부려서 몸에 붙이고 반대쪽 팔은 머리 뒤로 가져간다. 몸을 더 틀지 않고도 거울을 볼 수 있다면 지금 당신의 자세는 극단적인 힘, 그리고 "노력과 고문 사이의 이상한 느낌"이라는 두 가지 요소를 표현하고 있을 것이다. 수직으로 내려다봤을 때 "몸은 한쪽 발이 아니라 양발 사이에 놓여 있다. 즉 꽤나 노력을 들인 것으로 보이는 상체의 자세를 양쪽 다리로 지탱하고 있는 것이다". 이 자세는 네 부분이 아니라 두 부분으로 나뉘는데 하나는 몸의 윗부분, 다른 하나는 그 반대 방향으로 뻗은 아랫부분이다.

이는 자세에 폭력과 속박 두 가지 느낌을 부여
함과 동시에 잔잔한 고색古色에 매력적인 대비감
을 더한다. 양쪽 다리가 모두 접혀 있는데, 가만
히 놓인 것은 아니고 종아리 부분에 동적인 느
낌이 엿보인다. 두 다리는 포개고, 두 팔 중 하나
는 몸통을, 다른 하나는 머리를 누르느라 꽤 힘
을 들이고 있다. 그러므로 팔다리와 몸통 사이에
빈 공간이 존재하지 않는다. 다른 그리스 조각상
들처럼 팔다리를 자유롭게 배치함으로써 빛을
받으며 열려 있도록 한 부분을 여기서는 찾아볼
수 없다. 미켈란젤로는 하나의 덩어리로 된 조각
품을 창조한 것이다.

이처럼 S 자를 이루는 자세는 중세 시대 조각상
들의 전형적인 특징으로, 노력과 비애를 연상시킴으로써
삶에서 오는 고통과 혐오를 표현한다. 이 '위로'의 자세
는 다름 아닌 "아들을 향해 몸을 기울여 앉은 성모마리
아의 모습이다. 십자가에 못 박힌 예수, 다리는 마구잡이
로 구부러지고 몸통은 자신이 구원하게 될 인류를 향해
내걸린 아들 앞에 무너지듯 주저앉아 있는 이, 바로 마
테르 돌로로사*Mater dolorosa*(슬픔에 찬 성모마리아)다." 보통

뒤로 휘어 있는 고대 작품의 자세와 달리 오목하게 앞쪽으로 구부린 몸통은 가슴과 다리 아래의 빈 공간에 아주 뚜렷한 그림자를 만들어낸다. 로댕은 미켈란젤로를 이렇게 평한다. "간단히 말해, 고대를 풍미했던 빛의 세계에서 과감히 벗어나 현대미술을 그림자의 세계로 도약시킨 최고의 천재다. 미켈란젤로의 작품들은 존재 자체에 깃든 고통으로 일그러진 이들, 밝은 미래에 어떠한 희망도 품지 못하는 절망의 에너지, 실현할 수 없는 열망에 시달리는 존재의 고통을 표현한다." 최후이자 최고의 고딕풍 예술가였던 미켈란젤로는 끔찍한 우울감에 시달리며 고통받았다. 그가 가장 선호했던 주제에 대해 로댕은 이렇게 언급하기도 했다. "미켈란젤로는 작품에서 인간 영혼의 심연, 노력과 고통의 신성함을 표현하고자 했다. (그것들은) 금욕적이며 웅장하다. 하지만 나는 미켈란젤로가 내비친 삶에 대한 경멸에는 동조할 수 없다. 나는 계속해서 사물을 차분하게 바라볼 수 있는 시각을 갖추고자 노력한다. 우리는 언제나 평화로움을 지향해야 한다. 신의 뜻 앞에 기독교적 열망을 잃어버릴 일은 없을 것이다." 로댕은 미켈란젤로라는 고통받는 천재보다 그리스 예술이라는 명랑한 천재를 더 좋아했던 것이 분명하다.

조각가를 믿어보자. '몸의 자세'보다 중요한 건 없다. 우아함에서 시작하느냐 노력에서 시작하느냐에 따라, 각각 삶 또는 그 반대를 지향하게 된다. 우아함과 노력이 하나로 합쳐진 자태를 보고 싶다면 로댕이 "경이롭고, 또 경이롭다!"고 극찬한 〈밀로의 비너스Venus de Milo〉가 여기 있다.

아주 정교한 리듬감도 느껴지지만 그보다는 수심에 잠긴 듯한 인상이 더 강렬하다. 볼록한 형태는 어디에서도 찾아볼 수 없다. 다른 성상들처럼 몸통이 약간 앞으로 구부러져 있지만 어떤 긴장이나 고통도 느껴지지 않는다. 고대 최고의 작품에서 영감을 받은 절제된 관능미가, 그리고 이성에 의해 정제된, 삶을 향한 율동적 애정이 느껴진다.

로댕이 몸의 자세에 따른 의미를 일깨워주었으니, 이제 다시 루스탕과 함께 우리의 안락의자로 돌아가보자. 비너스상에서 느낄 수 있는 삶을 향한 애정과 그리스의 관능미를 약간씩 불어넣자. 자신에게 맞는 자세를 찾았다면, 다시 한번 묻겠다. 당신이 머릿속에 그리는 에너지란 어떤 모습인가? 휘발유처럼 저장소에 비축해두었다가 사용하는 것? 증기처럼 압축해 가지고 있다가 방출하는 것? 또는 전류나 액체처럼 끊임없이 순환하는 것? 그것도 아니면 루스탕의 표현처럼, "호흡 같은 것"? 에너지란 당신에게서 비롯한, 당신이 만든 것일 수도 있고, 당신을 통과해 지나는 것일 수도 있으며, 어쩌면 당신의 바깥에 존재하여 그 위에 올라타야 하는 무언가일 수도 있다. 이게 왜 중요한가 싶겠지만 정말로 중요하다. 에너지를 어떻게 생각하는지에 따라 에너지를 얻을 수도, 그러지 못할 수도 있으며 에너지를 쉽게 재충전할 수도, 그러지 못할 수도 있기 때문이다.

　　간단히 말해, 우리 자신이 생각하는 에너지의 모습은 삶에서 아주 중요한 부분을 차지한다. 신체 이미지를 어떻게 그리는지, 자신과 세상 사이에 일어나는 교환 과정을 어떻게 그려나가는지가 무척 중요하며, 그것으로 자신이라는 존재를 엮어나갈 수 있다. 이처럼 이미지를 동반한 상상은 '의지'를 키운다. 에너지를 고체로 상상하느냐, 또는 액체나 기체로 상상하느냐에 따라 에너지에 접근하는 방식이 달라진다. 에너지를 화석연료나 연소 엔진 모형에서 볼 수 있는 하나의 저장소라고 생각한다면, 반드시 에너지를 외부에서 찾아 그 한정된 공간을 '채워야'한다. 만약 에너지를 하나의 질료, 그것도 바다의 모형으로 본다면, 에너지의 리듬은 상상하는 양을 훨씬 더 넘어서고 우리는 끊임없이 부서지는 파도처럼 에너지 역시 큰 노력 없이 지속적으로 충전될 수 있다는 생각에 서서히 빠져들 것이다. 만약 에너지가 호흡 같은 존재라면, 에너지를 더 얻기 위해서는 숨을 들이쉬기만 하면 되고, 내쉴 때도 가능한 한 끝까지 내쉬어 마치 창문을 열어 환기를 시키듯이 폐를 깨끗이 비웠다가 에너지가 스스로 충전되도록 두면 된다. 그러니 각자가 상상한 에너지의 이미지를 수정하여 루스탕이 제안한 이미지에 맞추어보자. 에너지를 긴장과 폭발의 관점에서 바라볼 것이 아니라, 자유롭게 순환하는 호흡으로 보는 것이다. 바람의 신은 큰 노력 없이 언제나 가장 강력한 존재였다.《오디세이아 Odysseia》에서 바람의 신, 즉 호흡의 에너지를 관장하는 아이올로스는 각각 바다와 번개를 관장하는 포세이돈이나 제우스보다 율리시스의 생사에 더 지대한 영향을 미쳤다.

어떤 이미지를 선택했든, 그 에너지를 순수하게 진심으로 믿으며 살아가자. 에너지가 자신에게 깃들도록 두고, 마치 속도제한 없는 도로에서 차를 몰듯 그 에너지를 시험해보자. 어느 에너지가 자신과 가장 잘 맞고 잘 활성화되는지, 자신의 삶을 수월하게 해주는지 찾는다. 가장 편하게 느껴지는 이미지를 찾아내는 것이다. 여기서 핵심은 편안함이다. 그것이 시작이자 끝이라고도 할 수 있을 만큼 중요하다. 그러면 어느 순간 공포까지 간접적으로 해결된다. 공포감의 대상이 시야 밖으로 밀려나, 그에 대한 생각조차 들지 않게 되는 것이다. 공포증 따위는 그보다 훨씬 더 큰 존재에 녹아들어 없어지기 때문이다. 게다가 루스탕이 설명하는 바에 따르면 최면이란 "순수하게 꾸며낸 질병을 치료하는 기술적 행위의 실현"일 뿐이고, "만약 최면 상태에서 문제가 마법처럼 해결되었다면 그 이유는 최면 대상자가 그 문제를 생각하며 고통받는 대신 극적으로 해결되는 연출을 원했기 때문이다". 당연히 내가 여러분에게 최면을 걸 수는 없다. 나는 책을 쓰는 작가일 뿐 최면술사가 아니니까. 최면의 진짜 목적은 환각이나 인위랄 것이 전혀 없는 상태를 유도해 스스로 극복할 수 없다고 여겼던 어려움들을 당황스러울 만큼 쉽게 극복해내도록 하는 것이다. 조금씩 시도하다 보면 최면 없이도 우리의 힘만으로 이러한 상태에 도달할 수 있으며, 아니면 최소한 약간이라도 그 상태에 대해 감을 잡고 원칙들을 이해할 수 있다. 이때의 제1원칙이 바로 '생각 멈추기'다.

chapter 6

버티기의 기술

The Art of Gliding

우리를 말하고 춤추게 하는 건
의무감이 아니라
우리의 욕망이다

그는 한눈에 봐도 튄다. 독특한 모자, 잿빛 긴 머리, 너무나 민감한 손가락을 보호하기 위해 길게 기른 손톱까지. 조금만 자세히 봐도 그가 누구인지 알 수 있지만, 아무도 그를 알아보지 못한다. 왜냐하면 여기서는 아무도 그를 모르기 때문이다. 그렇다, 그는 자신에게 익숙한 우주에서 아주 멀리 떨어진 이곳에 내던져졌다. 어느 날 저녁 책으로 쌓은 방어벽이 물살의 습격에 허물어지고, 일렬로 정렬된 책상은 모래 둔덕에 파묻히며, 의미로 연결된 논리는 거대한 파도의 전율 앞에 무너져 내린다. 무슨 영문인지, 프라이버시를 목숨처럼 생각하고 고요함을 열렬히 좇는 이 철학자가 지나치게 들뜬 젊은이들로 바글거리는 그랑 렉스 영화관에 뛰어들었다. 이 젊은이들은 그와 마찬가지로 서핑과 익스트림 스포츠를 주제로 개최된 '뉘 드 라 글리스*Nuit de la Glisse*'(문자 그대로 '활강의 밤'이란 뜻이다) 영화제에 참석하기 위해 모였다. 도대체 철학자는 무슨 생각으로 나이에도 기질에도 전혀 어울리지 않는 이 영화제에 '몸을 날린' 것일까? 바로 그가 쓴 책《주름, 라이프니츠와 바로크*Le Pli, Leibniz et le Baroque*》때문이다. 물결의 흔들림을 잘 가늠해 파도에 과감히 몸을 던지는 스포츠인 서핑이 바로 이 책에서 다루는 내용이다. 철학의 목표는 해석*explicate*하는 것, 즉 세상의 구겨진 주름들을 탐구하는 것 아닌가? 라틴어 'ex-plicare'도 같은 뜻을 지니고 있으니, 해석이란 결국 구겨진 부분을 펴는 일이다. 서핑에서 철학을 배울 수 있기에, 질 들뢰즈*Gilles Deleuze*는 《서프 세션*Surf session*》이라는 잡지 측의 제안, 그러니까 영화제에 와서 서핑 원칙에 관한 흥미진진한 영화들을 보라는 초대에 응한 것이다. 그는 저서 《대담(1972-1990)*Popurparlers(1972-1990)*》에서 자신의 생각을 이렇게 펼친다.

관습으로 알 듯이, 스포츠에서도 움직임은 변화한다. 우리는 오랫동안 움직임을 에너지 기반의 개념으로 생각해왔다. 그렇기 때문에 움직일 때는 압력을 받는 압력점이 따로 있다거나, 움직이는 주체가 움직임의 원천이라고 보았다. 달리기, 던지기 같은 모든 움직임은 지레*lever*라는 힘의 원천에 힘이 작용하고 저항을 받으며 성립된다. 하지만 오늘날 움직임을 정의할 때는 지렛점*leverage point* 개념을 끌어들이지 않고도 가능한 듯 보인다. 서핑, 윈드세일링, 행글라이딩 등 새로운 형태의 스포츠 종목에서 움직임은 이미 존재하는 파동에 끼어드는 방식으로 시작한다. 운동이 하나의 지점에서 시작되는 것이 아니라, 스스로 어떤 영향권에 들어서는 방식으로 시작되는 것이다. 거대한 파도나 상승하는 공기기둥에 어떻게 접근하는지, 스스로 힘의 원천이 되기보다는 힘에 어떻게 '합류'하는지가 이 운동의 토대가 된다.

특정 지점에 '합류'하거나, 끼어들거나, 미끄러져 들어가는 움직임은, 무언가 시작한다기보다 계속하는 것에 가깝다. 끼어들기 같은 동작은 언제나 섬세한 기술을 요하지만, 아무것도 없는 상태에서 시작하는 것보다야 훨씬 쉽다. 일단 모든 주의를 외부에 집중해 자신의 소리가 아니라 세상의 소리에 귀 기울이면서 이미 존재하는 무언가에 적응하고, 스스로는 그저 총체에 속한 작은 일부라 생각함으로써 그 안팎을 우아하게 조직하면 된다. 또 자기만의 박자를 고집하지 않고 자유롭게 움직이는 상태에 돌입하려면 리듬감도 필요하다. 압력점도 없고 지레의 효과도 기대하기 어려울 테니 이 모든 일에 노력은 필요치 않다. 움직임이 이미 존재하고 있기 때문에 이를 만들어낼 필요도 없다. 그저 올바른 자세를 찾아 파동을 타고 활강하면 된다.

더하여 여기에는 질료적인 4원소의 관점에서 살

펴볼 만한 특성이 있다. 공기의 파동이나 물결의 파동은 있어도 흙의 파동은 없다. 생각해보면 지진파나 진흙의 유막을 타고 서핑하는 사람은 없지 않은가. 하지만 '새로운 스포츠'라 할 수 있는 스케이트보딩의 경우, 실제 파동을 이용하지는 않더라도 콘크리트 위에서 서핑을 하며 도심 곳곳을 부드럽게 활강한다. 스케이터는 곳곳을 누비면서 활강이란 무엇인지 보여준다. 계단, 경사로, 벤치, 어디든 가리지 않고 모든 장애물을 푸시오프* 포인트로 삼아 가상의 파장을 만들어낸다. 언뜻 에너지의 고전적인 모형을 이용하는 듯 보이지만 사실 이는 지극히 현대적인 서핑 방식이다. 도심 속에 파장의 개념을 끌어온 뒤 딱딱한 콘크리트에 강력한 상상의 숨결을 불어넣어 지면을 들어 올리는 셈이다. 이것이 바로 가스통 바슐라르가 이야기한 '역동적 상상력'이라 할 수 있다. 에너지 체계를 바다의 생태에 빗대어 생각하여 가상의 파도를 만들어내는 것이다. 꿈의 형질을 띤 그 파도가 도심 속 콘크리트를 말 그대로 쓸어버린 다음 그곳에 다시 생명력을 불어넣으면 콘크리트를 유연화할 만한 내적인 움직임이 발생하여 그것이 하나의 물결로 바뀌게 된다.

---

* push-off. 지면을 발로 차서 스케이트보드를 전진시키는 동작.

눈 비탈의 경우도 큰 차이는 없다. 산을 바다라고 가정하면, 비탈면과 그 비탈면에 걸리는 동력이 산의 굴곡을 파도로 바꾸는 역할을 한다. 스키는 작용력을 바탕으로 하는 크로스컨트리와는 다르게 '활강' 스포츠로 여겨진다. 보트를 타는 것도 마찬가지다. 보트를 타려면 바람이 부는 곳을 찾아 보트가 원래 흐르던 해류를 따라 흘러가도록 두어야 한다. 물, 하늘, 눈밭, 어디를 배경으로 활강하든지, 원래 있던 파동에 본인을 합류시키는 과정이 필요하다. 그렇다고 이 모든 것이 다른 스포츠 활동보다 쉬울 거라고 생각하면 오산이다. 서핑을 하다 보면 힘겹게 팔을 저어 나아가고 보드 위에서 넘어지기를 수도 없이 반복하게 된다. 하지만 질료와 직접 접촉하는 그 짜릿함은 이루 말할 수 없다. 물과 공기라는 질료가 파도와 바람이라는 아주 위험한 형태로 우리를 운반하는 가운데, 그로써 생성된 에너지를 이용해 질료가 주는 기쁨을 만끽하며 즐기는 이러한 활동은 경쟁적인 스포츠와 달리 감각적이고 가상적인 경험을 선사한다. 서퍼는 심미적인 부분을 성과보다 중요하게 생각하기에, 얼마나 아름다운 선을 그리며 파도를 잘 '타는가'를 최우선 순위에 둔다. '큰물'에서 노는 사람들은 높이 20미터가 넘는 파도를 타는데, 그렇게 거대한 파도에 도전하게 하는 동력이란 기록을 세우고자 하는 욕구보다는 사냥꾼이나 모험가로서의 탐험심이다. 전설적인 서퍼 레어드 해밀턴*Laird Hamilton*은 이런 말을 했다. "바다가 잠잠해 파도가 치지 않을 때면 대적할 용이 없는 기사가 된 기분이다." 바다라는 괴물을 무찌르는 활동은 물론 스포츠이기도 하지만, 더 중요하게는 신화에 가까운 꿈이기도 하다.

　　　이미 존재하는 움직임, 기존의 파동에 합류한다는 개념은 활강 스포츠에서 그리 낯선 개념이 아니다. 승마만 해도 기수보다 말의 에너지가 앞서 존재하지 않는가. 로데오에서는 기수가 말의 파동에 문자 그대로 '올라탄다'. 철학자 앙리 베르그송은 말타기를 배우는 방법에 두 가지가 있다고 말했다. 첫 번째는 높은 계급의 장군처럼 말을 지배하고 통제하고 제압하기를 추구하는 것이다. 긴장과 노력, 부상과 피해가 따라오는 방식이다. 두 번째는 이와 반대로 말의 움직임에 자신을 맞추어 유연하게 따라가며 말에 '동화'되는 방법이다. 그렇게 동물에 복종한다 해도 계속 끌려다니기만 하는 것은 아니다. 자연스럽게 자신이 주도권을 쥐게 되는 순간이 온다. 승마 역시 '활강 스포츠'의 하나로 기수가 말의 움직임을 타야 하는 건 맞지만, 결국은 말의 파동을 스스로 좌우하게 되는 순간이 온다는 점에서 차이가 있다. 바다에서는 절대 일어날 수 없는 일이다.

　　마지막으로 살펴볼 것은, 들뢰즈가 제시한 개념인 "작용력에 기반한 고전 스포츠와 활강에 기반한 새로운 스포츠 사이의 대립"이 우리가 생각하는 것만큼 그렇게 확고하지 않다는 사실이다. 승마에서 그렇듯이 행위의 세계를 바라보는 방식은 언제나 두 가지가 있다. 힘을 동원히는 '장군'식과, 자연스럽게 흐름을 타는 '댄서'식이다. 잠깐 지단의 경우로 돌아가 보자. 공을 패스하려고 뛰어가는 순간 그에게 깃든 '은총'의 힘으로 지단은 상대편의 움직임 사이에 자신을 끼워 넣을 수 있었고, 상대 선수들의 털끝 하나 건드리지 않으면서 마치 그들 위를 서핑하는 양 막힘없이 움직였다. 거친 몸싸움이 없었기에 마치 춤을 추는 듯 보였고, 지단은 더없이 부드럽고 가벼우며 리드미컬한 움직임으로 목표한 바를 이루었다. 지단에 따르면, 헤딩 기술에 대해 논하기 위해서는 이반 사모라노*Iván Zamorano*처럼 헤딩에 재능 있는 선수들이 지닌 타이밍 감각을 살펴봐야 한다. 이들은 언제나 적절한 순간에 뛰어올라 공이 그리는 궤도를 따라간다. 이것은 신체 조건의 문제가 아니다. 단순히 키가 큰 것만으로는 충분하지 않다. 댄서처럼 적절한 순간을 감지할 수 있어야 한다. '고전 스포츠'에서 두각을 나타내는 사람은 그것이 접촉의 운동이라기보다는 활강의 운동인 듯 생각하고 연습한다. 지단은 서퍼다. 공의 파동을 읽으며 경기장을 질료 중 하나, 이를테면 파도가 치는 바다라고 생각한다. 축구 경기장은 평평하기만 한 2차원 공간일 수도 있지만, 훌륭한 선수에게는 바다이자 살아 움직이는 3차원의 공간이다.

시간 또한 파동이다. 경기 시간이 정해지지 않은 테니스 같은 종목의 선수들은 이러한 사실을 어느 정도 이해하고 있다. 앤드리 애거시*Andre Agassi*는 경기 중에 서로 맞붙는 두 힘이 하나는 자신을 승리로, 또 다른 하나는 패배로 끌고 가는 것을 물리적으로 느낄 때가 있다고 말한다. 선수는 이 두 힘이 만나는 델타점에 위치하고 있으며, 바로 이 지점에서 이후의 향방이 판가름 난다. 바다의 해류처럼 흐르는 힘들의 흐름을 놓치지 말고 꽉 붙잡을 수 있어야 한다. 하지만 강제하거나 서두르거나 시간을 재촉해서는 안 된다. 기다림 자체가 행위를 의미할 때도 있는 법. 어디론가 가던 중 굽은 지점을 맞닥뜨렸을 때 반대로 가려고 저항하거나 속도를 높이려 들지 않고 길을 따라 돌듯이, 시간도 그렇게 다루어야 한다.

결국 이 모든 것은 태도와 상상, 그리고…… 전치사에 관한 이야기다. '맞서거나*against*', '안에 있거나

in', '위에 올라타거나*on*', '함께하거나*with*'의 문제라는 뜻이다. 긴장하거나 애쓰거나 경쟁할 수도 있지만, 긴장을 내려놓고 받아들이고 굴복할 수도 있다. 외국어 배울 때를 떠올리면 쉽다. 이때도 학습에는 두 가지 방법이 있다. 첫 번째는 학교에서 하듯이 '장군'식으로 문법을 배우고 단어를 외우며 시험을 치르고 성적을 매기는 것이다. 이런 식으로 하면 깊이 있게 학습할 수 없다. 몇 년을 노력해도 원어민과 교양 있는 지식인의 대화를 나누지 못한다. 그런 수준을 바라는 건 결국 손가락 한 마디 물에 적시지 않고 서핑을 배우려는 격이요, 얕은 데 앉아 물장구나 치면서 접영을 배우겠다는 소리다. 반면에 두 번째 방법은 완전한 몰입이다. 그 언어를 사용하는 나라에서 몇 달을 보내며, 설령 아무것도 알아듣지 못할지언정 동틀 때부터 해 질 녘까지 언어의 바다에 뛰어들어 관찰하고 따라 하며 엉터리 문장이라도 내뱉는다. 그러다 보면 어느 순간 말문이 트인다. 그것도 술술, 유창하게 말이다. 유창하다는 것은 그 언어를 유동적으로 구사한다는 뜻으로, 그런 수준에 이른 사람들은 말을 뱉기 전에 단어 하나하나 고민하는 대신 단어가 자신을 거쳐 흐르도록 둔다. 언어 또한 흐름이자 물결이며 서핑할 수 있는 파도다. 언어를 완전히 믿을 수 있어야 한다. '말

하기'를 배우고 싶다면, 마치 그 언어를 원래 알고 있던 것처럼 행동해야 한다. 춤을 출 때도 마찬가지다. 눈으로 보지만 말고 직접 춰봐야 동작을 익힐 수 있다. 수업을 듣지 말라는 이야기가 아니라, 일단 추면서 틀린 동작을 바로잡아 나가야 한다는 뜻이다. 말도 해봐야 그 말을 고칠 수 있다. 우리를 말하고 춤추게 하는 건 학습에 대한 의무감이 아니라, 우리의 욕망이다.

그러므로 '가장假裝'이 성공의 조건이 될 수도 있다. 외국어를 말하고 싶다면 먼저 내가 그 언어를 말하는 방법을 아는 것처럼 행동하자. 베르그송은 '승마의 우아함'에 굴복하라면서 이와 비슷한 조언을 한다. 저항하는 대신 말의 움직임에 부드럽게 미끄러져 들어감으로써 마치 말 타는 법을 이미 알고 있던 사람처럼 행동해야 한다는 것이다. 자신의 몸을 믿고 몸이 스스로 익히도록 두는, 그의 표현을 그대로 가져오자면 '말-되기 *horse-becoming*'의 상태에 돌입하는 것이다. '인간-되기 *human-being*'에 지독하게 집착하는 대신 말이다.

동물에게서는 배울 점이 정말 많다. 질료 사이에 끼어들고자 할 때는 특히 더 그렇다. 수월하다는 느낌을 전달하는 데 어떤 은유가 사용되는지만 살펴봐도 감이 올 것이다. "새처럼 자유롭다", "물 만난 물고기 같다"

같은 표현이 대표적이다. 이를 단순한 은유로 넘길 것이 아니라 표현 속 동물들을 본보기 삼아 따라야 한다. '새'하면 가장 먼저 떠오르는 날개는 배에서 바람을 받는 돛의 역할을 한다. 물고기의 지느러미는 날개와 노 두 가지 역할을 함으로써 활강력과 추진력을 부여하며, 그 덕에 물고기는 빙빙 돌기도 하고 갑자기 속도를 올리기도 하면서 물속을 유영할 수 있다. 이를테면 3차원의 공간을 서핑하는 셈이다. 돌고래는 수면이나 심해 어디에서든 서핑을 하며 거의 4차원에 가까운 공간을 누빈다. 활강 스포츠에 쓰이는 장비들은 동물의 형태와 특성에서 영감을 받았다. 여기서만큼은 모방의 법칙이 가장 유효하다. 무게를 줄이고 저항성은 높인 여러 재료들, 유연하면서 적당히 단단한 수평타, 지느러미 형태를 한 기관, 배가 부드럽게 나아가도록 표면에 왁스 칠을 하고 양끝을 좁게 만든 갑판 등, 모두 동물을 보고 모방한 것들이다. 게다가 '새로운 스포츠'의 선수들이 종목을 연습하며 동물들을 따라 자세를 취한다는 점은 가장 주목할 만하다.

　　프리다이빙을 할 땐 호흡 반사 반응을 억제하는 것이 핵심인데, 이것을 적대적인 환경에서 자연에 대항하는 부자연스러운 노력이라고 여기기보다 친밀한 질료에 자연스럽게 끼어들어 가는 과정이라고 생각할 수도 있다. 아무 장비도 없이 100미터도 넘게 잠수하여 10기압이 넘는 압력을 견뎌낸 자크 마욜의 비법을 알아내기 위해 과학자들은 그의 온몸을 전극으로 뒤덮고 엑스레이만 수십 장씩 촬영하며 온갖 분석을 시도했지만, 마욜은 싱긋 웃으며 대답했다. "잠수할 때 복잡한 생각은 필요 없어요. 저는 물과 사랑에 빠졌다고 생각한답니다!" 이 '사랑'이라는 걸 수학적인 기호로 나타낼 수 있을까? 불가능하다. 사랑은 측정할 수 없다. 보고 느낄 수 있을 뿐이다. 마욜은 인간을 따라 하려던 것이 아니었다. 그는 자신을 잠수부가 아닌 돌고래라고 생각했다. 말하자면 호모 델파이너스 *Homo delphinus*, 돌고래가 되려는 *dolphin-becoming* 사람, 나아가 돌고래로 다시 태어나려는 *dolphin re-becoming* 사람이라 생각했고, 심해로 떠나는 모험은 인간의 잠재된 수생 근원을 찾아가는 과정이라 여겼다. 생각해보면 우리의 세포들 역시 소금물에서 헤엄치고 있지 않은가? 철학자 샤를베르나르 *Charles-Bernard* 이후 살아 있는 세포는 우리 몸속의 아주 작은 바다라고 여겨졌다. 털이 없는 우리의 피부나 코의 모양, 심지어 계속 눈물이 분비되어 눈의 이물질을 씻어주는 현상까지, 모두 인간이 처음에는 육지가 아니라 바다에서 살았다는 확실한 증거가 된다. 그게 아니라면 인간이 긴 시간 동안 바닷속에서 숨을 참는 능력이나 해양 포유류와의 많은 공통점, 특히 그중에서도 50미터 아래로 잠수할 때 수압에 의해 폐가 망가지지 않도록 혈류가 방향을 바꾸는 '블러드 시프트*blood shift*' 현상을 설명할 길이 없다. 간단히 말해, 달리 마욜을 이해할 방법이 없지 않은가? 한 가지 확실한 건, 마욜이 프리다이빙을 바다에 대항하여 분투하는 과정이 아니라 바다 안의 흐름에 끼어드는 과정으로 여겼다는 점이다. 바다를 대립의 대상이 아닌 애정의 대상으로 바라본 것이다. 승마를 배울 때 말의 움직임을 따르는 방법을 택한 사람이 있듯, 마욜 역시 주인을 따름으로써 프리다이빙을 배웠다. 그의 주인이란 '클라운*Clown*'이라는 암컷 돌고래로, 마욜은 플로리다주 마이애미에 있는 해양 수족관에서 클라운과 처음 만났다. 그는 첫눈에 마음을 빼앗겨버렸다며 이렇게 말한다. "저는 클라운을 사람으로 여겼어요. 정말 연인에게나 품을 수 있는 그런 감정을 느꼈죠. 제가 오래 알고 지내온 여자 같다고 생각했거든요! 장담컨대, 클라운도 저와 같은 마음이었을 겁니다." 자신이 물속을 쉽게 드나들며 평온을 잃지 않은 채 우아하고 능숙하게 헤엄칠 수 있는 건 클라운 덕분이라고, 또한 물이라는 질료에 대한 자신의 애정, 마음속 깊은 곳에서부터 우러나오는 이 애정의 공이 크다고 그는 이야기한다. "마음속 깊은 곳에는 평안이 머무는 자리가 있다. 그리고 그 이면에는 다른 감정, 바로 사랑이 숨어 있다. 나는 돌고래들에게 그 점을 배울 수 있었다. 내가 경이로운 기록을 세울 수 있던 것도 전부 돌고래들 덕분이다."

깊은 바다를 정복하려는 마욜의 경쟁자 겸 동반자들, 이탈리아인 엔초 마요르카*Enzo Maiorca*와 미국인 로버트 크로프트*Robert Croft*는 몇 번이나 세계신기록을 갈아치운 유능한 잠수부로서, 의식적이고 체계적인 노력을 기반으로 훈련하고 폐활량을 늘리거나 호흡 반사 반응을 억제하기 위한 잠수 기술을 새로 개발하는 등 '첫 번째 방식'을 선택해 잠수에 접근한 듯하다. 크로프트는 렁 패킹*lung packing* 또는 에어 패킹*air packing*이라고도 하는 기술을 연마했는데, 이는 폐에 숨이 가득 차면 바로 볼을 뻐끔거려 폐 아래로 공기를 공급해주는 기술이다. 이에 반해 마요르카는 과호흡법을 사용했는데, 이 호흡법을 따르면 호흡 횟수가 아주 빠르게 늘어나 혈류의 이산화탄소 농도가 급격히 낮아지고 결국 호흡 반사 반응이 지연되는 수준에 도달하게 된다. 그뿐만 아니라, 그는 무거운 납 벨트를 차고 숨을 참은 채 3층 높이의 계단을 아주 천천히 오르내리는 훈련도 했다. "이 훈련은 심지어 진짜 바닷속 상황보다 더 힘들다. 바다 안에서는 숨을 뱉는 것밖에 다른 방도가 없지만, 지상에서는 그냥 입을 열고 숨을 들이마실 수 있기 때문이다. 정말이지 끔찍한 유혹이다. 하지만 버텨야 한다. 그렇게 해야 의지력을 기를 수 있다."

크로프트와 마요르카를 우스꽝스러운 훈련으로 힘만 빼는 사람으로 낙인찍고, 마욜 혼자만 신묘하고 매끄러운 기술자처럼 보이게 하려는 건 아니다. 하지만 지상에서 훈련하며 계단 하나 오를 때마다 숨을 참아야 한다는 강박에 고통받는 것을 어떻게 드넓은 수조 안에서 사랑하는 존재와 몇 시간씩 노니는 활동에 비할 수 있겠는가. 이는 의지라는 부정적인 세계와 욕구라는 긍정적인 세계의 비견이다. 한쪽에서는 숨을 쉬고 싶다는 강렬한 욕망과 싸우고 있다면 다른 한쪽에서는 재밌는 게임을 즐기고 있는 것이다. '버텨야 한다'는 생각은 '깊은 곳에 평안이 있고, 사랑이 있다'는 생각을 절대 이길 수 없다. 다른 목적이 없는 그 자체의 사랑이란 감정이라기보다는 상태다. 강렬한 열정이 아니라 차분한 행복에 가깝다. 자기 자신과 세상을 향한 진정한 평화의 형태로, 긴장을 풀고 나 자신에 대한 인식과 잡념을 떨칠 수 있게 해준다. 개별 존재나 시간에 구애받지 않는 경험을 선사하므로 숨을 쉬어야 한다는 생각마저 잊게 만든다. 마욜은 이렇게 말한다.

> 저지르지 말아야 할 가장 큰 실수는 흘러가는 시간을 붙잡고 씨름하는 일이다. 갈등이 생기면 혼란을 느끼게 되고, 신체와 정신에 경직이 발생한다. 흘러가는 대로 몸을 맡겨 완전한 이완의 상태로 돌입하려던 원래 의도와는 정반대의 상황인 셈이다. 모순적으로 들릴지 몰라도, 숨을 잘 참으려면 숨을 참겠다는 생각을 해서는 안 된다. 생각하지 않은 채 행동해야 한다. 나 자신이 행위 그 자체가 되어야 한다. 마치 동물들처럼 말이다.

마욜은 물에 저항하지 않고 물방울 입자 사이사이를 누비며 흐름에 몸을 맡긴다. 숨을 쉬고 싶다는 욕망에 맞서는 대신, 숨을 쉬어야 한다는 생각을 잊는다. 단순히 호흡에 대한 생각을 멈추는 것을 넘어, 마욜은 자신이 실제로 돌고래라고 생각한다. 그의 사고는 무효화되고 상상은 활성화된다. 무의식 속을 헤매는 것이 아니라 더없이 행복한 꿈속을 유영하는 것이다. 마치 한 마리의 돌고래처럼.

chapter 7

생 각 멈 추 기

Stop Thinking

과도한 생각은
존재 전체를 오염시키고
심지어 위협한다

1983년 10월 19일 오후 2시 24분. 10월의 황금빛 태양이 엘바섬 곳곳을 쨍하게 비춘다. 아직 여름이 끝나지 않은 것 같다. 코르사로호號에는 적막만이 감돈다. 바다는 아름답고, 배는 파레티 해변에서 1.5킬로미터쯤 항해해왔다. 지금부터 정확히 6분 후, 자크 마욜이 50킬로그램짜리 쇳덩어리를 물에 빠뜨리면 그는 쇠와 함께 깊은 바닷속에 가라앉게 된다. 카운트다운이 시작되었다. 마욜은 배의 갑판 위에 걸터앉아 다리만 물속에 담근 채 안전 잠수부들이 하나둘 바다로 뛰어드는 모습을 지켜본다. 이들은 깊은 바다로 들어가 수심에 따라 곳곳에 자리를 잡고 만약 마욜이 위험한 상황에 처하면 그를 도와줄 것이다. 마욜은 무슨 생각을 하고 있을까? 친구 요시즈미 아자카를 생각하는지도 모른다. 약 10년 전 일본 이즈시伊豆市에 자리한 어느 사원에서 만난 이 친구는 늘 마욜에게 "생각을 비워!"라고 외치면서, 선사禪師들이 수행자의 잡념을 물리치고 명상에 집중하도록 하기 위해 들고 다니던 나무 막대기로 마욜의 어깨를 내리치곤 했다. 아니면 다른 친구인 클라운을 생각하고 있을지도 모른다. 함께 물속에서 노닐 때 나쁜 생각을 하고 있으면, 클라운은 그 기운을 느껴 그에게 나쁜 생각을 없애고 영혼을 맑게 한 다음 다시 오라는 듯이 거리를 두곤 했다. 돌고래와 승려 친구는 결국 같은 말을 하고 있었다. '생각을 비우라'는 것. 사고란 본래 의지와 상관없이 완전히 무의식적으로 일어나는 행위이건만, 이 두 친구는 마치 스위치를 내리듯 간단하게 충동과 집착에서 벗어날 수 있는 것처럼 군다. 생각하지 말라니, 말이야 쉽다. 그게 아니면, 이 순간 마욜은 의사 카바루의 말을 떠올리고 있을지도 모르겠다. 그는 수심 50미터 아래로 들어가면 숨을 참고 있는 잠수부의 흉곽이 치명적일 정도로 무너질 수밖에 없다고 경고한 바 있다. 그럼에도 마욜은 뛰어들었다. 50미터까지 잠수했다. 엔초 마요르카는 심지어 60미터까지 내려갔었다. 마욜은 처음으로 마요르카의 기록에 도전하던 순간을 다시금 떠올린다. 미국 그랜드 바하마섬의 프리포트에서였다. 잠수할 때 그는 눈을 감고 있었다. 안전 잠수부 한 명에게 50미터에 다다르면 등을 두드려 어디까지 왔는지 알 수 있도록 해달라고 부탁한 터였다. 하지만 그 최소한의 접촉이 그의 무념 상태를 깨뜨려버렸다. 마욜이 눈을 떴을 때 10미터 아래 수심 표시 깃발이 붙어 있는 줄이 보였다. 바로 마요르카가 다다랐던 위치였다. 하지만 그는 거기서 멈췄다. 더 이상 내려갈 수가 없었다. 더 내려가면 귀가 터져버릴 지경이었다. 갑작스럽게 현실을 자각하며 생각이 개입하자 동력이 바닥났다. 다시 수면 위로 올라가야 했다. 완전한 포기가 아니라 잠시 중단한 것뿐이었고, 이후 마침내 60미터 넘게 잠수했지만, 그는 당시 실패의 쓰라림을 절대 잊지 못했다. 이런 수심에서 잠수부에게 가장 큰 위험은 생각을 하는 것이다. 마요르카의 최고 기록은 62미터였다. 로버트 크로프트는 64미터였다가 나중에 66미터까지 내려갔다. 마욜은 신체 훈련에 집중하거나 억지로 숨을 참는 방법을 연습해 경쟁을 준비하는 대신, 이즈시의 절에 들어가 몇 달 동안 수양을 하기로 결정했다. 생각하지 않는 법을 연마하기 위해서였다. 요가 호흡법을 익혀 무념의 상태를 체득한 마욜은 1970년 9월 11일, 무려 수심 76미터라는 기록을 세운다. 더 이상은 누구도 깨뜨릴 수 없는 기록이다. 잠수부들의 신기록 도전을 감독해온 세계수중연맹CMAS이 1970년 12월 안전을 이유로 이 종목을 폐지해버렸기 때문이다. 이제 스포츠의 시대는 가고 실험의 시대가 도래했다.

다시 1983년 10월로 돌아가 보자. 혹시 마욜은 의사 레스퀴르의 말을 떠올리고 있을까? 레스퀴르는 이런 시도를 거의 범죄 취급하면서, 자신의 연구에 따르면 80미터까지 잠수를 시도하는 잠수부는 단 몇 초 만에 의식을 잃을 거라고 경고했다. 카운트다운이 거의 끝나가는 지금, 마욜은 무슨 생각을 하고 있을까? 알 수 없다. 가야 할 시간이다. 마욜이 손을 들어 보인다. 코마개를 하고 앞쪽 난간에 매달려서 그냥 평소처럼 작게 숨을 들이쉬더니, 깊은 바닷속으로 조용히 모습을 감춘다. 그의 나이는 56세. 수심 105미터 지점에서 원반으로 만든 표지가 그를 기다리고 있다. 물론 마욜이 제대로 준비했다면, 그런 것에 대한 생각은 하지 않을 것이다.

하지만 도전에 대한 생각을 멈추는 것만으로 충분하지 않을 때도 있다. 엘렌 그리모는 무대에 오르기 전 무대 공포증을 겪는데, 그녀는 이것을 '아드레날린 현상'이라고 부른다. 심장이 두근거리고, 손발에서 피가 빠져나가는 기분이 든다. 호흡도 가빠진다. 무념의 상태인데도 그렇다. 몰입했지만 텅 빈 상태다. 심장 소리가 온몸을 울릴 지경이다. 다리가 후들거려 간신히 서 있다. 어린 시절 그리모는 피아노 연주가 마냥 즐겁기만 했는데, 그사이에 대체 무슨 일이 있었던 걸까? 첫 앨범을 녹음할 때 모든 것이 바뀌고 말았다. 너무 어려운 곡이라는 선생님들의 만류에도 불구하고 그리모는 무모한 선택을 고집했다. 그냥 그러고 싶었고, 그만큼 아름다운 곡이었다. 그러나 스튜디오에 들어서기 직전, 그리모는 육체가 자기 자신을 공격하는 듯한 '아드레날린 현상'을 처음 겪고 한 발자국도 움직이지 못했다. 그 순간부터 그리모의 몸은 사고를 지배해 고장 난 레코드판처럼 계속 똑같은 음만 두려움 속에서 반복하는데, 이는 틀림없이 그 자신의 내면 깊숙이 지워지지 않을 정도로 각인된 음이었을 것이다. 어떻게 하면 몸이 생각을 멈추게 할 수 있을까? 정신력은 물론 의지도 소용없다. 그리모는 호흡을 이용한다. 폐를 완전히 비운다는 마음으로 숨을 내뱉고 배를 크게 부풀리며 다시 들이쉬는 과정에만 집중한다. 이윽고 맥박이 정상적인 속도로 돌아오고, 그리모도 안정을 찾는다. 자신의 생각이 들어차 있던 공간을 상상으로 채워 정신적인 투사물을 만들어낸다. 마치 슬롯머신에 차례로 나타나는 체리 그림을 보듯, 첫 번째에서 두 번째로, 이내 투사물 전체로 시선을 옮긴다. 그리모는 이렇게 설명한다.

이런 방식으로 리듬을 되찾으면 머릿속이 환해지는 깨달음을 얻을 수 있다. 계속해서 바뀌는 이미지에 집중함으로써 자신의 호흡을 완벽히 제어하는 방법이다. 그렇게 '알파 브레인*alpha brain*' 상태가 되면, 부처가 외우는 만트라처럼 완벽한 리듬을 지닌 무아지경에 이르게 된다. 뇌가 특정한 생각을 형성하지 못하도록 꾸준히 통제하는 것이다. 내가 애용하는 또 다른 방법은, 평소 좋아하는 곳이나 가보고 싶은 곳에 있는 자신의 모습을 상상하는 것이다. 예를 들어 발밑에 엄청난 장관이 펼쳐진 탑의 꼭대기에 있다고 말이다. 계단이 나타난다. 계단을 끝까지 내려가면 방이 하나 나오고, 그 방 끝에는 문이 있다. 문을 열고 들어가면 무언가가, 또는 누군가가 나를 기다리고 있다. 사랑하는 사람이든, 이제는 다시 보지 못하는 사람이든, 어쨌든 내 내면의 소리가 반영된 존재를 그곳에서 만난다.

그리모가 시도하는 것도 일종의 자기최면이다. 정신분석학자 프랑수아 루스탕은 이 방법에 분명한 장점이 있다고 밝힌다. 자신의 호흡에 집중하는 것이 몸의 리듬을 찾고 문제를 일으킬 만한 생각들을 억누르는 가장 좋은 방법이라는 것이다. 불안함이란 삶을 가로막을 만큼 경직된 상태에서 비롯한다. 천천히, 잘, 깊이 호흡함으로써 이런 흐름을 재정비할 수 있다. 루스탕이 생각을 완전히 멈추기 위해 사용하는 방법은 세 가지다. 첫째, 물체의 아주 한정된 부분에 시선을 고정하는 것. 예를 들어

연필심 끝이라든지, 컵 손잡이라든지, 쿠션 무늬 같은 것에 집중한다. 이 행위는 대상이 되는 부분을 전체적인 맥락에서 분리해내어 그 외의 다른 것들을 전부 희뿌연 배경 속에 잠식시킨다. 둘째는 상상으로 자기가 좋아하는 장소에 자신을 보내는 방법이다. 생각하는 것만으로도 기분이 좋아진다면 시골이든, 도시든, 산 어디든 상관없다. 마지막은 말도 안 되는 식으로 말해보는 방법이다. 가장 혼란스러운 방법이기도 하다. "불합리한 표현을 사용하기 때문에 낯설어질 수 있다. '모르는 길을 선택하고 낯선 곳에 도착해 할 수 없는 일을 하라'라는 말은 무의미하고 심지어 위험하게 여겨지지만, 일단 귀를 기울여 자유와 행복의 공간을 열고자 노력하면 그곳에서 존재가 새로 시작된다." 물론 이런 식으로 언어를 활용하면 무언가를 명확하게 시각화하는 것은 불가능할 테지만 이게 바로 세 번째 방법의 핵심이다. 가능성을 바라보는 시각을 재정립하는 것. 뚜렷한 목표를 세우거나 이미지를 생성하려 애쓰지 말고, 혼란과 모호함을 그저 받아들이면 된다. 아마 이것이 세 번째 방법에서 가장 놀랍고도 생산성을 발휘하는 대목일 것이다. 행동하고 자신을 재창조하기 위한 방법을 찾는 사람이라면 명확한 목적을 설정할 게 아니라 마치 안개에 싸인 양 두루뭉술하고 미확정적인 상태에서 시작해야 한다. 그래야 행위가 형태를 갖춘다. 구름이 있어야 번개가 치고, 어둠이 있어야 빛이 밝은 법이다.

　　　이는 단순히 무대 공포증에 사로잡혔을 때만이 아니라, 행동해야 하는 모든 순간에 자신의 생각을 제어할 수 있는 방법이기도 하다. 과도한 생각은 존재 전체를 오염시키고 심지어 위협한다. 엘렌 그리모는 로켄하우스 실내악 축제에서 바이올리니스트 기돈 크레머*Gidon Kremer*와 만나고 난 이후 삶과 피아노를 대하는 자신의 자세가 어떻게 바뀌었는지 이야기한다. 자신의 직감에 따라 행동했던 그녀가 이 만남 이후로 자신의 연주를 분석하고, 그렇게 모든 가능성을 고려하면서 자기 자신을 차츰 현실에서 분리하기 시작한다.

　　　나는 나 자신에게 너무 많은 질문을 던지느라 악보에서 벗어날 수도, 충분한 거리를 유지한 채 연주에 몰입할 수도 없었다. 어떤 날은 모든 것을 이해한 듯, 어떤 것이 가능하며 어떻게 흘러갈지 바로 알아차리고 그 의미까지도 정확하게 파악할 수 있었다. 하지만 절대로 자주 오지 않는 그 깨달음과 명료의 순간이 지나고 나면 다시 어둠 속을 헤매는 기분이 들었다. 나를 가로막는 어려움을 극복하느라 몇 주씩 몸부림쳐도 해결책이 보이지 않을 때도 있었다.

그리모는 악기 연주자들에게 나타나는 지독한 마비 증상으로 고통받기 시작했고, 결국 병들었다.

악보 보는 것 말고는 무엇도 할 수 없었다. 종일 읽기만 했다. 책을 보기도 했지만 특히 악보를 보며 지냈다. 완전히 무력감에 젖어 집 밖으로 한 발자국도 나설 엄두가 안 났다. 언제나 생각에 빠져 고뇌하고 절망했으며, 가상의 인물과 지인 들의 정체성이 마구 뒤섞여 나를 괴롭히는 바람에 숨이 막혔다. 아무도 만나고 싶지 않았다. 무기력한 느낌, 더 심하게는 내가 쓸모없다는 생각에 사로잡혀 매일 괴로웠다. 나의 고통은 저절로 피어났고 이 고통에 대한 사색은 나를 더 깊은 구렁텅이로 몰아넣었다. 내 가슴속에 거대한 블랙홀이 자라나고 있었다. 무한한 우주, 은하계, 황홀한 음악적 세계와 소통하는 블랙홀이 아니라, 배의 밑바닥에 뚫린 구멍처럼 시커먼 물이

콸콸 홀리드는 암흑이었다. 자아를 빼앗긴 듯한 날들이 지속되었다. 다른 이들을 전부 몰아내고 나 자신마저 스스로 내버린 시간이었다. 1989년, 벌써 세 번째로 라 로케당테롱*La Roque-d'Anthéron* 음악 축제에 참석한 나는 깊은 권태에 사로잡힌 상태였다. 이 슬럼프를 절대 극복할 수 없을 것 같았다. 내 인생 처음으로 사라져버리고 싶다는, 아주 거칠고 야만적이며 억누를 수 없는 충동을 느꼈다.

숙고란 경험을 거부하는 과도한 이해이자 세상에서 일어나는 일에 대한 호기심의 상실로, 끝내 존재의 발목을 잡아 결국 행동으로 나아감을 방해한다. 그리모는 이 모든 위기가 자신의 존재에서 비롯한다는 명쾌한 진단을 내린다. 스스로의 연주를 과도하게 분석함으로써 삶의 궤도에서 이탈하고 중심마저 흔들리는 것이라고. 스위스 사람들은 안부를 물을 때, "How's it playing?"*이라고 묻곤 한다. 연주하기를 멈추면, 모든 것이 멈추는

---

* 어떻게 지내냐는 안부 인사 'how's it going?'에서 'going'을 '연주'를 뜻하는 'playing'으로 바꾼 말.

셈이다.

그리모는 순수한 지성에 휘둘려 직관을 잃은 상태였다. 어떻게 해야 이런 교착상태에서 벗어날 수 있을까? 어떻게 하면 연주 능력을 회복할 수 있을까? 루스탕은 과도하게 분석하려는 경향을 지닌 사람을 분석으로써 치료해서는 안 된다고 경고한다. 생각을 더 하는 것은 생각이 너무 많은 사람을 치료하는 데 진혀 도움이 되지 않는다. 그보다는 이러한 숙고의 고리를 끊으려고 노력해야 한다.

> 생각이 많아지면 우리는 회한, 후회, 분개의 감정에 갇힌다. 그러니 문제가 일어난 원인을 찾거나 이유를 분석하려는 시도를 아예 차단해야 한다. 그러기 위해서는, 즉 생각을 멈추고 더 이상 사고의 전개를 막기 위해서는, 아예 오래도록 생각해서 그 생각에 질려버리는 것도 하나의 방법이다. 마치 야생마에 올라타기 전에 말을 지치게 만들어야 하는 것처럼 말이다.

생각하기도 싫을 만큼 생각에 지치면, 마음속으로 그 생각이 아무 소용도 없고 이제는 행동할 준비가 되었다는 사실을 깨닫기 마련이다.

○

　　'이해하고 싶다'는 함정에 빠지지 않도록 조심하자. '의미의 환각*L'illusion du sens*'이라는 장에서 루스탕은 이렇게 서술한다. "그 증상은 삶의 흐름을 방해하고 개인을 속박하며 서로를 떼어놓는 식으로 이미 우리를 고립시키고 있다. 그렇다고 증상에 집중하면, 증상이 강화될 위험을 키우는 꼴이다." 문제를 해결하고 싶다면 계속 파고들다가 그것에 더 깊숙이 갇히거나 똑같은 자리만 끝없이 맴돌 것이 아니라, 문제를 원래 있던 그 자리, 다른 모든 것의 한가운데 그대로 두어야 한다. 문제를 가변적인 총체에 속한 한 부분으로 바라보는 것이다. 이해하겠다는 욕망에 사로잡혀 문제를 움직이지 않는 고정적이고 석화된 집중의 대상으로 바라봐서는 안 된다.

　　최면치료법에서는 모든 것이 이미 존재하고 있으므로 우리는 불명확한 것들이 모습을 드러내어 온갖 종류의 생각, 상상, 감정, 지각, 감정이 파도가 되어 밀려들도록 두면 된다. 그 파도에 휩쓸려 나침반이나 방향타 없이 우리 스스로 혼란의 상태에 빠지게 놔두는 것이다. 그러면 증상은 물속에 잠기고, 흔들리고, 더 이상 짓박혀 있지 못한 채 어쩔 수 없이 삶의 모든 형태와 흐름을 수용하며 흘러가버린다.

최면이라는 가수*trance*, 假睡(의식이 반쯤 깨어 있는 옅은 잠)의 상태에 이르는 것은 어떤 중간 영역으로 건너가는 이동*trans* 행위다. 행위의 지점은 곧 이동의 지점이기도 하다.

즉 전통적인 정신분석학에서 제시하는 바와 달리, 긍정적인 감정을 이끌어내기 위해서 자신을 관찰하며 자기반성을 할 필요가 없다는 뜻이다. "자기분석의 위험성은 치명적이다. 결국에는 삶이 아니라 자기 자신을 들여다보게 될 것이다." 철학자 루트비히 비트겐슈타인*Ludwig Wittgenstein*은 제1차 세계대전을 겪으며 쓴 글에서 다음과 같이 서술했다. "문제에 자꾸 부딪치는 느낌이 들 땐 그 문제에 대해 생각하지 말아야 한다. 그러지 않으면 결코 벗어날 수 없다. 일단 자신에게 편안한 자세로 앉아 생각하기 시작해야 한다. 무엇보다 고집을 부리면 안 된다! 어려운 문제들은 우리 눈앞에서 저절로 해결돼야 한다." 하지만 어떻게 생각도 하지 않고 문제를 해결할 수 있을까? 철저하게 과학과 논리를 추구한 철학자 비트겐슈타인이 이런 주장을 폈다니 더욱 이상하게 들린다. 수학적 정리가 스스로 증명되기를 기다리겠다는 소리만큼이나 황당하다. 말하자면, 문제에 관심을 주지도 말라는 뜻 아닌가? 게다가 관심을 두었다 거두었다 할 수 있다면, 그것도 결국 노력의 문제 아닌가? 선생님들이 하는 말, "자, 집중하자!"에는 노력만 하면 선생님의 설명을 이해할 수 있다는 가정이 깔려 있다. 하지만 비트겐슈타인은 반대로 이야기한다. 고집하지 말고, 생각의 늪에 빠지지 말고, 사고를 멈추라고. 문제가 저절로 해결되도록 놔두라고. 바로 "우리 눈앞에서" 말이다. 너무 열심히 노력하지 말라는 것이 눈 뜨고 지켜보지도 말라는 뜻은 아니다. 눈을 뜨되 아무것도 강요하지 않고 바라보는, 긴장 없는 '응시'가 필요하다. 그런 '응시'를 가능하게 하는 비결은 편안함이다. "자신에게 편안한 자세로 앉아 생각하기 시작해야 한다." 편안함을 느끼는 것이 먼저고, 생각은 그 편안함에서 비롯하는 결과물이다. 어떤 문제를 해결하든 편안함이 선결 조건이다. 삶에서 편안함을 느끼고 싶다면 의자에 편히 앉는 것부터 시작해야 한다. 그런 다음엔, 중간에 끼어들려고 하지만 않는다면, 영화관에 앉아 있는 것처럼 문제가 저절로 해결되는 장면을 감상할 수 있다. 이는 위에 언급했던 모든 규율을 비롯해 권위적으로 집중을 강요하는 교육 모델과 상반되는 접근 방식이다. 문제를 직접적으로 해결해야 한다는 생각을 버려야만 문제를 없앨 기회가 생긴다. 비트겐슈타인은 "삶에서 부딪치는 문제를 해결하기 위해서는 문제가 사라지게 하는 삶의 방식을 추구하면 된다"라고 말했으며, 루스탕은 "살면서 마주하는 문제에 자꾸 '왜'라는 물음을 던지면 절대로 그 문제의 해결책을 발견할 수 없다"라고 덧붙였다.

○

여덟 번째로 트윈 타워 건너기에 도전한 필리프 프티는 45분간의 묘기를 선보인 후 마침내 지상에 발을 내디딘 순간 곧바로 체포되었다. 그가 경찰서로 연행되는 중에 미국 기자에게 받은 첫 번째 질문은 "왜 그랬습니까?"였다. 프티는 일말의 망설임도 없이 대답했다. "이유랄 게 있나요." 이유가 있었다면 이 세상에 곡예사라는 것이 존재했을까? '곡예사'라는 것이 이 물을 가치도 없는 질문에 대한 대답이다. 도대체 누가 400미터 상공에서 줄을 타며 목숨을 걸 이유를 찾을 수 있단 말인가? 곡예사에게 생각은 독이다. "줄에서는 생각을 하는 순간 떨어진다." 그러므로 생각하지 말아야 한다. 말이 쉽지, 어떻게 하면 생각하지 않겠다고 생각할 수 있을까? 무념의 상태를 머릿속에 떠올리기만 할 게 아니라 '행동'으로 옮기면 된다. 고개를 들어 정면을 바라보자. "한순간 모든 것이 멈춘 듯한 감각을 줄 위에서 경험하면 깊은 행복감이 따라온다. 이 기적을 방해하려는 생각이 끼어들지 않는 한, 행복은 끊이지 않고 지속된다." 하지만 "우리의 생각이 일으키는 바람은 균형의 바람보다 더 강력하다". 생각은 독이다. 딱히 별 내용이 없는 생각이라도 그렇다. 생각이란 계속 새로 불며 공격을 가하는 불균형의 바람이라, 자신이 행동하는 모습을 바라보고 있던 그 순간에서 우리를 벗어나게 만든다. 그렇게 우리는 행위의 지점을 떠나 과거나 미래에 자기 자신을 던져놓고, 이는 결국 추락으로 이어진다. 몽테뉴는 말하길, 만약 철학자 한 명을 우리에 넣어 노트르담대성당 건물 사이에 매달아놓는다면, 자신이 절대 떨어질 수 없다는 사실을 알고 있다 하더라도 그는 높은 곳에서 바라보는 아찔한 광경에 압도되어 결국 겁을 집어먹고 꼼짝도 못 할 것이라고 했다. "건물 사이를 걸어가기에 충분할 만큼 널찍한 대들보를 놓을지언정, 이 세상의 어떠한 철학적 지혜도 그 위를 평지를 걷는 것처럼 걸어갈 용기를 주지는 않는다. 심지어 상상만으로 오금 저려 하는 이들도 있다." 파스칼 역시 그와 비슷한 의견을 펼치며 이성을 마비시키는 상상력의 힘을 인정한다. "만약 세상에서 가장 위대한 철학자와 벼랑 위에 판자를 놓고 서 있다면 그 판자가 아무리 넓다 한들, 또한 철학자가 냉철한 이성으로 자신이 안전하다는 사실을 알 수 있다 한들, 결국 상상이 이성을 이기는 현상을 목격할 것이다. 그러한 상상 속에서 얼굴색 하나 변하지 않는 사람은 거의 없다." 그렇다면 프티는 그 현기증 나는 상황에서 어떻게 두려움에 굴복하지 않고 생각을 조절하는 것일까? 답은 간단하다. 생각에 맞서지 않는 것이다. 생각을 치워 버리려고 애쓰지도 않고, 생각을 품은 채로 앞으로 나아가지도 않는다. 다른 것들처럼 그냥 흘러가게 둔다. 숙고는 결국 자신을 옭아맬 것이기 때문이다. 숙고*reflection*는 언제나 문제를 두 배로 불린다. 접두사 're'에는 고집, 즉 타성적으로 기존의 것에 머무르려 하며 같은 곳에 문제를 쌓는다는 의미가 내포되어 있다. 결국 무언가 강제된 상태인 것이다. 매듭을 풀기 위해 마구잡이로 당기면 오히려 매듭이 단단해진다. 고집 또한 문제를 악화시키거나 심지어는 애초에 문제를 일으키는 원인이 되기도 한다. 행동하기 전에 자신의 매듭부터 풀어야 한다. 그것에 대해 생각도 하지 말고, 아무것도 하지 말자.

하지만 어떻게 아무것도 하지 않을 수 있지? 어떻게 해야 생각하지 않으면서도 생각하지 않는 것에 대해 생각할 수 있단 말이지? 끊임없는 악순환이다. 누군가 이렇게 말한다고 가정해보자. "개구리를 떠올리지 마." 그러면 어떻게 될까? 다행히 이런 모순은 당신이 그 생각을 실행하는 순간 사라진다. 생각하지 않는 비결은 머리가 아닌 몸에 호소하는 것이다. 이성을 배제한 채 그냥 행동하면 된다. 이것이 바로 의자에 앉아 적절한 자세를 찾는 일이다. 다시 루스탕의 이야기를 들어보자.

아무것도 하지 않는다는 것은 특별히 무언가를 하지 않는다는 뜻이지, 특정한 생각이나 감정, 감각을 억누른다는 뜻이 아니다. 아무것도 하지 않고 있으면 일들이 벌어진다. 일들이 벌어지게 두는 것은 한계치 없이 수용하는 상태와 같다. 시시콜콜한 것들까지 모두 기꺼이 받아들이면 나의 선호, 소망, 계획 따위는 사라지고, 순수한 행위의 힘을 받게 된다. 행위의 원천이 되는 지점

에 서는 셈이다. 그냥 일이 벌어지게 두는 사람
은 자신을 향해 다가오는 것들에 스스로를 끊임
없이 맞추어 들어간다. 그렇게, 이미 충만한 상태
로, 행위를 시작하는 것이다.

이런 식의 개념과 관련해 가장 받아들이기 힘든
부분은 행위를 생각이나 숙고, 결정의 결과물이라고 보
지 않는다는 것, 또 우리 자신을 삶의 주연이 아니라 구
경꾼으로 간주한다는 점이다. 프랑수아즈 사강이 말하
는 '축복의 순간'이나 야니크 노아의 '다시 오지 않을 법
한 순간', 엘렌 그리모의 '영접'의 순간을 떠올려 보면
'그것'이 그저 '일어나고', '시작되는' 것이라는 사실을,
우리가 행위의 지점에 이르게 될 때 '그것'이 저절로 벌
어지면서 상황을 주도해 마치 우리와 전혀 관계없는 일
처럼 발생한다는 사실을 분명히 알 수 있다. 이는 무심
한 주의*indifferent attention*의 물리적 상태를 재발견하는 개
념으로, 이것이 물리적으로 어떤 형태를 띠고 있는지 알
아차리고 계획(다시 미래를 향하게 된 생각)이 아닌 행위(언
제나 수행 중이므로 사실상 '계획'이라고 부를 수 없는 이 '계획'
을 실행하는 첫 단계)의 형태로 존재하게 하는 것이 목적이
다. 우리가 언제나 시간적 여유를 갖는 것도 아니고 위

기의 상황은 늘 급박하게 닥쳐오기 마련이라, 이런 개념은 행위의 부름에 어긋나는 것처럼 보일 수 있다. 하지만 일단 이러한 상태에 친숙해지면, 2006년 월드컵 결승전에서 파넨카 킥을 찼을 때의 지단이 그랬듯 즉각적으로 이를 재발견할 수 있다. 결정과 행동이 동시에 이루어지는 것이다. 공을 차는 순간, 지단은 이미 자신이 해야 할 일을 알고 있었다. 그리고 그 결정이 옳았다. 일반적인 경우와는 다르게 오랜 고민 없이 결정을 내렸기 때문이다. 지단은 소크라테스가 그랬듯 내면의 소리이자 자신의 '능력'을 믿었다. 자기만의 주파수를 한번 찾고 나면, 그다음부터는 연결하기만 하면 된다. 라디오방송국처럼 일단 올바른 주파수를 찾아보자.

○

'수월함'은 주로 동물의 특성을 따를 때 발생한다. 본능은 생각하지 않고도 발현이 가능하지만, 지성은 의식적이며 간접적인 특성이 있어 다루기 힘들 때가 많다. 행동하기 전에 생각해야 한다면 직접성이 주는 이점은 사라져버린다. 본능에는 질문이 따르지 않는다. 그냥 행동하면 그것으로 끝이다. 지성은 우리를 고민에 빠뜨리고 통제하며 따라서 행동을 저지할 수 있다는 위험이 언제나 존재하지만, 일종의 백치 상태이자 지극히 행복한 무지의 상태인 본능은 생각하지 않고도 발현될 수 있다. 지성을 포기하지 않은 채 이런 백치의 수준에 도달하기란 지성적인 존재에게 굉장히 어려운 일이다. 운동선수와 배우들도 이 자연적인 상태에 도달하고자 노력한다. 제라르 드파르디외는 이런 이야기를 했다. "낭통*을 연기할 때, 나는 촬영 첫날 단두대에서 처형을 당했다. 머리가 없으니 생각을 할 수 없었다. 더 이상 연기자가 아닌, 그 존재 자체가 되었다." 안제이 바이다*Andrzej Wajda* 감독은 현명하게도 첫날부터 단두대 신을 찍게 하여 드파르디외가 머리가 아닌 가슴으로 연기하도록 만들었다. 드파르디외는 감독의 의중을 알아차리고, 그것을 삶의 대원칙으로 삼아 다른 부분에도 적용한다.

어떠한 짓도 머리로 생각하지 않는다. 그게 모두에게 이로운 전략이다. 예를 들어 당신이 '삶의 환희' 속에 있을 때 행복하다고 생각하기 시작한

* 프랑스대혁명 때 혁명운동을 주도한 정치가로 단두대에서 처형되었다.

다면, 심지어는 왜 행복하고 왜 불행한지 따지기
시작한다면, 그 환희의 감정은 계속 깎여나간다.
가장 본질적인 부분을 잃고 마는 것이다. 환희를
온전히 누리려면 '지금 이 순간'을 느껴야 한다.

이는 아무 성찰도 없이 순간을 겪어내는 일로,
다소 야만적이고 심지어 동물적으로 느껴질 수도 있지
만 드파르디외는 전혀 개의치 않았다. "나는 친절이나
연민을 보이려고 노력한 적이 한 번도 없다. 그저 살아갔
을 뿐이다. 아무것도 계산하지 않았다." 아무 노력도 하
지 않고, 밀물 때가 오면 그와 함께 밀려들고 썰물 때가
오면 빠지면서 뒤돌아보지 않고 그대로 흘러갔다는 얘기
다. 생각하기를 그만두면 현재에 충실할 수 있다. 배우는
촬영 팀이든 극장 안의 관객들이든 누군가 주변에 존재
하는 상황에 놓여 있기 때문에 이 차분한 무관심의 상
태에 도달하기가 어렵다. 드파르디외는 이렇게 설명한다.

관객들이 지켜보는 무대에 혼자 말없이 서 있는
일은 언제나 두렵다. 무대 위에 그냥 '있으라고'
자신을 몰아붙인다. 연극배우들이 말을 빨리 하
거나 목소리를 크게 내는 모습이 자주 목격되는

것은 이런 이유에서다. 클로드 레지*Claude Régy* 감
독은, 여유를 가지고 천천히 연기하면서 침묵을
음미하면 대사는 저절로 나오는 것이라고 가르쳤
다. 연기란 사실 무엇을 말하는지가 아니라 어떻
게 기다려야 하는지를 아는 것에 가깝다.

생각하지 않는 것은 인내력을 시험하는 동시에
인내력을 길러준다. 드파르디외는 자신을 미래에 내던
지지 않음으로써 운명과 진실과 존재를, 눈부신 느릿함
의 한 형태와 야생동물의 평온함을 얻고, 내면을 자기만
의 스타일로 풍부하게 채운다. 레지 감독이 이를 가르쳤
다고는 하지만, 드파르디외는 이것을 가르침과는 거리가
먼 하나의 훈련으로 여긴다. "무엇을 배우기 위해서는
학교에 갈 것이 아니라 몸을 들여다봐야 한다. 몸을 살
피고, 호흡하고, 느끼면 된다." 지식이나 노력의 문제가
아니라 주의와 인식의 문제다. 드파르디외는 무지無知라
는 형태로 이 사실을 증명한다.

나는 잘 모를 때 훨씬 마음이 편하다. 설명하기
힘든데, 그런 상태는 저절로, 아무 방해도 없이,
어떤 계획도 없이 그냥 일어난다. 모든 일에 힘

183

을 빼게 되는 것이다. 포도를 바구니 안에 던져 놓는 것과 비슷하다. 어느 별 좋은 날 통 안에 거품이 일기 시작하든가 아니든가, 둘 중 하나다. 그렇게 될 수도, 아닐 수도 있다. 풍년이 오면 흉년도 드는 법이다. 모든 인위적인 도구를 동원해 와인을 만들 수도 있지만 나는 고전적인 방법을 택한다. 자연을 믿는 것이다. 그에 맞서려고 하지 않는 한, 자연은 언제나 옳다. 자연은 그냥 생겨난 대로 살아간다.

다양한 언어로 훌륭한 작품을 연기하는 배우가 의미의 문제에 집착해서는 안 된다니, 굉장히 뜻밖의 이야기다. 연기란 텍스트에 대한 이해를 바탕으로 이루어지는 것 아닌가? 배우라면 무릇 실제 연기에 앞서 숨겨진 의미를 철저히 분석하고 이른바 '나만의 방식'으로 해석해야 하는 것 아닌가? 하지만 드파르디외는 오히려 그 반대로 해야 한다고 설명한다.

외국어 작품을 연기할 때, 나는 대사의 의미를 이해하지 못해도 상관하지 않는다. 단어 자체보다 대사를 어디서 끊어 읽는지가 더 중요하다.

배우가 아니라 음악가처럼 하는 것이다. 〈시라노〉의 대사를 읽으면 글이라기보다 선율처럼 느껴진다. 알랭 레네*Alain Resnais* 감독의 영화 〈집에 가고 싶어*I Want to Go Home*〉를 찍을 땐 전부 영어로 대사를 했는데, 나는 대사를 단 한 마디도 이해하지 못한 채 그 저 순간에 집중해 상황을 연기했다. 레네가 대사 일부를 번역하여 의미를 설명해준 다음부터 오히려 연기가 안 나왔다. 딱 그대로였다. 그 이후로는 진심을 다해 연기할 수가 없었고, 내가 말해야 하는 문장에 갇혀버렸다. 그 신은 수십 번도 더 재촬영해야 했다.

대사를 이해하지 못한 것은 그에게 걸림돌이 아니라, 오히려 기회였다. 드파르디외는 연기를 하기 위해 자신의 대사나 지문에 집중할 필요가 없었다. 그 누구도 바이올린이 자신이 연주하는 음악을 이해하리라 기대하지 않는 법이다. 드파르디외 역시 음악을 흘려보내는 악기 같은 존재다. 방법이나 이유를 알지 못할 때, 그는 그것을 아름답다고 느낀다. 모순적이게도 그렇게 대사의 내용과 멀어져야만 진정한 이해가 가능해지고 그 대사를 공명시킬 수 있다.

내가 성 어거스틴의 대사를 읊으면서 단순히 글자를 넘어선 무언가를 전달하고자 노력할 때면, 듣는 이들은 자신의 영혼 깊숙한 곳을 건드리는 그 떨림을 느끼게 된다. 그렇게 가닿은 나의 대사는 어느새 그들을 기도하는 성인으로 바꾸어놓는다. 이는 마치 잠들려는 아이에게 책을 읽어주는 일, 내 목소리 하나로 아이를 이야기 속 세상으로 인도하고 그 안에서 상상의 나래를 펼치도록 만드는 일과도 같다.

배우들이 읊는 대사나 출연하는 장면에 담긴 진리는 현실 세계에서도 똑같이 통하며, 특히 사랑을 다룰 때 그렇다. "통제하려고 하는 순간 사랑은 생명력을 잃고 갑자기 쇠약해지며, 타오르던 불꽃마저 꺼져버린다." 드파르디외는 의지나 노력의 편이 아니라 욕망과 자연스러움의 편에 서 있다. 말과 행동을 통해 배우와 철학자의 사이를 넘나들고 무엇보다 행동할 줄 아는 사색가였던 그는, 멋모르는 얼간이들이라면 아마 원시적이라 여길 일종의 전반적인 부주의를 지향했다. 그러나 이러한 태도는 분석적인 이성에 '아니요'를, 삶의 자연적 특성에는 '예'를 외치는 고차원적인 직관의 표지이기도 하다.

"물론 분석을 해볼 수야 있다. 나는 그 짓을 30년이나 해오다가 결국 분석도 하나의 자기만족일 뿐이라는 사실을 깨달았다. 후회와 회한, 불만을 품은 채 삶을 살고 있다면 결국 그 감정이 포화 상태에 이르러 삶을 포용할 수 없게 만들 것이다." 이 고해성사를 들으니 루스탕이 떠오른다. 그 역시 정확히 같은 취지의 이야기를 한다.

이해될 수 없다는 것이야말로 삶의 특성으로, 절대로 그 복잡성을 완전히 이해할 수 없다. 참된 생각이란 뒤돌아보지 않고 삶 속으로 뛰어들 준비가 되었을 때만 찾아온다. 어리석어 보일 수 있는 것이 사실은 행동을 이끄는 지성이 된다. 일단 행위라는 침묵에 빠져들어 생각이 고요해질 때 비로소 그 생각이 달성되는 것이다.

루스탕이 직접적인 분석보다 최면을 선호한 이유가 이것이다. 최면은 누군가를 자기 자신으로 되돌리며, 더 나아가서는 자아를 세상 속으로 돌려놓아 제 위치와 관점을 찾아준다. 최면은 자기망각의 경험을 선사한다. 문제 앞에서 괴로워하던 자아를 잊게 하고, 그렇게 자아가 지고 있던 짐을 내려놓도록 함으로써 자아를 아주 근본적인 물질, 즉 살아 있는 존재로 되돌려놓는다. 살아 있다는 것은 특정한 누군가가 아니라 삶 자체가 되는 것, 그것뿐이다. 일반의 삶이 아니라 나의 삶, 나를 통과해 흘러가는, 나 자신인 삶 말이다. 그렇게 되면 '나'라는 존재가 더 큰 총체의 일부라는 것을 받아들일 수 있다. 그리스인들은 이를 '우주cosmos'라고 부르며, 각 존재가 기꺼이 자신의 자리를 지키는 세계라고 생각한다. "누군가 자기 자신을 그냥 살아 있는 상태의 존재일 뿐이라고 생각할 수 있다면, 그 사람은 이미 치료된 것이다. 몸과 자신의 관계를 고려해 스스로의 몸 안에 자신의 위치를 재설정하는 것은 사회적 집단, 나아가 총체로서의 환경과 자신의 관계를 고려해 자기 위치를 그 사회에 맞도록 다시 배치하는 일과 같기 때문이다. (……) 그것으로 충분하다." 어떤 목표를 달성하기 위해 무언가를 지향할 필요는 없다. 심지어 치료라는 목표에 있어서도 그렇다. 문제가 있었다면, 이제 해결된 셈이다. 만일 나 자신이 문제라 해도, 그 문제는 자신이 그런 것처럼 훨씬 더 큰 무언가, 바로 '삶'이라는 거대한 총체 안에서 차츰 사라질 것이다. "우리는 무슨 일이 벌어지는지 모르지만, 차분하게 있으면 많은 일이 그냥 벌어진다."

목표에 도달하기 위해서는 목표를 잊어야 한다.

더 정확히는, 우리를 향해 다가오는 그 목표를 저버려야 한다. "화살은 활시위를 당기기 전부터 이미 목표물의 정중앙에 있다. (……) 사실 목표물은 우리에게서 그렇게 멀리 떨어져 있지 않다. 만약 멀리 떨어져 있다면 눈을 감고 쏴서 명중할 리가 없지 않겠는가." 이런 상태에는 "모든 고의성의 배제, 그리고 목표를 지향하고 성취를 향해 나아가는 자아의 상실, 다시 말해 그 움직임에 끼어들어 하나의 완성된 동작으로서 그것과 합일을 이루는 비개인성"이 요구된다. 기다리는 법을 알아야만 한다. 이 기다림은 두려움, 망설임, 그리모의 완벽주의 같은 것들과 아무 관계도 없다. 기다림이란, 그저 행위의 적기適期는 내가 아니라 행위 그 자체가 결정한다는 사실을 존중하는 방법일 뿐이다. 자기 자신을 무욕의 상태에 둔 채 두려움이나 조바심을 떨쳐낸다면 사물의 리듬이 자연스럽게, 자신에게 필요한 여유를 가지고 제자리를 찾아갈 것이다. 다소 식물생태학적인 관점이긴 하지만 인간의 대소사에도 존중해야 할 적절한 시기와 기간이 있는 법이다. 아직 무르익지 않았을 때, 즉 때가 아닐 때 결정을 강요하는 것은 아무 소용이 없다. 혼자 결정하고 세상에 나의 의지를 관철하려 할 것이 아니라, 한 걸음 물러나 세상의 처분을 기다리고 그 소리에 귀 기울이기로 결정해야 한다. 마음을 깨끗이 비우면 행위가 가능해질 것이다.

성찰로 해결되지 않는 인간의 문제는 대부분 행위로 쉽게 해결된다. 신발 끈 묶는 법을 예로 들어보자. 어린아이에게 끈 묶는 법을 가르쳐줄 땐 말로 설명하기보다 행동으로 보여주는 편이 훨씬 수월하다. 행위를 보여주며 설명하는 것이다. 신발 끈 묶기를 완전히 터득하는 가장 좋은 방법 또한 자기가 직접 묶어보는 것이다. 안 되면 풀었다가 다시 묶기를 반복한다. 어떤 문제는 반드시 손을 더럽혀야만 해결된다. 신발 끈 묶는 법을 배우는 것은 우리의 손이다. 만약 생각이 개입했다 해도, 그것은 행위의 울타리 안에서 그 행위 덕분에 할 수 있는 생각일 뿐이다. 손은 머리를 거의 쓰지 않고 신발 끈 묶는 법을 익히게 된다. 몸으로 직접 익힌 기술은 더 쉽게 습득하고 보존할 수 있다. 자전거 타기를 생각하면 이해가 쉽다. 균형 잡기란 생각으로 할 수 있는 기술이 아니기 때문에 넘어져가며 몸으로 직접 익혀야 하는데 한 번 익히면 절대 잊어버리지 않는다. 모든 것을 잊어버리더라도 몸에 스민 지식은 남아 있다. 더 정확하게는 '잊어버렸기 때문에' 남아 있다. 잊어버린 채로 계속 보존하는 방법, 이것을 우리는 습관이라고 부른다. 습관이 되면 기억을 되살리기 위해 굳이 생각할 필요가 없다. 언제나 손만 뻗으면 닿을 만한 곳, 바로 우리의 몸 안에서 사용되기를 기다리고 있으니까. 자전거 타기, 운전, 외국어, 어떤 것이든 상관없다. 한번 잘 배웠다면 잊어버릴 염려는 하지 않아도 된다. 우리의 생각과 달리, '아무것도 하지 않기'는 이런 식으로 배워나가는 것이다.

예술가들은 이런 현상에 익숙하다. 피카소는 "나는 구하지 않는다. 그냥 알게 된다"라고 말했다. 이것은 건방진 천재나 할 법한 대사가 아니라 평범한 일꾼의 확신에 찬 고백이다. 그는 무언가 발견하려는 노력과 발견이라는 사건 사이에 아무런 인과관계가 없다는 사실을 안다. 발견을 갈구하는 것만으로는 충분치 않다는 점이 예술계에 통하는 냉혹한 정설이다. 그렇게만 해서는 번번이 목표에서 빗나가 절대 명중시킬 수 없으며, 심지어 그 근처에도 도달할 수 없다. 루스탕은 이렇게 말한다.

브람스는 며칠 내내 스스로를 감금한 채 영감이 오기만을 기다리다가 어느 순간 자신이 '최면 상태'라고 부르는 상태에 빠지곤 했다. 이 상태가 되면 무엇도 갈구하지 않고, 그냥 깨닫기를 기다려야 한다는 사실을 그는 알았다. 그런 상태에서 예술가들이 무언가 깨달았다면, 그건 찾기를 멈추었기 때문이거나 무언가를 구하다가 결국 모든 것이 무의미해지는 지점에 이르렀기 때문이다. 모든 시도와 노력은 이들을 아무것도 발견할 수 없는 절망의 상태로 몰아갈 뿐이다. 피카소는 아침에 눈을 뜰 때마다 자신이 어제 그린 그림이 생애 마지막 그림이었다고 생각하던 시기가 있었다. 자기가 다시는 그림을 그릴 수 없을 거라고 굳게 믿었기 때문에 그는 저녁마다 엄청난 광기에 사로잡혀 그림에 몰입할 수 있었다.

저절로 깨닫기 위해서는, 모든 희망을 버리고 자기 자신은 물론 어떠한 목적도 저버릴 수 있어야 한다. 그렇게 "차분한 상태가 되면, 많은 일이 벌어진다". 그것도 아주 쉽게.

예술의 세계에서 통하는 것은, 모두가 영원한 창조의 상태에 있는 일반의 세계에서도 똑같이 통한다. 진정한 변화를 이루고 싶다면 의지나 계획에 의존해서는 아무 소용이 없다. 스스로를 이해하는 지름길은 자기 자신을 통하는 길이 아니다. "문제를 해결하려면 외부인의 입장에서 상황을 새롭게 바라보아야 한다. 그렇게 되기 위해, 주변의 모든 것이 저절로 우리를 찾아오도록 내버려둘 필요가 있다."루스탕은 아이를 가만히 두지 못하고 계속 잔소리를 하게 된다며 자신을 찾아왔던 한 여성의 사례를 예로 든다. "나는 그 여자에게 검지 두 개를 서로 겹쳐놓은 뒤, 이 손가락들을 떨어뜨리려는 노력이나 떨어뜨리고 싶다는 생각 따위는 하지 말고 그저 저절로 떨어질 때까지 가만히 기다리라고 했다. 여자는 자기가 왜 이곳에 왔는지조차 잊어버리는 수준까지 자신을 내려놓았다. 20여 분이 지났을까, 손가락이 스르르 떨어지자 그녀는 눈물을 흘렸다."일주일 뒤 다시 방문한 이 여성은 아이와의 관계가 개선되었을 뿐 아니라 주변에 있는 다른 모든 사람과의 관계도 좋아졌다고 이야기했다. 즉, 문제에 대해 아무리 열심히 생각한들 아무 효과도 없는 것이다. 행동 하나면 충분하다. 루스탕은 이것을 '카페 종업원의 신비'라고 불렀다. 종업원이 "지나가요!"를 외치며 자신의 손에 놓인 쟁반 위의 음료들은 거들떠보지도 않은 채 앞으로 밀치고 나아가는 모습을 그려보면 된다. "중요한 것은 생각이 아니라, 삶이 우리에게 길을 알려줄 수 있게끔 그 다양한 면모를 받아들이는 일이다."

〇

삶이 스스로 정렬되도록 내버려 두고, 무질서를 신뢰하며, 혼란을 두려워하지 않는 태도. 럭비 경기에서 유래한 용어인 프렌치 플레어*French flair*('프랑스식 직감'이란 뜻)를 훌륭하게 설명하는 말이다. 인상 깊었던 럭비 경기 몇 개만 떠올려 보자. 사지에 내몰린 듯 보일 때마다 프랑스 팀은 갑자기 번쩍하고 내면에 천둥이 친 것처럼 각성하더니, 팀 전체가 꺼지지 않는 불꽃이 되어 다시 경기에 불을 붙이곤 했다. "세상의 끝에서 경기했다"라는 평과 함께 럭비 역사에 길이 남을 천재적인 집단 역습을 펼친 적도 있다. 1994년 7월 3일, 홈그라운드에서 멀리 떨어진 뉴질랜드 오클랜드로 날아가 치른 경기에서 프랑스 팀은 종료 3분 전까지 올 블랙스*All Balcks**에 20 대 16으로 뒤지고 있었다. 역전의 가능성은 전혀 없어 보였다.

22미터 라인 뒤에 서 있던 프랑스 팀 레 블뢰*Les Bleus*의 주장이자 윙 포지션인 필리프 생탕드레*Philippe Saint-André*는 공을 집어 들어 평소처럼 터치라인을 향해

* 뉴질랜드 국가대표 럭비 팀.

194

던지는 대신, 모든 논리를 거부하고 상대편 진영을 향해 뛰어들기로 결심한다. 놀랍게도 그는 상대 선수를 세 명이나 제치고 네 명 째에 붙잡혔지만, 그 선수가 아주 굼뜨게 움직이는 바람에 쓰러지지 않고 버티며 막강한 프롭 듀오인 베네제크와 칼리파노의 도움을 기다린다. 이어 생탕드레에게 공을 넘겨받은 곤살레스도 평소와는 다른 시도를 하기로 결심한다. 훌륭한 후커라면 응당 그래야 하듯 싸움에 끼어드는 대신 스크럼 하프의 역할에 합류하여 공을 살리고, 그렇게 살아난 공은 델로에게, 다시 베나치에게 넘어간다. 그러자 베나치 역시 평소답지 않은 선택을 하여, 팔을 크게 벌리는 페인트 동작으로 태클을 피해 두 명의 적을 따돌린다. "그런 플레이를 펼친 건 그때가 처음이었을 것이다. 팀원들 모두 그 순간의 열기에 휩싸여 있었고, 나 역시 분명 성공하리라는 느낌이 들었다." 공은 다시 타마크, 그리고 카반에게로 넘어간다. 열기가 점점 고조된다. 카반은 자기 뒤에 들레그가 있다는 사실을 감지하고는 아주 살짝 그에게 넘겨주면 되리라 판단한다. 군더더기 없이, 패스가 물 흐르듯 이어진다. 프랑스 팀이 모든 면에서 한발 앞서 있는 것처럼 보인다. 굉장히 고무된 상태로 대담한 경기를 펼치고 있는 데다 모든 상황이 정확히 맞아떨어지니 말이다. 들레그는 왼쪽에서 그야말로 찰나의 순간 심판을 이용해 자신에게 들어오려는 태클을 막은 뒤, 바로 옆으로 비켜서서 아코세베리에게 길을 터준다. 아직도 골라인까지 15미터를 더 가야 하지만, 들레그는 공중으로 팔을 뻗는다. 자신의 패스가 완벽하고 그 순간 모든 것이 자신의 편임을, 비록 상대 선수 셋이 앞을 가로막고 있다 해도 자신의 시도가 반드시 성공하리라는 사실을 느낀다. 이제 아코세베리는 넘겨받은 공을 가슴팍에 끌어안고 몸을 날리기만 하면 된다. 고지가 코앞이다. 하지만 아직 끝난 건 아니다. 그의 옆에 동료들이 있다. 주장 생탕드레와 함께 왼편에 있던 사두르니는 이 플레이 내내 오른편에서 들어오던 태클에도 불구하고 굳건히 공을 좇았고, 어떻게든 행동을 이어나갈 것이었다. 카반은 당시 상황을 이렇게 묘사한다. "관객들은 이미 머릿속 저편으로 사라진지 오래였고, 아무 소리도 들리지 않았다. 천국이 딱 1미터 떨어진 곳에, 누가 분필로 그려놓은 듯한 그 선 뒤에 있었다. 오프사이드나 스크럼이 선언될 수도 있는 지점이었다." 아코세베리는 혼자서 마무리해 역사에 이름을 남길 수도 있지만, 공을 사두르니에게 넘김으로써 팀워크를 발휘해 상황을 마무리한다. 27초 동안 80미터를, 열 명의 프랑스 선수들이 다 함께 돌파해 득점을 만들어낸 것이다. 누군가 프렌치 플레어가 뭐냐고 묻는다면, 바로 이것이라고 답할 수 있으리라. 프랑스 선수들은 가장 마지막 순간, 흠잡을 데 없는 재간으로 우승을 거머쥐었다. 축배의 순간이다!

이 신비한 연금술의 공식은 과연 무엇일까? 심지어 선수들도 알지 못한다. 아코세베리는 이렇게 고백한다. "경기를 할 때는 행동과 나 자신을 따로 분리할 수 없다. 모든 일이 매우 빠르게 일어나고, 나는 겨우 몇 초 동안만 그 일에 관여할 수 있을 뿐이다. 그다음부터는 고장 난 텔레비전처럼 모든 게 흐리게 보인다. 돌이켜보면 정말 놀라울 뿐이다. 모든 움직임이 미리 연습한 듯 완벽하고, 동시에 다시는 이러한 움직임을 재현할 수 없으리라는 예감이 든다." 하지만 이렇게 판을 짠 주장 생탕드레는 이것을 '문화적 결과물'로 본다.

경기가 끝을 향하는 가운데, 우리는 반대편 세상 끝에서 아득한 골라인을 바라보고 있었다. 우리의 플레이는 아주 전형적인 프랑스식이라 할 만한 것이었다. 3-4 대형에 크로스패싱, 촘촘한 대열, 깔끔한 백 패스, 직감적인 플레이…… 이 모든 것이 합쳐진 결과였다. 프랑스 럭비의 모든 전통과 문화를 보여준 이러한 시도로 우리는 앵글로색슨족을 상대로 그 찰나의 순간 아무도 예상치 못한 득점을 만들어낸 것이다. 정말이지 잊지 못할 짜릿한 경험이었다.

집단적 즉흥 연주라는 단단한 자물쇠로 봉해진 이 시도를 다시금 정확히 재현하기는 힘들겠지만, 이것을 가능하게 한 원리는 생각해볼 수 있다. 바로 선수들의 정신력과 이 경기에서 느껴진 기백이 다름 아닌 '프랑스식'이었다는 점이다.

사실 프랑스가 이런 식으로 '최후의 순간*in extremis*' 모든 논리를 뒤엎고 승리를 거머쥔 것은 처음이 아니다. 이 현상을 설명할 수 있어야 한다. 똘똘 뭉쳐 회심의 일격을 가할 수 있는 팀이 오직 프랑스뿐일까? 프랑스식 경기를 펴는 선수의 대명사이자, 전설적인 1987년 럭비 월드컵 준결승전에서 호주를 상대로 기막힌 역전극을 이끌어낸 주역인 세르주 블랑코*Serge Blanco*는 이 과장된 개념에 찬물을 끼얹는다.

'프렌치 플레어'는 정확히 무엇인가? 도저히 가망이 없다며 선수들이 다 포기할 때쯤 발휘되곤

하는 것이다. 비겁해 보일 수 있는 태도인데, 이
'프렌치 플레이'는 (……) 승산이 없다는 생각 때
문에 엉겁에 이를 뒤집어버리는 상황인 셈이다.
솔직해지자. 경기가 다 끝나갈 때쯤 발휘되는 능
력을 왜 처음부터 보여주지 못하는가?

사실이다. 만약 프렌치 플레어가 무력감에서 오
는 것이라면 이는 그저 절망 속의 몸부림으로, 자랑스러
워할 만한 것이 전혀 아니다. 하지만 프렌치 플레어는 그
런 게 아니다. 간단히 말하자면, 이성으로 경기하는 앵
글로색슨족에게 맞서 응수하는 프랑스인의 감각이랄까.
선수로 활동하다가 프랑스 팀의 코치가 된 피에르 빌프
뢰*Pierre Villepreux*는 이런 프랑스식 관습의 옹호자로 유명
하다. "체계적이고 예측 가능한 영국식 경기와 비교되는
프랑스만의 독창적인 경기 방식을 개발하던 때가 있었
다. 프렌치 플레어란 쉽게 예상하기 어려운 방법으로 한
발 앞서나가는 능력이었다. 아무나 할 수 없는, 흐름을
읽는 지혜가 필요했다." 결국 단순히 운이나 절박함의 결
과가 아니라 팀 전체가 하나의 집단으로, 선수들 개개인
이 하나의 총체로 움직인 결과이며, 이는 개별 선수들이
경기의 흐름을 읽고 실시간으로 무질서에 대응할 줄 아

는 능력을 갖추고 있기에 가능했던 셈이다.

이처럼 즉흥적으로 대응할 수 있는 능력을 '감응感應'이든 '상황적 지능'이든, 아니면 무엇으로 부르든 간에, 그 목적은 경기장 위의 재즈 앙상블처럼 파트너가 필요로 할 때 언제든 지지와 도움을 주는 것이다. 프렌치 플레어로 이어지는 '토털 럭비total rugby'의 이론가로 알려져 있는 르네 들라플라스René Deleplace는 럭비 선수였을 뿐만 아니라(선수 생활을 그만둔 뒤에도 60대까지 코치 생활을 이어갔다) 수학을 가르친 선생님이었고, 무엇보다 음악가(프렌치호른 연주자)였다. 그는 일련의 즉흥성이 서로 화음을 이루며 이어지도록 하는 영구적 움직임으로서의 럭비 개념을 지지했다. 그는 기본적으로 프렌치 플레어 창시자였다. 럭비의 딜레마는 직관적으로 경기를 이어갈 때조차 끊임없는 각성과 규칙에 대한 상세한 지식이 필요하다는 점이다. 즉흥성이 무질서 속에 질서를 부여하는 능력이긴 하지만, 그렇다고 그 자체가 불확실한 기술은 아니다. 그보다는 빠른 속도로 아주 작은 결정들을 계속 이어나가면서 실시간으로 경기의 진행 상황을 놓치지 않는 기술이라 할 수 있다. 럭비 선수들은 경기 중에 끊임없이 반추하면서, 공이 움직이는 속도대로 생각하고 결정한다.

하지만 결국 프렌치 플레어의 진정한 창시자를 들라면, 바로 데카르트일 것이다. 행동하기 위해 생각하기를 멈추는 것은 이성을 배척하는 행위가 아니라 이성에 제자리를 찾아주는 행위다. 지금까지 최면, 요가, 무념, 활쏘기 같은 것들에 대해 이야기했다. 그러나 생각과 행동 사이에 확실하게 경계선을 그어준 사람은 다름 아닌 이 합리주의의 창시자였다. 생각을 할 때 우리는 세상 누구보다 여유롭다. 일주일 동안 외부와 단절된 채 명상하고, 글을 쓰며, 꿈을 꾸기도 한다. 서두를 필요가 없다. 하지만 데카르트가《방법서설》에 서술한 두 번째 격률에서 알 수 있듯이, 삶이 어떤 식으로든 우리를 시험할 때마다 늘 여유를 가질 수 있는 것은 아니다. 아무 확신도 없이 결정부터 해야 하는 경우가 잦다. 데카르트는 원래 군인이었다. 그는 결정 하나로 목숨이 오락가락하는 상황에서 정말 중요한 것은 결정의 내용보다 결단에 실린 힘이라는 사실을 깨달았다. 그에게 이런 확신을 심어준 사건이 있다.

1621년 스물다섯 살이었던 데카르트는 군대에서 나와 세상을 구경하기 위해 여행을 떠났다. 긴 여정 끝에, 그는 호기심이 이끄는 대로 독일 북부 지역인 동東 프리지아로 가기 위해 자신과 시종 둘을 태울 만한 배를 구했다. 배에 함께 탄 '뱃사람'들은 부유하고 어리숙해 보이는 이 프랑스 남자를 흠씬 두들겨 패서 가진 것을 탈탈 털고 바닷물에 던져버릴 작당을 했다. 이국에서 온 이방인인 데다 아무도 그를 알지 못하니 행방이 묘연해도 찾을 사람이 없으리라 짐작한 것이다. 선원들은 모든 계획을 이 어리둥절해 있는 젊은이 앞에서 큰 소리로 떠들어댔다. 그가 모국어 외의 언어를 구사하리라고는 꿈에도 상상하지 못한 채 말이다. 우리의 철학자 선생님은 어떻게 대처했을까? 훌륭한 합리주의자답게 그건 옳지 못한 생각이라고 설득했을까? 자신의 목숨값으로 다른 걸 내걸었을까? 아니면 천벌을 들먹이며 종교적인 감정에 호소했을까? 아쉽지만 전부 틀렸다. 실증의 힘을 중시한 그가 이번에는 힘의 실증을 보여주기로 결심한 것이다. 결정을 내린 이상 물러날 곳도 없었다. 실패하면 그대로 목숨을 잃는 상황이었다. 만약 조금이라도 흔들리는 모습을 내보인다면 그걸로 끝이었다. 아드리앵 바예Adrien Baillet는 이렇게 서술한다.

데카르트는 때를 잘 보고 있다가 표정을 바꾸며

벌떡 일어난 뒤 용맹하게 칼을 뽑아 들고는, 프랑스어가 아닌 그들의 언어로 호령을 내렸다. 감히 자신을 모욕하려는 자는 곧장 이 칼날에 베이게 될 것이라며, 주춤하는 기색 하나 없이 위협을 가했다. 이 사건으로 그는 대담하다는 인상을 심어주는 것이 실제로 칼을 휘두르는 것만큼이나 위력적으로 보일 수 있다는 사실을 깨닫게 된다. 자신이 만들어낸 인상 하나로 상대의 영혼까지 두려움 속에 몰아넣었던 것이다. 선원들이 느낀 순간적인 공포는 충격으로 바뀌며 전세가 역전되었고, 그들은 비위를 맞추어가며 데카르트를 극진히 대우했다.

보라, 현대의 위대한 철학자 역시 행동할 줄 아는 행동가였다. 그는 사색가이기 이전에 프랑스의 용맹한 기병이었다.

chapter 8

목표하지 않고 이루기

Hit the Target Without Aiming

어떤 목표는
간접적인 방법으로만
달성될 수 있다

내 생애 첫 과외는 바네사라는 졸업반 학생을 가르친 일이었다. 바네사의 철학 시험 점수는 20점 만점에 4점이었고, 학기 말에 바칼로레아 시험을 치러야 했다. 난 그때까지 과외 경험이 없었는데, 생활비를 벌어야 하는 스물한 살 성인으로서 학생을 가르칠 사람을 모집한다는 종이에 덜컥 서명을 한 뒤 잊고 있었다. 그러던 어느 날, 자동 응답기에 누군가 메시지를 남겼다. 바네사라는 아이였다. 나는 곧 바네사의 집에 방문하기로 약속을 잡았다. 만점에서 한참 모자라는 4점이라는 성적 때문에 다소 의기소침해 보이긴 했지만 바네사는 착한 아이였고, 시험이라는 중대사를 앞두고 압박감을 많이 느끼는 듯 보였다. 나는 내가 학교에 다닐 때 꽤 편하게 시험을 치를 수 있었던 비결을 바네사에게 전수하기로 했다. "있지, 바네사, 어떤 목표는 간접적인 방법으로만 달성할 수 있어. 네가 종일 바칼로레아 시험만 생각한다고 해보자. 그러면 막상 시험 날이 되었을 때 너무 긴장해서 실력 발휘를 못 할 거야. 어떤 목적에 너무 얽매여 있으면 오히려 달성하지 못할 확률이 더 크다는 얘기야. 자, 종이를 뭉쳐서 종이공 두 개를 만들어볼래? 그중 하나를 골라서 쓰레기통에 던져 넣는 거야. 준비됐으면 던져. 숨한 번 고르고 온 신경을 집중한 뒤, 조준! 안 들어갔네.

참, 지난번 휴가는 어디로 갔었어? 재밌었니? 다음번 휴가는 어디로 가고 싶은데?"

나는 바네사의 대답을 기다렸다가 말을 이어갔다. "이제 생각하지 말고, 두 번째 공을 쓰레기통에 던져! 좋아, 이번엔 들어갔지? 바칼로레아에 합격하고 싶다면, 가장 좋은 방법은 시험에 대해 생각하지 않는 거야."

"음, 그럴 수도요. 그런데 선생님 말이 맞는다 해도 공부는 해야 하잖아요. 그러려면 최소한 정해두고 따를 목표는 있어야 하는 거 아닌가요? 안 그러면 철학 점수를 어떻게 올려요?" 바네사가 물었다.

"당연히 공부는 해야지. 하지만 합격을 위해 하는 공부가 아니라 더 잘 이해하기 위한 공부를 하는 거야. 데카르트나 플라톤은 바칼로레아를 치르지 않았잖아. 그냥 자기 자신을 위해 철학을 공부했지. 재미있기도 하고, 더 알고 싶으니까. 그래서 시험을 치지도 않았고 말이야. 그들이 밝혀낸 것은 전부 스스로 재밌어서 탐구했던 것들이야. 나는 네가 바칼로레아 시험은 잊고 그냥 철학만 생각했으면 좋겠어. 정말로 철학에 흥미를 느끼고 철학이 주는 진정한 즐거움을 깨닫는다면, 간접적으로 바칼로레아 시험 합격이라는 성과를 거둘 수 있을 거야. 시험과 관련해서는 어떤 노력도 없이, 심지어 그 시험에 대해 거의 생각도 하지 않고 말이야. 말도 안 되는 이야기처럼 들리겠지만, 종이공을 던져봤잖아. 정확히 명중하려고 하면 오히려 명중하기 힘들지. 무언가를 바라고 생각하면 오히려 그 반대 상황이 펼쳐진다는 거야. 그것을 겨냥하는 순간 빗나가면 어떡하나 걱정부터 들잖아. 걱정이 안 되면 아예 겨냥하지도 않을 텐데 말이지. 목표를 가진다는 건 이미 일정 부분 실패하거나 실패하기 시작했음을 의미해. 목표를 달성하기 위해 훈련하기보다는 목표를 세우지 않도록 훈련해야 발전할 수 있어. 다음번에 내가 알랭의 책《미네르바, 지혜에 관하여 *Minerve ou de la sagesse*》를 빌려줄게. 그중 '집중의 기술 *L'art de l'attention*'이라는 챕터에 이런 내용이 있어. 책을 쉬지 않고 읽으면서 대충 끄적거리고 요란하게 책장만 넘겨대면 정작 내용은 이해할 수 없다고 말이야. 마구 몰아치면 생각에 집중할 수 없어. 백 번을 정확히 해내려다 정작 사소한 것에 무너지는 거지. 사실 승부는 맨 처음에 결판이 날 테니 애써 노력하지 않으려는 자세가 가장 중요해.〈스타워즈 *Star Wars*〉에서 요다가 루크 스카이워커에게 뭐라고 했는지 생각해봐. '노력하지 말아라. 하면 하고, 말면 마는 거지. 노력해보는 건 없어'라고 하잖아."

　　"시험에〈스타 워즈〉대사를 인용해도 돼요?"

바네사가 놀란 눈으로 쳐다보았다. 나를 사기꾼으로 생각하는 게 분명했다.

"아니, 그런 뜻은 아니야. 알랭의 말은 인용해도 되지만. 중요한 건 이걸 기억하는 거겠지. '어떤 목적은 간접적으로만 달성될 수 있다.' 혹시 인용하고 싶을지 모르니 말하자면, 이 얘길 한 사람은 철학자 프리드리히 니체*Friedrich Nietzshe*야. 적절하게 응용해서 쓰도록 해. 철학이 탁상공론에만 머무르지 않고 언제나 시험대에 오른다는 사실을 네가 이해한다면 절반은 성공한 셈이야. 지루함, 두려움, 이해하지 못했다는 좌절을 피할 수 있을 테니까. 개념은 우리가 현실을 이해할 수 있게 하는 도구야. 더 많이 이해할수록 너는 더 행복해질 거고 말이야. 이 행복은 절대 잃어버릴 염려가 없지. 무언가를 일단 이해하면 그건 평생 가거든. 그렇게 해나가는 동안 철학 점수는 자연히 오르겠지? 트로이의 목마 같은 거라고 생각하면 돼. 다만 다른 사람들을 함정에 빠뜨리기 위한 목마가 아니라, 뭐랄까, 실패를 두려워하는 마음에서 너 자신을 해방해주는 좋은 도구지."

"제가 제대로 이해한 거라면, 바칼로레아에 대한 생각을 적게 할수록 합격할 확률이 높아진다는 거군요. 철학 시험 점수에 대해 신경을 쓰지 않을수록 좋은 점수를 받게 될 확률이 더 높고요. 좀 이상한 얘기긴 해요. 만약 어떤 목표도 가지지 않는다면, 어떻게 이룰 수 있죠?'

"펜싱에는 '수단'을 사용하는 사람과 '판단력'을 사용하는 사람이 있어. 먼저, 수단을 사용하는 사람은 목표를 정한 뒤 그 목표를 달성하기 위해 필요한 수단을 이용하지. 하지만 판단력을 활용하는 사람은 목표에 대해선 생각도 하지 않고 목표를 달성해. 첫 번째 사람이 좋은 기술을 가졌다면, 두 번째 사람은 뛰어난 직관을 가진 거야. 근본적으로 다른 접근법을 사용하는 거지. 처음부터 의도를 가지고 시작해서 이후에 어떤 움직임을 취할지 곰곰이 생각하며 움직일 수도 있지만, 생각을 비운 채 의지와 기술과 행위를 한 번에 합쳐서 몸이 이끄는 대로 움직일 수도 있어. 당연히 후자가 이기지. 생각하고 움직이는 사람보다 언제나 한발 앞서 있을 테니까 말이야. 하지만 첫 번째 접근법을 사용하던 선수도 점점 두 번째 접근법에 능숙해지면서 차츰 직관적인 경기를 펼치는 선수로 바뀔 수 있어. 훌륭한 펜싱 선수를 보면 모든 동작이 자연스러워 보이지? 실제로도 그럴 거야. 우리 일상에서도 똑같아. 자연스러워 보이려고 노력하면, 절대 그렇게 될 수 없어. 목표에 대한 의식은 우리를 방해해.

그래서 가능성 없는 사랑에 빠진 사람들이 언제나 어설 픈 거야. 자연스러워 보이려고 무진 애를 쓰니까 더 우스 워 보인달까. 목표가 너무 뚜렷해서 거기에만 매달리면 결국 다 망치는 거지."

"제가 바칼로레아 시험을 대할 때처럼요."

"맞아. 그런 걸 '시라노 신드롬'이라고 불러. 시 라노 드 베르주라크는 에드몽 로스탕*Edmond Rostand*이 쓴 희곡 속 인물이야. 영화배우 제라르 드파르디외가 이 캐 릭터를 연기했었지. 시라노는 다재다능했지만 너무 큰 코가 콤플렉스였어. 시라노가 자신의 코를 조롱한 사 람을 향해 검을 뽑아 드는 장면은 너도 알 거야. '시의 envoi(마지막 행)가 끝날 때, 그에게 닿으리라!' 시라노 는 뛰어난 기교를 지닌 사람이라 목표를 설정함과 동시 에 아주 즉흥적으로 움직였어. 상대를 찌르겠다고 공히 선언하긴 했어도, 칼싸움을 벌이는 과정은 그 상대가 속 수무책으로 당할 만큼 즉흥적이었지. 싸우면서 2행 연 구에 맞춘 즉흥시를 지었으니 더 대단하고 말이야(여기 서 'envoi'는 중의적으로 쓰여 '한 쌍'이라는 뜻과 시, 연가, 특 히 헌정사의 마지막 행이라는 의미를 담고 있다). 시라노는 싸 움에 전혀 흥미가 없는 사람처럼 싸웠고, 그래서 이길 수 있었어. 이기려는 마음조차 없어 보이는 사람이 승리한 거지. 목표에 대한 초연함은 모든 무술에서 필요한 태도야. 목표를 이루려고 마음먹으면 미미한 실패의 가능성이라도 생각하게 되기 때문에 실패를 낳을 수밖에 없거든. 어지럽다는 생각을 하는 것만으로 넘어지기 쉬워지는 것처럼 말이야. 오래도록 목표 하나만 바라보면 칼을 뽑기도 전에 혼자 나가떨어지고 말 거야. 시라노는 목표 없이도 적에게 닿잖아. *그것도* 한 번에. 노력하지 않고도 성공한 셈이지. 이렇게 노력하지 않는 태도는 어디서 비롯한 걸까? 물론 재능 때문이기도 하겠지만, 무엇보다 그의 태도에서 나온 거야. 성공 따위 관심도 없고, 두려움에 동요하지 않으며, 모든 것을 초월한 사람의 태도 말이야. '우리는 승리의 희망을 품고 싸우지 않는다네! 아니지, 아니고말고. 무용無用할 때 진정으로 아름다운 것을!' 이런 당당한 태도가 가끔은 패배자의 허세로 치부될 때도 있는데, 전혀 아니야. 시라노는 위풍당당한 기세로 삶을 정복하는 사람이었고, 무엇보다 성공에 관심이 없었잖아. 어느 장면에서는 한 손만 써서 100명도 더 되는 적들을 제압해버려. 그들 중 시라노만이 유일하게 죽음을 두려워하지 않거든. 하지만 시라노가 보이는 진정한 모순, 바로 그의 '신드롬'은, 말솜씨든 칼싸움이든 모든 면에서 뛰어난 그의 능력이 가망 없는 사랑에 가로

막혀 버린다는 것이지. 자신의 코가 너무 크다는 생각에 주체할 수 없는 부끄러움을 느끼고, 그래서 록산에게도 사랑을 전하지 못해. 모든 게 그토록 쉬운 그에게도 자신이 정말 바라는 것에 있어서는 달랐어. 어려움은 행위 그 자체가 아니라 거기에 무엇을 걸었느냐에 달렸다고 볼 수 있겠지. 결과에 연연하거나 두려워하지 않았기에 시라노는 칼싸움에도 시작詩作에도 실패하지 않았어. 정확히 말하면, 그것에 대해 생각하지 않아서 말이야. 하지만 지나치게 주의를 기울이거나, 고심하거나, 목표를 향해 나아가려고 하면 시라노마저도 실패해. 이런 시라노를 보고 교훈을 하나 얻을 수 있지. 목표를 이루고 싶다면 그 목표에 너무 매달리지 말 것.”

“알겠어요. 그러면 목표를 세우지 않는 건 어떻게 연습할 수 있죠?”

“자, 종이공을 하나 더 만들어봐. 내 설명을 이해했다면 시라노가 록산의 거절을 두려워한 이유도 알 수 있겠지. 죽음도 불사하던 그가 사랑하는 여인 앞에서는 벌벌 떨어. 만약 록산을 사랑하지 않았다면 분명 그녀를 얻을 수 있었을 텐데 말이야. 시라노 신드롬과 정확히 반대되는 개념으로 ‘발몽 신드롬Valmont syndrome’이라는 게 있어. 《위험한 관계Les Liasons dangereuses》는 읽어봤지?" 바네사가 끄덕인다. "그러면 발몽을 알겠네. 마음만 먹으면 어떤 여자라도 가질 수 있는 치명적인 바람둥이 잖아. 심지어 그가 원하지 않아도 여자들이 따라붙는데, 정확히 말하면 이건 발몽이 그 어떤 여자도 진심으로 원하지 않기 때문에 가능한 거야. 자신의 먹잇감에 철저히 무관심했기에 유혹의 대가大家가 될 수 있었던 거지. 사랑이라는 걸 모르니 쩔쩔매거나 어색해하거나 불안해하지도 않아. 요컨대, 개인적으로는 어떠한 위험도 내걸지 않기에 언제나 상황을 주도하는 거야. 그게 저항할 수 없는 매력이 되고 말이야. 발몽은 노련한 궁수처럼 이미 목표물을 잡았다고 생각했을 때만 활을 쏴. 양심이라고는 눈곱만큼도 없는 안하무인의 잔인한 큐피드랄까. 그러면 즐겁냐고? 당연하지. 사랑을 모르는 발몽은 여자들을 정복해나가는 일이 재밌기만 해. 더 정확히 말하자면, 사랑을 모르기 '때문에' 즐거운 거지. 그러던 어느 날, 그는 아름답고 순수하며 고결한 투르벨 부인을 만나. 자신과는 정반대인 사람이지. 투르벨은 음흉함과는 거리가 먼 맑은 영혼의 소유자에, 충실하고, 또 숨기는 것 없이 솔직하니까. 발몽은 순식간에 투르벨에게 매료되는데, 그건 투르벨 부인이 자신에게 어떠한 관심도 구하지 않기 때문이겠지. 투르벨의 순수함이 진실된 것이기에 발몽은 빠져들 수밖에 없어. 하지만 그가 감당해내기에는 벅찰 거야. 물론 마지막에는 원하는 대로 그녀의 사랑을 얻지만, 장미에는 가시가 있는 법이잖아. 그녀와 사랑에 빠지는 과정이 문제지. 그를 구원함과 동시에 그를 망칠 테니까. 진짜 감정을 느껴본 적도 없고, 탕아로 낙인찍힌 채 멋대로 사는 삶을 포기할 수도 없던 발몽은 그녀를 사랑하는 게 두려워서 말 그대로 죽어가. 자기 목표에 너무 몰입한 나머지 결국 시라노와 같은 최후를 맞이하지. 자, 이제 종이공을 쓰레기통에 던져볼래? 생각하거나 몰입하지 말고.”

　　“신경이 쓰이는데…… 역시 실패네요. 또 생각했거든요.”

　　“그래도 너무 실망하지 마. 무슨 말인지는 이해했잖아. 우리가 간절히 바라는 다른 것들처럼 사랑도 간접적으로만 달성될 수 있는 목표야. 오페라 〈카르멘 *Carmen*〉에서 ‘사랑은 길들지 않는 새’라고 노래하잖아. 잘해보려고 노력할 순 있지만, 그 노력에 응답을 받을지는 우리가 선택할 수 없어. 행복하게 사랑할 수 있는 유일한 방법은 어떤 것도 기대하지 않고 사랑하는 거야. 물론 무언가를 기대하는 거야 개인의 자유긴 해도, 내가 사랑을 한다는 것 자체에 만족하고 자기가 행복하면 그걸로 끝인 셈이지. 사랑은 그저 하루하루를 감사히 살다 보면 얻게 되는 결과물이야. 케이크 위의 체리처럼 덤으로 딸려 오는 존재랄까. 20세기를 풍미한 소설가인 로맹 가리*Romain Gary*는 《그로칼랭*Gros-Câlin*》이라는 작품에서 이렇게 말해. '상호적인 사랑이 존재한다는 건 알지만, 그런 호사는 바라지 않는다. 그래도 내가 사랑할 대상은 있어야 한다.' 자기도 이만큼 사랑받을 자격은 있다고 생각하면서 상대가 자신을 똑같이 사랑해주기를 기대하면 안 돼. 상대가 그렇게 하고 싶다면 모를까. 사랑받기를 갈구하는 사람만큼 매력 없는 존재는 없잖아. 여기서 모순은, 이미 알겠지만, 사랑받으려면 사랑받으려고 노력하지 말아야 한다는 거지."

"그럼 어떻게 해야 하는데요?"

"아무것도 할 필요 없어. 그냥 나라는 존재 자체에 만족하면 돼. 나무는 열매를 맺는 것만으로도 기뻐하잖아. 누가 그 열매를 먹든 말든 전혀 신경 쓰지 않고 말이야. 감사받으려고 선물을 주는 게 아니라 그냥 내가 좋으니까 주는 거지. 있는 그대로의 내 모습을 유지해야 해. 어떠한 경우에도 남을 기쁘게 하기 위해 행동하지 마. 자유롭게 행동하며 철저히 무심한 태도를 유지하는 게 더 좋은 전략이 될 거란 뜻이야. 최소한 나 자신의 모습을

217

지킬 수는 있을 테니까. 그리고 사랑이라는 게 꼭 사람을 향하지만은 않잖아. 사람을 사랑할 땐 언제나 상호성이 문제가 되니, 사람 대신 이런저런 것들, 이런저런 활동들을 사랑할 수도 있을 거야. 산책, 달리기, 수영, 독서, 요리 같은 것들을 사랑할 수 있겠지. 그림, 음악, 자연을 사랑할 수도 있을 테고. 자기가 사랑하는 일에 완전히 몰입하면, 주변의 상황이나 최종적인 목표를 인지할 수 없을 만큼 압도적인 감정에 빠지기 때문에 그 일을 잘할 수밖에 없게 돼. 신기하게도 나 자신이 다른 것에 완전히 빠져 있을 때 내 모습이 가장 빛나는 거지. 어떤 모순인지 알겠지? 아무것도 보지 않고 눈앞의 일에만 열정적으로 몰입할 만큼 무언가에 푹 빠지면, 효율이 높아질 뿐 아니라 아주 매력적으로 보이게 돼. 자기 자신이 누군지도 잊고 마치 아무도 아닌 것처럼 느껴지는 그 순간에 비로소 가장 나다워지는 거야."

"이번에도 그 얘기네요. 목표를 달성하려고 노력하지 않아야 이룰 수 있다는……."

"맞아. 사랑에 있어서는 그 효과가 특히 두드러져. '목표'는 자신이 목표물이 되었음을 아는 순간 다르게 행동하거든. 만약 목표에 지나치게 신경 쓰면, 목표가 그 사실을 알아차리고 말 거야."

"그렇다고 충분한 관심을 주지 않으면 그것대로 실패하지 않을까요?"

"장 폴 사르트르 *Jean Paul Sartre* 같은 생각이네. 사르트르는 사랑이란 근본적인 모순의 희생양이 되는 것이라고 했어. 사랑에 빠지면 상대방을 자유롭게 놔주고 그가 자신의 의지로 나를 사랑해주기를 바라지만, 동시에 나만을 사랑하기를 바란다는 거야. 상대방의 자유가 오직 나를 사랑하는 것에 한정되는 거지."

"악순환이네요."

"빠져나올 수 없어. 상대방이 너무나 큰 존재가 되어버려 온갖 상상을 하게 만들잖아. 스탕달은 사랑을 할 때 '사랑하는 사람의 모든 것을 완벽함의 징후로 바라보는 정신적 작용'을 '결정화'라고 불렀어. 다시 말해, 사랑이란 사랑하는 사람의 특성을 꾸며내어 그게 정말 그 사람의 특성이라고 믿는 상태야. 사랑이 곧 창조라는 거지."

"그게 다 환상이라는 건가요?"

"그렇기도 하고 아니기도 해. 사랑을 하면, 두 가지 차원의 '작용'이 저절로 일어나. 모두 말해지고 행해지니 자신이 할 수 있는 일은 없어. 그냥 있으면 되는 거지. 뭔가 목표로 삼을 필요도 없고. 이미 명중한 게 아니라면 노력한들 아무 소용도 없어."

"그래서 큐피드가 우리 대신 활을 메고 다니는 거군요!"

"바로 그거야! 사랑 앞에서 의지는 아무 힘이 없어. 감정은 강요할 수 있는 게 아니니까. 사랑하게 만들어보려는 건 전부 쓸모없는 짓이야. 사랑이란 이미 다 결정되어 있거든. 우정을 논할 때도 마찬가지고. 우리는 왜 누군가와 친구가 될까? 몽테뉴는 자신의 친구 라 보에티에 대해 이렇게 말해. '그였기 때문에, 그리고 나였기 때문이다. 우리는 만나기 전부터 서로를 찾고 있었다. (……) 우리의 인연은 하늘이 맺어준 것이라고, 나는 그렇게 생각한다.' 우정이나 사랑에는 어떤 노력도 필요하지 않아. 특별한 재주가 필요한 것도 아니고, 뭔가에 특출날 필요도 없지. 전류처럼 통하거나 통하지 않거나 둘 중 하나야. 물론 이건 처음 시작할 때의 얘기지. 그 이후에는 전류보다는 전력망에 가까워서, 조금씩은 손봐줄 필요가 있으니까."

"알겠어요. 근데 항상 똑같아요. 전 뭔가 이해해도 나중에 그걸 설명할 수가 없어요. 생각할 때는 쉽지만 막상 글로 쓰려고 하면 못 하겠다니까요."

"누구나 그래. 그럴 땐 누군가한테 말을 건네듯

이 하면 돼. 답안을 편지처럼 쓴다고 뭐라고 할 사람은 아무도 없어. 결국 전달이 목적이고, 누군가는 네 글을 읽을 거잖니. 연애편지를 쓴다고 생각하면 돼. 철학을 향한 구애의 편지를 써서 누군가와 나눠 읽는 거지. 그게 바로 '철학*philo-sophy*'이 뜻하는 바*이기도 하고 말이야. 철학이란 지혜를 향한 사랑이면서, 사랑하기 위한 지혜를 알려주는 학문이야. 선생님 한 명이 비칼로레아 시험지를 수백 장은 채점할 텐데, 정말 자신에게 온 편지 같은 시험지를 발견한다면 어떨까? 분명 효과가 있을 거야. 왠지 자신이 그 내용에 연관된 느낌이 들어 흥미를 가지겠지. 실제든 가상이든 일단 인물을 정해서 그 사람에게 설명하면 돼. 상대가 반박할 수 있는 내용을 설정하고 거기에 답한다는 느낌으로 대화를 만들어봐. 심지어 데카르트도 영혼의 단짝이었던 보헤미아의 엘리자베스 공주에게 편지를 쓸 때는 훨씬 쉽고 재밌게 썼거든. 철학이 그냥 허공에 떠다니는 개념일 땐 어렵지만, 누군가를 위해 설명되는 경우엔 훨씬 쉬워져. 플라톤은 《대화편*Dialogues*》에서 소크라테스를 화자로 설정해 그에게

___

* philo는 '~을 좋아하는'이라는 뜻이고, sophy는 '학문, 지식 체계'라는 뜻이다.

이견을 제시하는 이들과 끊임없이 논쟁을 이어가. 구경꾼들 앞에서 두 사람이 논쟁을 펼치면, 혼자서 추상적인 개념만 늘어놓는 것보다 훨씬 흥미진진해지지. 소크라테스와 고르기아스의 지지자들이 벌인 대화《고르기아스 *Gorgias*》는 마치 헤비급 복서들의 경기 같아. 소피스트들의 챔피언 고르기아스가 링 한편에, 철학자들의 챔피언 소크라테스가 맞은편에 있는 거지. 누군가의 대화, 예를 들면 너와 네 남동생이나 너와 나 사이에 어떤 대화가 오고 간다는 상상을 하면서 글을 쓸 수도 있을 거야. 단어 하나하나에 신경 쓰기보다 편지 받는 사람을 떠올리면 글이 자연스럽게 써지니까. 어떤 목적은 반드시……"

"간접적으로만 달성된다고요."

"잘 아네."

"하지만 어떻게 쓰는지 모르겠는걸요."

"어렸을 때 경찰과 도둑 놀이 해봤지? 의사 놀이나, 슈퍼맨 놀이, 아니면 가수 놀이는? 놀이터에서는 누구라도 될 수 있었지. 성인이 되어서도 그럴 수 있어. 혹시 운전 연수 받아본 적 있니? 네가 알고 있는 것처럼 행동하거나, 마치 이미 알았던 것처럼 행동하면 실제로 운전할 때 자신감이 생기잖아. 뭔가 처음 시도할 땐 원래 알던 것처럼 행동하는 게 도움이 돼. 자꾸 생각하려고 하면 계속할 수 없어. 그냥 흐름을 타야 해. 무조건 믿는 거지. 아까 그랬지? 하면 하고 말면 마는 거지, 노력해본다는 건 없다고."

"어떻게 노력하지 않으려고 노력할 수 있죠?"

"핵심은 네 태도야. 똑바로 앉아봐. 자신감은 자세에서 나오니까. 스스로에게 자신감을 가지면 네가 하는 일에도 자신감이 생길 거야. 자신감이 넘친다고 생각하고 행동도 그렇게 하면 결국 그 감정이 진짜가 된다고. 마음을 바꾸고 싶으면 일단 몸가짐부터 바로 하는 거야. 데카르트가 《정념론 *Traité des passions*》에서 이 현상을 설명했어. 우리가 느끼는 감정에 대해 직접적으로 할 수 있는 건 아무것도 없다고. 슬픔을 예로 들어보자. 의지 행위로 그 슬픔을 없앨 수는 없어. 이럴 때 '세상에 행복해해야 할 이유가 얼마나 많은데. 슬퍼할 시간이 없어!'라는 말보다 나쁜 조언은 없을 거야. 슬퍼할 명분이 없다면 더욱 슬퍼질 테니까. 감정의 소용돌이에 휘말리는 거지. 데카르트는 다른 방법을 제안해. 네가 기쁨을 느꼈던 순간을 떠올리고 그 기쁨을 몸으로 흉내 내는 거야. 말하자면 네 몸이 그때와 같은 상황에 놓이도록, 또는 같은 자세가 되도록 만들라는 거지. 만약 마지막으로 행복을 느꼈을 때 휘파람을 불고 있었다고 해보자. 그러면 소파가 푹 꺼질 정도로 늘어져서 우울해할 게 아니라, 일어나서 좀 돌아다니고 가만히 서서 숨을 고르기도 하면서 좋아하던 그 음을 휘파람으로 부는 게 낫지 않을까? 의지력으로 뭔가 억지로 해내려는 것보다 몸을 이용하는 편이 훨씬 현명해. 기쁨을 느끼던 상태로 몸을 돌려놓으면, 정신 또한 처음에는 몸으로 흉내만 내던 그 기쁨을 정말로 느끼게 될 거야. 의지를 이용해 접근할 땐 어려웠던 것이 몸을 이용하면 쉽게 달성될 수 있어. 다른 예를 들어보자. 바네사, 지금 너는 바칼로레아에 떨어지는 것만큼 두려운 게 없지?"

"안 두려워요."

"그냥 예를 든 거야. 그 두려움을 없애고 싶다면, 그저 원하는 것만으로는 턱도 없어! 의지나 생각은 두려움 앞에서 무력할 뿐이지. 그래서 내가 말하는 내용도 전혀 위로가 되지 않고, 넌 여전히 극도로 두려운 거지."

"아니라니까요!"

"아니, 맞아. 네 의지는 아무 힘이 없어. 그냥 마음만 먹는다고 감정을 바꿀 수 있진 않아. 요령을 터득해서 극복해야지. 마음이 아니라 몸을 이용하는 거야. 네 아이들이 바칼로레아를 치러야 할 때가 되면 뭐라고 말할 건데? 엄마는 벌벌 떠느라 가지도 못했다고?"

"그만하세요, 시험 칠 거라고요!"

"그래, 게다가 무사히 치를 거야. 왜 그런지 아니? 이제 두려운 감정은 없어졌거든. 대신 화가 나 있지. 어떤 원리인지 알겠어? 계속 두려움에 대해 생각하면 그 감정이 사라지지 않지만 다른 감정, 예를 들면 분노나 수치를 느끼면 사라질 거야. 강렬한 감정을 느끼면 이전의 감정은 지워지거든. 즉 어떤 강렬한 감정에 대해 생각하는 것으로는 그 감정을 바꾸지 못하지만, 또 다른 강렬한 감정을 느끼면 기분이 바뀐다는 말이야. 만약 두려워하던 사람을 화나게 하면, 그 사람은 두려움을 잊게 되는 거지. 이걸 너 혼자 할 수 있도록 연습해야 해. 존 매켄로*John McEnroe*라는 훌륭한 테니스 챔피언은 필요할 때마다 자기 자신을 향한 분노를 일으킬 수 있었어. 자꾸 의심이 들고 우승에서 멀어지는 듯한 느낌이 들면, 매켄로는 요가 수행자가 명상으로 마음을 다스리듯이 분노를 이용했어. 다른 감정에 흔들리지 않고 다시 집중하기 위해서 말이야. 물론 상대 선수의 감정을 동요시키려는 의도도 있었지만, 무엇보다 스스로 정신을 가다듬고 경기에만 집중하기 위한 목적이 가장 컸지. 모순적이지만 매켄로는 화가 날수록 더 침착해졌어. 마찬가지로 수치심이 어떤 사람들에겐 용기를 북돋아주기도 해. 내가 네 미래의 아이들을 들먹인 것도 그 때문이야. 이 경우 사랑은 훨씬 더 효과적이지. 야니크 노아가 팀을 이끌면서 이용하는 게 이 사랑의 감정이야. 자기 팀 선수들이 이기든 지든, 넘치는 사랑을 줘서 두려움에 맞설 수 있게 하거든. 오직 나만을 위해 행동할 때보다 사랑을 위해 행동할 때 더 잘해낼 수 있어. '넌 혼자가 아니야, 네가 지더라도 우린 널 사랑해'라는 말이 '네 앞가림은 알아서 해야지. 이긴 사람만 사랑받을 자격이 있는 거야'라는 말보다 당연히 훨씬 더 효과적이겠지. 두려움에 대해 말한 김에 하나만 더 얘기할게. 두려움은 다 네 상상에서 나오는 거야. 그러니까 네가 두려워하는 대상에 대해서는 잊어버린 채 그냥 다른 생각을 하면서 바쁘게 지내. 충분히 주의를 기울여야 할 만큼 적당히 어려운 무언가를 찾아야 해. 어떻게 해결해야 하는지 네가 이미 알고 있는 것으로 말이야. 또는 재미있는 드라마 몇 편을 연달아 보는 것도 괜찮을 거야. 내가 '재미있는'이라고 말한 건, 재미있지 않으면 계속 다른 생각이 날 수 있기 때문이야. 정말 할 게 없으면 호흡에 집중해봐. 언제나 먹히는 방법이니까. 천천히 깊게 호흡하며 네 숨을 듣고 있으면 마치 메트로놈이 된 듯 차분하고 규칙적인 맥박을 찾을 수 있을 거야. 알겠지? 두려움에 직접 맞서지 말고 간접적으로 몰아내야 해."

"목표를 생각하지 않은 채 말이죠. 알겠어요."

"기분은 좀 나아졌니?"

"효과가 있나 봐요. 이제 안 무서워요."

"화가 나 있는 거야?"

"조금요. 나 자신이 너무 바보 같아요."

"그런 말을 하다니 내가 속상해지려고 하네. 왜 그렇게 생각해?"

"그게…… 뻔히 보이잖아요. 제가 시험지에 적은 이 글들을 보세요. 게다가 선생님이 추가 과제까지 내주셨는데, 대놓고 벌이라고 하진 않으셨지만 전 그렇게 느껴지더라고요. '일이 우리를 자유롭게 하는가?'에 대해 네 페이지나 써야 했거든요."

"그 얘기를 들으니까 또 무슨 생각이 나네. 시험지 좀 보여줄래? '공부가 더 필요하고…… 훈련이 부족하며…… 표현력에 신경을 써야 한다.' 칭찬은 거의 없고 빨간색 천지네. 이건 글에 대한 논평이라기보다는 성적표에나 쓸 법한 말들이잖아. 무슨 교정지 같아. 그것도 '교정' 중독자들이나 할 법한 최악의 교정이라고. 너 '훈련discipline'이라는 단어가 어디서 유래했는지 아니? 두 가지 뜻이 있는데, 지금은 그것들이 서로 밀접하게 얽혀 쓰이지. 일단 '배우다'라는 뜻을 가진 고대 라틴어 'discere'에서 파생된 disciple은 '무언가 배우는 사람'을 의미해. 그래서 discipline에는 지식 체계라든지 학문 체계라는 의미가 담기지. 그리고 수백 년 뒤 로마가톨릭이 '교정', '처벌', '금욕적 규칙'이라는 뜻을 추가하면서 discipline은 더 이상 '배운 것'이라는 뜻이 아니라, 배움을 주기 위한 수단, 즉 어떤 것을 머릿속에 새겨 넣기 위한 수단이란 뜻으로 쓰이게 되는데, 이땐 '규칙'이나 필요에 따라 지배자 혹은 채찍이 동원되기도 하지. 그렇게 중세에 와서 결국 discipline은 태형에 쓰이는 채찍이라는 의미가 되고, 심지어는 정의 구현의 결과로 일어나는 '대량 학살'을 논할 때도 쓰이게 돼. 정의를 구현하기 위해 대학살을 저지를 수 있다는 생각 자체가 그 시대 사고방식의 많은 것을 반영하지. 또 수백 년이 흐른 뒤, 형벌은 일하지 않는 자에게 내려진다는 고대의 관점에서 벗어나 규율, 즉 도구이자 사실은 그 자체가 가르침이라는 기독교적 관점으로 전환돼. 반드시 고통을 겪으리라는 생각이 자리를 잡는 거야. 누군가 고통을 겪을 때 사람들이 '깨닫는 바가 있겠지!'라고 말하는 건 신이 우리를 벌했다고 생각하기 때문이야. 고통은 우연이 아니라 운명이고, 원죄의 결과라는 거지. 존재 자체가 죄악이기에 대가를 치러야 한다는 거야. 대안도 없고 인내심이 한계에 다다를 때 최후의 수단으로서 처벌을 내리는 게 아니라, 처벌 자체가 목적인 셈이지. 우리는 고통 속에서 태어나 고통을 느끼며 깨달음을 얻는다. 십자가를 지고 고난을 겪는 것, 오직 그 방법밖에 없다. 예수를 따르려면 그의 마지막 순간을 모방하는 것이 가장 가치 있다. 이렇게들 생각하는 거지. 학교도 이런 가정하에 조직된 단체로, 처벌은 보통 추가 과제라는 형태로 주어져. 처벌의 한 방법으로 과제를 준다는 건 일 자체를 징벌로 본다는 뜻이지. 결국 학교라는 건 간간이 방학이나 휴일을 주는 지난한 처벌의 과정인 셈이야. 실제로 많은 사람이 학교를 시련이라고 생각하잖아. 한편 'educate(교육하다)'라는 단어는 라틴어 'exducere'에서 파생되었는데, 이건 문자 그대로 '인도해서 나오다'라는 뜻을 지니고 있어. 프랑스어로 'connaître(알다)'는 '가지고 태어나다'라는 의미지('co'는 '~을 가지고'를 의미하는 라틴어 'cum'에서 왔다. 즉 우리는 무언가 배움으로써 자란다는 뜻이다). 또 프랑스어 'apprendre(배우다)'는 '외부에서 취하다'라는 뜻, 그러니까 영어의 'apprehend(이해하다)' 같은 거라고 보면 돼(라틴어 접두사 'ad'에는 '~를 향하여'라는 의미가 담겨 있다). 이 단어들을 보면 명확하게 알 수 있듯이 단어 자체에 외부를 향한다는 의미가 내재돼 있어. 'naître' 즉 탄생이란 고통이 수반되는 과정이긴 하지만 그 고통은 탄생의 목적이 아니라 내부에서 외부로 향하는 우리 여정의 필연적인 결과물이야. 갓난아기가 우는 건 생애의 몰락이 두려워서가 아니라, 아늑한 양수에 있다가 폐를 꽃망울처럼 틔우고 어둠에서 벗어나 난생처음 빛을 마주하며 살을 찌르는 듯한 공기에 피부를 노출할 때 느끼는 고통 때문이고. 그 두려움은 곧 기쁨과 행복으로 바뀌게 되지. 존재함의 기쁨으로 말이야. 라틴어 'ex-stare'는 '자기 바깥에 서 있다'라는 뜻으로, 여기서 'ex-ist(존재하다)'가 파생되었어. 우리 존재는 엄마의 자궁을 떠나 세상 밖으로 나아가는, 내부에서 외부를 향해 가는 과정을 거치잖아. 두 눈으로 무언가 보고, 몸으로 무언가 할 수 있게 되는 거지. 성장이란 원래 고통과 어려움을 유발하지만, 고통을 성장의 목적으로 보기보다는 필연적으로 발생하는 결과로 받아들여야 해. 그리스 사람들, 특히 아리스토텔레스는 성장의 목적이 잠재력을 행동으로 발현하는 것이라 생각했어. 잠재력이란 우리 안에 숨어 있는 가능성, 우리가 될 수도 있는 어떤 것을 말하지. 잠재력이 실현되어 그 효과가 밖으로 나타난 게 바로 행동이야. 씨앗이 발아해 식물이 되고 꽃을 피워 열매를 맺는 것처럼 말이야. 열매는 씨앗 안에 내재돼 있던 잠재력이자 행동하는 씨앗인 셈이지. 내부에서 외부로 통과하는 이 과정을 '압출*pressing out*'이라고 표현할 수 있을 거야. 안에 있는 무언가가 실현될 수 있도록 바깥을 향해 누르고 미는 과정이라는 의미로 말이야. 이건 자연스러운 움직임이므로 성장하기 위해 고통을 받을 필요는 없어. 더 정확히 말하자면, 고통은 성장통일 뿐 그만큼 잠재력이 늘어날 것이고, 그 잠재력이 진정한 차원에 도달하면서 비로소 자신의 존재를 마음껏 펼칠 수 있다는 거야. 이런 고통은 절대 외부에서 가해지지 않아. 네가 나무를 성장시키려고 나뭇잎이나 뿌리를 밀어내지는 않잖아. 나무 스스로 태양을 향해 잎을 뻗고, 수분을 찾아 뿌리를 내리지. 나무가 만들어내는 노력은 나무라는 존재가 '되기' 위한 노력이고, 그 일에는 아무것도 필요치 않아. 성장이라는 목적을 이루고 싶어 하는 건 바로 나무야.

　　하지만 인간 존재로서 어떤 목적을 이룬다는 건 동물적인 상태를 뒤로한다는 뜻이야. 아이는 식물처럼 자라지도 않고, 동물처럼 커지지도 않아. 세부적인 요소를 전부 똑같이 유지한 채 종의 법칙을 끝없이 반복하지. 사람이 된다는 건 '누군가'가 되는 일이야. 그리고 그러려면 네 안에 어떤 본성도 남기지 않아야 해. 네가 가지고 태어난 것, 천성이나 본능을 없애고 인간성을 정립하기 위해 애를 쓰는 거지. 이게 바로 진정한 의미의 '교육'이야. 교육의 목적은 아이가 동물이라는 존재로서 지닌 반–식물적semi-vegitative 직접성에서 빠져나올 수 있도록 인도하고 언어, 예술, 과학을 익혀 인간의 형태를 갖출 수 있도록 해주는 거야. 아이도 결국엔 일을 해야만 해. '인간 존재는 투쟁을 통해 형성된다'라고 알랭이 말했지. '인간으로서 진정한 즐거움을 쟁취하고, 마땅히 누려야 한다. 그리고 받기 전에 내주어야 한다. 그게 법칙이다'라고 말이야.

그런데 '일work'이라는 단어 역시 '훈련'이라는 단어와 같은 운명에 놓인 채 고통받아왔어. 논란이 있긴 했지만 이젠 거의 정설이 된 바에 따르면, 'travail'는 프랑스어로 '일하다'라는 뜻으로, tripalium이라는 고문 도구에서 유래한 단어야. 고문을 업으로 삼았던 사형집행수의 행위를 가리키는 말, 그러니까 사형수에게 '노역'을 시킨다는 식으로 쓰였지. 영어에서도 마찬가지야. 'work over'는 누군가를 때리거나 공격한다는 뜻이지. 일이란 네가 그 주체나 대상이 됨에 따라 고통을 주거나 받는 행위야. 하지만 이 어원에 대해 더 그럴 듯하면서도 덜 폭력적인 설명들도 있어. 'travail'에 붙은 접두사 'trans'는 '~을 통해'라는 의미로, 통과한다는 뜻을 내포해. 그러니까 'travail'는 변형, 즉 한 형태에서 다른 형태로 나아가도록 하는 것이지. 'travail'는 또 영어 단어 '여행하다*travel*'와 비슷하잖아. 경험, 움직임, 발견 같은 것과 가깝지. 새로운 것의 형성이랄까. 마치 여행처럼, 변화라는 과정을 거쳐 세계는 물론 그 세계를 통과하는 사람들까지 형성하는 거야. 이런 설명들이 맞는다면, 단어 'travail'는 고통이나 인내, 기약이라는 뜻보다 성취와 즐거움이라는 뜻에 더 부합하는 셈이야.

몇 세기에 걸쳐 교육은 본성의 발현을 기반으로 한 개념에서 처벌에 근간을 둔 개념으로 바뀌어왔어. 만약 교육이 처벌로서 인식될 때가 많다면, 그건 불행하게도 많은 선생들과 부모들이 자신들이 배웠던 대로 가르쳤기 때문일 거야. 하지만 위협으로는 누군가를 가르칠 수도, 무언가를 배울 수도 없어. 기껏해야 굽실거리는 법이나 선생님이 했던 말을 똑같이 따라 하는 법을 배우겠지. 그건 개 목줄을 차고 늑대처럼 들판을 누비기를 갈망하는 꼴이야. 처벌이 주는 두려움은 그 어떤 독창적인 생각도 피워내지 못해. 그럴 수 있다면 기적에 가까운 일이지. 교육은 사육이나 양육이 아니야. 장 자크 루소*Jean*

233

*Jacques Rousseau*는 아이가 어렸을 때부터 예절을 교육하는 건 예의 있게 말하면 원하는 것을 뚝딱 요술처럼 얻게 될 거라고 가르치는 것에 불과하다며, 진정한 선을 가르치는 데 오히려 해가 된다고까지 했어. 모순적이게도 예의범절이 꼬마 독재자들을 키우는 거지. 게다가 너무 어렸을 때부터 훈련을 하는 건 어른들에게야 만족을 줄지 몰라도 아이들에게는 악영향을 끼쳐. 처벌은 비효율적일 뿐만 아니라 역효과를 낳거든. 위협이 사람에게 자신감이나 담대함을 주지는 못하잖아. 오히려 공포와 무관심을 낳지. 공포를 심어줌으로써 존중을 가르칠 수 있다고 믿는 사람들은 존중에 대해 왜곡된 생각을 갖고 있는 거야. 그들이 존중이라고 믿는 건 사실 복종이지. 두려움을 느끼면 아무것도 배우지 못하고 그저 벌벌 떨 수밖에 없잖아. 자, 이제 그 시험지 좀 줘봐. 바네사, 이제 네가 요술을 부릴 거야. 시험지를 다 뭉쳐서 공으로 만들어볼까? 어서. 망설일 게 뭐 있어? 그걸 계속 간직하고 싶어? 그런 점수를 액자에 끼워 보관할 생각은 아니잖아."

몇 초나 지났을까, 바네사가 마침내 결심을 내린 듯 꽤나 즐거운 표정으로 종이를 구겨버린다.

"좋아. 이제 뭘 해야 되는지 알고 있겠지."

바네사는 아주 잠깐, 하지만 다른 잡념을 차단

할 만큼 충분한 여유를 가진 뒤 뭉쳐진 종이공들을 하나둘 쓰레기통 쪽으로, 아무 목적도 없이 과감히 던진다. 종이가 정확히 들어갈 때마다 축하하듯이 즐겁게 웃으며 "그렇지!"를 외치고 있는데, 똑똑, 바네사의 어머니가 문을 두드린다. 시간 가는 줄도 모르고 둘 다 수업에 빠져 있었다. 두 시간을 훌쩍 넘겨 벌써 세 시간째다. 어머니는 조금 놀라신 것 같지만, 곧 우아한 태도로 나에게 감사 인사를 건넨다. 딸이 저렇게 즐거워하니 철학과 조금 친해진 것 같다고, 결과도 좋기를 바란다고. 나도 같은 마음이다. 자리에서 일어나 어머니가 알아차리기 전에 쓰레기통에 수북이 쌓인 종이들을 얼른 치운다. 실패를 성공으로 전환하고, 겨냥하지 않은 채 적중하는 법을 가르친 증거들이다. 갑자기 어머니가 봉투 하나를 건네주시는 바람에 당황한 나는 정신없이 뒷주머니에 봉투를 쑤셔 넣는다. 그럼 안녕히 계세요. 즐거웠습니다. 또 봬요(그럴 수 있다면요!). 이제 내가 요술을 부려 사라질 차례다.

　　즐거웠던 첫 과외 경험에 들뜬 채, 나는 친구 사라와 함께 살고 있는 집으로 발걸음을 향했다. 우리의 아파트는 늘 분주한 레 알 지구에 있었다. 방금 벌어들인 따끈한 수입으로 함께 외식을 하자며 사라를 데리고 밖으로 나섰다. 어느새 밤이 깊었다. 아까 집에 올 때 지났던 몽토르게이가街를 걸으면서 괜찮은 식당이 있는지 살폈다. 그러다 자연스럽게 뒷주머니로 손이 향했는데, 주머니가 휑했다. 봉투가 감쪽같이 사라져 있었다. 이상하게 들릴지 모르지만, 무언가 가르친 대가로 돈을 받는다는 개념이 나는 정말 마음에 들지 않는다. 그래서일까, 어느 순간 설명할 수 없는 정의가 작동한 모양이었다. 마치 '프로이트의 실언'과도 같은 현상에 의해, 주머니 스스로 내가 원치 않았던 돈을 잃어버린 것이다. "잠깐만, 얼른 길을 되돌아가보자." 사라가 말했다. "됐어, 벌써 한 시간이나 지났잖아. 누가 가져갔겠지." 내가 대답했다. "게다가, 난 오후 내내 이루려 하지 않아야만 달성할 수 있는 목표도 있다고 떠들고 온 참이란 말이야. 내가 학생한테 해준 말에 조금이라도 진심을 담았다면, 그리고 돈 봉투를 찾을 일말의 희망이라도 남겨놓으려면 그걸 찾아 나서는 일만은 하지 말아야지." 그런데 그 순간, 길바닥 한복판에, 내가 절대 찾아보지 않겠다고 다짐했던 바로 그곳에, 여기저기 밟혀 더러워진 봉투가 떡하니 놓여 있었다. 정말 묘한 기분으로 봉투를 주워 들고는 안을 열어보았다. 돈도 그대로 있었다. 사라가 믿기지 않는다는 눈으로 나를 바라보았다. "장난치지 말고. 여기 있다는 거 알고 일부러 그런 거지? 말도 안 돼! 어떻게 찾은 건데?" 분명히 말하건대, 난 정말 아무것도 하지 않았다. 그럼에도 모든 논리를 깨고 기적처럼 봉투를 찾았던 순간의 감정을 잊을 수가 없다. 그 순간이야말로 지금 내가 쓰고 있는 이 책의 핵심이라 할 만한 원칙을 명백하게 증명해주었기 때문이다. 어떤 목표는 우리가 추구하지 않을 때에만 달성될 수 있다는 원칙 말이다. 내가 다음 수업 시간에 바네사에게 이 사건에 대해 이야기하자 바네사도 정말 신기해했다. 무엇보다 이게 나에게도 통한다면 바네사에게도 통할 것이었다.

몇 개월 뒤 치른 바칼로레아 철학 시험에서 바네사는 18점을 받았다. 내가 받았던 것보다도 높은 점수였다. 어떤 목표는 간접적인 방법으로만 달성될 수 있다. 수학적 명제처럼 명료하게 증명되었으니 마무리도 그렇게 하겠다. 이상으로, 나의 증명을 마친다.

chapter 9

집중의 비법

The Secret Laws of Attention

너무 열심히 보려고 하면
오히려 보지 못한다

나는 지금 바닷가에서 글을 쓰고 있다. 규칙적으로 들려오는 파도 소리에 맞추어 내 몸도 흔들린다. 설령 진짜 바닷가에 있지 않을 때도 난 글을 쓰기 위해 바다를 상상한다. 바다는 지구의 가장 위대한 비밀이다. 우리 눈앞에 아무리 광활한 바다가 펼쳐져 있다 한들, 그것에 대한 이해로 따지면 인류는 해변 근처에도 못 가본 셈이다. 이때 우리가 해야 할 일은 집중이다. 그러면 어떤 리듬이, 가장 위대한 비밀인 바다의 리듬이 들린다. 우리는 바다를 공간이라고 생각하지만 사실 바다는 시간이며, 그것도 순환하는 시간이다. 파도의 골은 빠르게, 가끔은 천천히 정점인 마루에 오르고, 마루는 다시 골이 된다. 같은 지점이 최저점과 최고점을 오르내린다. 어떤 최고점이라도 언젠가는 내려오니 겸손해야 하고, 어떤 최저점도 언젠가는 올라가니 희망을 가져야 하는 것이다. 이것은 비유이자 현실이다. 바다가 존재하는 가운데, 바다의 침묵은 무엇을 말하는 걸까? 철학가 시몬 베유*Simone Weil*는 이렇게 서술한다. "보고 만질 수 있는 모든 힘은 그것이 절대 넘을 수 없는, 보이지 않는 한계에 부딪친다. 바다의 파도도 거세지고 더 거세지다가 어느 순간에는 공허함만 남게 되고, 결국 움직임을 멈추어 원래대로 되돌아간다."

1943년 런던에서 남긴 베유의 말은 마치 예언처럼 반향을 일으킨다. 히틀러라는 파도도 계속 거세지지만 결국엔 부서진다. 이게 바로 파도의 법칙이자 역사의 법칙이다. 어떠한 힘도 무한히 커지지 않으며, 늘 한 계점, 즉 균형점에 다다른다. 하지만 바다는 단순히 역사적인 교훈만이 아니라 지각知覺에 대한 아름다운 가르침을 주기도 한다. 베유의 스승이었던 알랭은《해변의 대화 *Entretiens au bord de la mer*》에서 바다를 가리켜 "환상을 부수는 파란波瀾"이라 부른다. "바다 전체가 형식은 거짓이라는 생각을 끊임없이 드러낸다. 이 유동적 상태의 본성이 우리의 모든 생각을 거부한다." 개념을 만들어 그것을 무형의 세계에 고정하고자 노력하는 것은 바로 우리 인간이다. 바다는 생각하지 않고 그저 존재만으로 만족하며, 바다의 모든 것은 지속되지 않고 계속 변화하되 리듬을 존중한다. 파도는 부서지고 물러나는 후퇴의 과정에서 추진력을 축적하고 힘을 얻어 다시 돌아온다. 바다는 노력하는 중에도 편안함을 찾는 법을 배워야 한다고 말해준다. 노를 저을 때도 중간에 적절히 쉬어가며 저어야 하지 않는가. 정말로 행동하고 싶다면 항상 행동하지 않는 법을 알아야 한다. 휴식이 행동의 일부로서 통합돼야 한다.《미네르바, 지혜에 관하여 *Minerva, or on Wisdom*》에서 알랭은 이렇게 말한다. "언제나 힘을 주고 있는 것은 잘못된 방법이다. 훌륭한 선수는 경기 중에 긴장을 풀고 있다가 필요한 순간에만 정확하게 힘을 준다."

운동 경기를 할 때 우리는 무엇보다 몸과 근육, 그리고 다리를 써서 긴장과 이완을 반복한다. 그래야만 효과적인 동작을 이끌어낼 수 있다. 단거리 선수가 뛰는 모습을 느리게 재생해보면 얼굴이 아무 긴장 없이 편안한 상태라는 것을 알아챌 수 있을 것이다. 단거리 선수의 목표는 경기의 가장 마지막에 완전한 이완의 상태에 이르는 것이다. 이처럼 노력과 휴식을 적절하게 안배하는 교대의 방식은 파도의 움직임에서 구체화되며, 이것이 바로 자연의 제1법칙이다. 이 리듬은 우리 삶 전체를 통제하므로, 그 리듬을 알면 삶을 더 수월히 통제할 수 있다. 알랭은 "수면 시간을 줄이면 맨정신인 시간도 줄어든다. 충분히 잠을 자지 못한 사람은 말 그대로 분주함이라는 독에 취한다. 반면에 충분히 잔 사람은 깨끗하게 씻긴 상태다"라고 말한다. 휴식은 정신을 깨끗하게 씻어주며, 정신은 마치 파도처럼 자기 자신을 쇄신하게 한다. 이 휴식을 단순히 낮과 대비되는 밤의 행위로, 움직임과 대비되는 수면 행위로 생각해서는 안 된다. "아주 희미한 소리에 집중해온 사람들은 그들이 의도하지 않은 것을 발견한다. 미세하지만 끊이지 않고 어떤 소리가 간헐적으로 들려온다. 우리의 집중은 심장처럼 박동하고, 선잠에 빠지기도 하며, 물러났다가 곧 다시 제자리를 찾는다." 통념과는 달리 집중은 절대로 지속되지 않는다. 이것은 의지의 문제가 아닐뿐더러 그렇게 될 수도 없다. 오직 리듬에만 복종하여 높아졌다가 낮아질 뿐이다. 집중이란, 우리가 반드시 타는 법을 익혀야 하는 파도다.

이번 장에는 집중의 메커니즘을 이해하기 위해 필요한 내용을 모두 모았다. 알짜만 모아둔 지침서처럼 느껴진다면 내 의도를 제대로 파악한 것이니, 원할 때마다 이 장으로 돌아와 필요한 부분을 훑어보시기를. 이 장을 '집중의 비법'이라고 부르기로 한 것도 그 때문이다. 우리의 모든 행위를 구조화하는 이 법칙들은 본질적으로 감추어져 있다. 그러나 수월함이란 닿지 못할 꿈이 아니다. 우리가 이해할 수 있는 범위 안에 있다. 지금부터 올바른 방법만 잘 따르면 된다.

데카르트의 방법

방법*method*의 핵심은 삶을 쉽게 만드는 것이다. 그리스어 odos(또는 hodos)는 '길'이라는 뜻이다. 데카르트의 방법은 최대한 쉽게 '생각'하려면 어떤 길을 따라야 하는지 알려주며, 앞으로 살펴보게 되겠지만 '행위'의 길잡이로 쓰이기도 한다. 이 방법에는 네 가지 규칙이 있다. 명백함, 어려움의 분배, 정렬 그리고 열거.

1.   명백함evidence은 '보다'라는 뜻의 라틴어 video에서 유래했다. 명백함이란 우리가 마음의 눈으로 어떤 것을 바라볼 때, 즉 그것을 이해할 때 생겨난다. 명백함은 시작점이 아니라 결과이며, 그것도 집중의 결과다. 집중을 손전등 불빛처럼 길게 뿜어져 나오는 빛줄기라고 생각해보자. 이 빛줄기는 강렬하지만 가늘다. 그러므로 집중이 동시에 많은 대상을 향할 수는 없다. 집중은 한 번에 오직 하나의 대상을 향해야 한다.

2.   따라서 우리는 항상 어려움을 분배해야 한다. 한 번에 하나만 생각하는 것이다. 모든 것을 단번에 이해하려 하지 말자. 서두르지 말고 한 발씩 내디뎌서, 명백한 각각의 것을 시간을 들여 이해하는 것이다. 특히 복잡한 것일수록 필요한 만큼 아주 작은 부분으로 나누어야 한다.

3.   그렇게 나누어 이해한 뒤에는 순서대로 정렬한

다. 생각이란 우리가 잘게 나눈 부분을 순서에 맞게 정리하는 과정이다. 이 순서는 자연적으로 발생하는 것이 아니라 지성에 의해 조작된다. 논리적인 순서나 자신이 직접 만든 순서, 즉 수학적 증명 같은 순서로 나열하면 되는데, 구체적인 예로 테니스 설명서와 같은 순서를 따를 수도 있다. 가장 쉬운 일부터 시작해 어려운 일로 차근차근 나아가기 위해서는 간단한 것에서 복잡한 순서로 나열해야 한다. 그래야 일을 더 쉽게 처리할 수 있다. 복잡한 것을 작은 부분으로 나누어 새로운 순서로 정리했으면, 잊은 것이 없는지 확인하고 다음 단계로 넘어가자.

4. 이제 열거할 차례다. 각 부분에 명칭을 붙여 개요를 만든다. 그러면 파노라마처럼 모든 것이 한눈에 들어온다. 이 개요를 원하는 대로 부르되, 개념 가운데 중요한 요소가 빠지진 않았는지 확실히 해야 한다. 한곳에 집중할 때 위험한 점은 큰 그림을 제대로 보지 못한다는 점이다. 그러니 주기적으로 관점을 넓혀 모든 것이 다 포함되었는지 확인할 필요가 있다.

그렇다. 여기 소개한 데카르트의 네 가지 규칙 모두, 우리의 집중이 제한적이고 많은 것을 한 번에 받아들이지 못하며 빠르게 이해할 수도 없다는 관찰에 근거한다. 여기에 한 가지 덧붙이자면, 집중은 오래 지속되지 않는다는 점이다. 그러므로 집중과 집중 사이에 적절히 휴식을 취해 완전하게 안정된 상태를 유지하고, 자기 자신을 충분히 관찰함으로써 스스로 방해받지 않고 얼마나 오랫동안 집중할 수 있는지 알아내야 한다. 몽테뉴의 경우 10분이었다. 집중한다는 것은 무언가 노력하려고 하거나 긴장을 느끼지 않는 상태를 의미한다. 절대로 강요해서는 안 된다. 몽테뉴는 "처음 한 번에 알지 못했던 것은 알아내려고 노력할수록 오히려 더 모호해진다"라고 말했다. 그러니 애쓰는 대신 마음을 편하게 먹고, 평정심을 되찾은 뒤 다시 시도해봐야 한다. 이 시간은 몇 초가 될 수도 있고, 몇 분, 또는 며칠이 걸릴 수도 있다. 각자의 리듬에 따라 다르다.

복잡성을 결코 단번에 해결하려 들지 않는 것이 중요하다. 모든 것을 이해하려 하거나 곧바로 깨달음을 얻으려는 생각을 버리자. 문제를 해결하기 위해서는 처음에는 너무나 거대하게만 보이는 것을 해체하여 최대한 작은 부분으로 나누어야 한다. 이처럼 어려움을 잘게 나누어 난이도에 따라 정렬하면, "천천히, 점진적으로 진보하게 된다". 마치 계단을 오르는 일처럼 말이다. 데카르트가 말하듯, 사고의 대상이 무엇이든 "닿을 수 없을 만큼 멀거나 발견할 수 없을 만큼 깊이 숨겨진 것은 없다". 그러니 한 번에 한 걸음씩만 내디디며 증거의 행렬을 차분하게 통과하자. 곡예사가 줄 위를 걸어가는 것처럼 말이다. 곡예사는 균형을 잡은 다음에야 다음 걸음을 옮긴다. 이렇게 하면 가능한 한 멀리까지 나아갈 수 있을 것이다.

　　어려움을 작은 부분으로 나누어 집중하는 방법은 행위에서도 똑같이 통한다. 알랭은 "모든 행동을 한 번에 해내려 하지 말고, 커다란 언덕을 한달음에 넘으려고 해서도 안 되며, 내가 가야 할 길이 얼마나 남았는지부터 생각해서도 안 된다"라고 말했다. 나폴레옹 또한 데카르트적인 방법을 따라 전장에서 모든 곳을 동시에 공격하지 않도록 했다. 움직임을 제한해 거기에 집중을 쏟는 편이 유리하다. 한곳에 행동을 최대치로 집중하면 분산되어 있을 때보다 훨씬 효과적일 것이다. 어려움을 잘게 나누라는 말은 노력을 배분하라는 뜻이 아니라, 노력을 한곳으로 모았다가 이어 다음 곳으로 옮겨 가라는 의미다. 나폴레옹은 구식 전략, 즉 모든 곳을 동시에 공격하는 '병행 교전'을 버리고 정해진 곳에 모든 전력을 집중시켜 공격하는 기동 전략을 택했다. 기준 없이 공격을 이어나가는 대신 관절에 못을 박듯이 거점만을 노렸다. 침술도 이 같은 원리로 행해진다. 몇몇 정확한 부위에 필요한 침을 신중하게 놓는 것이 온몸을 침으로 뒤덮는 것보다 훨씬 더 효과적이지 않는가. 그러나 이땐 정확한 침 자리를 아는 기술이 필요하므로 동시에 상황 전체를 바라볼 수 있어야 한다. 나폴레옹은 이렇게 말한다. "유럽에는 훌륭한 장군들이 많지만, 이들은 지나치게 많은 것을 보려고 한다. 하지만 나는 큰 그림을 보고 공격을 감행해 주변이 저절로 무너지게 한다." 만약 우리가 올바른 순서로 복잡성을 타파하면 다른 작은 어려움들은 저절로 사라질 것이다. 순서를 어떻게 정하느냐에 따라 조직적인 공격을 이끌어낼 수 있는지가 좌우된다. "대군을 거느린 자가 승리하는 것이 아니라, 잘 조직된 훌륭한 군대를 거느린 자가 승리한다." 이건 난이도의 문제가 아니다. 일을 더 용이하게 만드는 순서를 세우는 일이다. 순서를 세웠으면 그 순서대로 공략하면 된다.

플라톤과 닭 손질법

플라톤은 변증법, 또는 명확한 사고를 하는 기술

을 닭을 손질하는 일에 비교했다. 닭을 손질할 때는 뼈가 있다고 무작정 자를 게 아니라 가장 부드럽게 들어가는 관절 부분에 칼집을 낸다. 명확한 사고란 이미 분명한 것을 나누는 일로서, 이땐 사물에 집중하여 서로 연결되어 있는 해부학적 구조를 거스르지 않도록 해야 한다. 거칠게 자르지 말고 조심스럽게 칼집을 내며 관절 부분을 찾는다. 사고의 칼날이 다른 건 벨 수 없어도 개념들 사이를 파고들 수는 있다. 문제를 이해하는 것은 닭의 구조를 이해하는 것과 다르지 않다. 채식주의자라면 이 비유가 마음에 들지 않을 테니 과일이나 채소에 적용해보자. 과일 껍질을 벗길 때도 과육에 상처를 내지 않는 기술이 있다. 손톱부터 닿도록 손가락을 과육과 껍질 사이에 밀어 넣어 과즙이 튀지 않게 오렌지 껍질을 벗긴다거나, 바나나라면 과육이 뭉개지지 않게, 또 복숭아라면 씨앗에 흠집이 생기지 않게 자르는 것이다. 아무래도 과일 덕분에 비유가 조금 부드러워진 것 같다. 사실 과일이나 채소에는 뼈가 없으니 마음대로 잘라도 되지 않냐고 물을 수도 있다. 그러나 과일이나 채소의 경우 저항이 상대적으로 미미하므로 더 주의를 기울일 필요가 있고, 적절한 때와 숙성이라는 개념까지 개입하기 때문에 조금 다른 차원에서 생각해야 한다. 아보카도는 과육이 씨앗에 붙어 있는 방식에 따라 숙성 정도를 가늠할 수 있지만, 한 번 갈랐다가 익지 않았다고 다시 붙여놓을 수는 없는 노릇이다. 게다가 껍질이 딱딱해서 복숭아나 살구처럼 자르기 전에 과육이 얼마나 단단한지 만져보고 판단하기도 힘들다. 멜론의 경우에는 꼭지가 떨어지려고 하는지를 확인하면 된다. 사실 어떤 경우든 칼을 쓰기보다는 손으로 만져보고 눈으로 관찰하는 편이 훨씬 디 안전한 방법이다. 손으로 만져 저항감을 통해 어디가 설익은 부분인지 확인하고 익을 때까지 기다릴 줄 알아야 한다. 익으면 분명히 알 수 있다. 여기서 사고와 행위의 원칙이 도출된다. 관절 부분을 찾아 그곳에 노력을 집중하면, 사실상 노력을 들일 필요도 없다. 집중한다는 것은 마구잡이로 공략하는 것이 아니라 만만한 부분을 찾아 슬며시 끼워 넣는 것이다.

오르페우스 신드롬, 노력 반전의 법칙

왜 오르페우스는 에우리디케를 돌아보았을까? 답은 간단하다. 그렇게 하는 것이 금지되었으니까. 아내의 두 번째 죽음은 오르페우스의 탓이 아니라, 심사가 뒤틀린 지하 세계의 지배자 하데스가 아주 간단한 방법으로 오르페우스를 함정에 빠뜨렸기 때문이다. 금지된 행위에 생각이 머물도록 유도한 것이다. 하데스가 뿌린 악의 씨앗은 유혹으로 꽃을 피웠다. 만약 오르페우스가 아내를 돌아보면 안 된다는 생각을 하지 않았다면 돌아보는 일도 없었을 것이다. 유혹에 맞서고 있다고 생각할 때 우리는 이미 유혹에 굴복하는 모습을 떠올린다. 생각을 거스르고자 하면 오히려 그 생각이 선명해지기 때문이다. 우리는 이것을 '오르페우스 신드롬', 또는 '노력 반전의 법칙'이라 부를 수 있다.

그리스도교 철학자 장 귀통*Jean Guitton*은《지적 노력*Le travail intellectuel*》에서 이렇게 서술한다. "외부의 장애물에 쏟은 노력이 어느 순간 내부에 더 커다란 장애물을 만들어내고, 우리가 저항하려 하면 할수록, 말을 더듬는 이들에게 나타나는 현상처럼 그 장애물은 더 거대해질 뿐이다." 금지된 이미지를 떠올리지 않으려고 저항할 때도 같은 상황에 처한다.

특정한 이미지를 머릿속에서 몰아내려고 노력하면 오히려 그 이미지가 강화될 가능성이 커진다. 몸은 긍정과 부정의 신호를 구분하지 못한다. '난 두렵지 않아, 곧 지나가 버릴 이런 동요 따위 두려워하고 싶지 않아'라고 되뇌는 것이 저항하고자 하는 이미지를 오히려 선명하게 만든다는 뜻이다. 두려움에 사로잡힌 순간 떨지 않기 위해 애쓰면 그 떨림은 더 선명해진다. 유혹에 굴복하지 않기 위해 긴장하면 그 유혹에 빨리 넘어갈 확률이 더 높아진다. 심리학자 에밀 쿠에*Émile Coué*는 (내가 보기엔 지나치게 기하학적인 언어로 표현한 것 같긴 하지만) 상상과 의지 사이에 긴장이 형성될 때 상상은 의지의 제곱만큼 커지게 된다고 말했다. 노력의 방향과 오히려 반대로 작용하는 '노력 반전의 법칙'은 우리 정신세계에서 가장 심오한 법칙이다. 나는 사람들이 이 법칙을 논하지도 배우지도 않았다는 사실이 놀라울 뿐이다. 내가 기하학이나 승마 같은 간단한 것을 배우려 할때마다 실패한 이유는, 나를 가르친 선생이 훌륭한 기술과 진정으로 선한 의도로 무장했다 하더라도 이 반전 법칙만은 모르고 있었기 때문이다. 말을 타려고 안장에 오를 때마다, 나는 어려운 수학적 정의를 마주한 양 뻣뻣하게 굳어 있다가 결국 굴러떨어지거나 어둠 속에 처박히곤 했다. 노력을 할 때는 반드시 안정된 상태에 이르러야 한다. 진정한 집중력은 노력하지 않으려는 노력에서 나온다. 오랫동안 긴장을 늦추지 않는 사람에겐 이 노력 반전의 법칙이 반드시 치명적으로 작용하므로 주의해야 한다. 시도하지 않으려는 마음가짐은 우리의 의지가 우리를 방해하거나 긴장하게 할 여지를 주지 않는다. 대신 자연의 피조물을 모방하고 그저 흘러가는 대로 행동하게 함으로써, 몽테뉴의 말처럼 "의지를 잘 다룰 수 있게" 만든다. 즉 적절한 순간을 자각한 경우가 아니면 절대로 무언가를 억지로 해내려 해서는 안 되며, 의지도 생명력을 가진 존재처럼 지치기도 하고 집중력을 잃기도 한다는 사실을 기억해야 한다. 생각은 방임된 상태에 놓이기도 하는데, 이처럼 몰입 없는 반각성 상태에서 꿈을 꿀 때는 기억과 창작, 그리고 글쓰기 활동이 수월해진다.

시몬 베유, 음성적인 노력으로서의 집중

베유는 철학자 알랭의 제자였다. 알랭은 베유에게 바뤼흐 스피노자Baruch Spinoza를 이해할 수 있는 능력이 있다고 했는데, 이 칭찬이 굉장한 이유는 그에게서 그런 이야기를 들은 것이 단 두 사람뿐이었기 때문이다.

하나는 베유, 그리고 다른 하나는…… 다름 아닌 요한 볼프강 폰 괴테*Johann Wolfgang von Goethe*였다. 스피노자는 "아름다운 것은 희귀하고도 어렵다"라는 말과 함께 지식의 유형을 세 가지로 구분했다. 첫 번째 유형은 우리가 증명할 수 없는 사실을 단순히 나열한 것으로, 오직 전해 들은 바(예를 들어 내가 태어날 날짜 같은 것) 또는 즉흥적으로 상상한 판단(밤하늘의 달은 저렇게 가까이 보이니 분명히 수백 미터밖에 떨어져 있지 않을 거라는 추측)에 의한 지식이다. 두 번째 유형은 이성적인 증명이라는 까다롭고도 우회적인 경로를 통해 진리를 도출해내는 지식으로, 수학이나 철학이 그 예라 할 수 있다. 마지막 유형은 두 번째 유형과 같은 내용을 다루되 좀더 직접적인 접근 방식을 취해 직관적이면서도 쉽게 다가갈 수 있는 지식으로, 스피노자가 암시한 바와 같이 이러한 지식은 삶에서 "직관적 인식이 가능한 만큼" 영원성을 경험하게 해준다. 험난한 이성의 길 끝에는 '신의 사랑'이 빛나고 있으며, 이는 자신의 노력이나 다른 사람 또는 자연의 도움 없이도 알 수 있는 직관적 이해라는 것이다.

그렇다면 어떻게 그런 경지에 오를 수 있을까? 끝없이 정진하고, 모든 증거를 철저하게 검토해야 한다. 이것은 아름답고, 그렇기에 "희귀하고 어렵다". 그러나 이상하게도(그래서 더 주목해야 하지만), 거짓됨에 맞서는 진리의 싸움에서는 스스로에 대항하여 어떠한 긴장이나 노력을 할 필요가 없다. 정신은 단순히 자신의 본성에만 복종하면 되는데, 이는 거짓된 존재를 배제하기 위해 참인 존재를 간접적으로 떠올리는 방식으로, 마치 빛이 암흑을 몰아내듯이 어떠한 저항이나 투쟁도 없이 거짓을 부순다. 정신의 완벽한 본성은 앎이다. 더 많이 알수록 기쁨도 커진다. 그러므로 나는 생각할 때 나 자신에 저항하며 노력하는 대신 그저 나 자신이라는 존재를 고수한다. 기존에 존재하던 나보다 더 나 자신에 가까워지려고 한다. 이때는 내가 노력을 '한다'기보다는 나 자신이 노력이 '되는'데, 이것이 바로 스피노자가 말한 '자존성 *conatus*'(라틴어로 '노력하다', '추구하다'라는 뜻의 conari에서 유래한 단어)이다. 이는 나에게 가장 자연스러운 행위이므로 어떠한 노력도 필요하지 않다. 달리 말하면, 알기 위해 인위적으로 노력하는 사람은 절대 알 수 없다는 뜻이다. 그것이 앎의 원칙이다.

앎이란 강요될 수 없다. 우리는 기껏해야 앎을 준비할 수 있을 뿐이다. 무언가 알게 될 때는 어떠한 긴장도 느껴지지 않는다. 빛이 비추는 것과 비슷하다.

이제 베유가 나설 차례다.《신을 기다리며*Attente*

de Dieu》라는 저서의 제목은 확실히 그리스도교적인 냄새를 풍기지만, 베유는 영적인 차원만큼이나 유효한 인지적 차원에서의 정신적 진리로 독자들의 주의를 환기한다. 집중이란 우리가 생각하는 것과 다르다. 나는 이 책의 내용을 아주 풍부하게 인용할 생각이다. 이 책이 워낙 비할 데 없이 완벽하고 간결한 데다, 베유가 마지막에 언급하듯이 이 안의 진리는 신자信者들에게만 한정된 것이 아니기 때문이다.

> 굉장히 자주, 집중을 일종의 물리적 노력의 형태로 착각하는 경우가 있다. 학생들에게 "이제 집중하자"라고 하면, 다들 숨을 참고 인상을 쓰그린 채 목을 빳빳이 세우는 모습을 볼 수 있다. 하지만 그로부터 2분 뒤 무슨 이야기에 집중하고 있었는지 물어보면 대답을 못 하고 우물쭈물한다. 사실 그들은 어떤 것에도 집중하지 못했다. 그저 몸에 힘만 주고 있었을 뿐이다. 공부할 때 이렇게 근육만 긴장하는 경우가 얼마나 많은지 모른다. 마지막엔 피로를 느끼기 때문에 마치 제대로 임한 느낌이 든다. 착각이다. **피로는 노력과 어떠한 연관도 없다.** 공부를 한 때 이런 식으로 근

육을 긴장시키는 것은, 설령 아주 집중이 잘됐다 한들 아무 쓸모도 없다.

(……) 지성이란 오직 욕망에 의해 달성된다. 욕망을 느끼려면 기쁨과 즐거움이 따라야 한다. 지성은 즐거움 속에서 자라나 열매를 맺는다. 공부할 때 배움의 즐거움을 느끼는 것은 달리기 선수가 호흡하는 것만큼이나 중요하다.

집중이란 노력 중에서도 최고 수준의 노력이지만, 아마도 음성적인 노력*negative effort*일 것이다. 노력 자체는 피로를 일으키지 않는다. 잘 훈련된 사람이 아닌 이상 피로가 느껴질 땐 집중이 거의 불가능하고, 따라서 그냥 피로에 굴복하고 조금 쉬었다가 다시 시작하는 편이 낫다. 숨을 들이쉬고 내뱉듯 스스로를 풀어주었다가 다시 집중하는 과정이 필요한 것이다.

'집중하고 있음'이라고 눈썹으로 말하며 본인의 임무를 다했다고 느끼는 것보다, 20분간 어떠한 피로감도 느끼지 않으면서 고도로 집중하는 편이 훨씬 더 의미 있다.

(……)

(집중이 잘 안된다면) 백이면 백 능동적으로 무언

가 추구했기 때문, 즉 집중하는 상태를 만들고
자 노력했기 때문이다. 가장 소중한 것은 찾아
나서기보다는 기다려야 얻을 수 있다. 진리를 직
접 구하지 않고 '욕망에 따라' 진리를 기다리는
방법은 너무도 확실하다. 기하학적인 문제 앞에
서 해답을 찾는 대신 작은 부분부터 집중하는
것, 그리스어와 라틴어 문장을 보며 의미를 찾는
대신 단어에 집중하는 것, 글을 쓸 때 펜이 저절
로 멋진 문장을 쓸 때까지 기다리는 것.

(……) 이러한 진리를 깨닫고 결실을 보고자 욕망
할 만큼 충분히 여유로운 학생이라면, 종교적인
신념과 상관없이 공부가 곧 풍부하고도 영적으
로 충만한 경험이 될 것이다.

이처럼 어떠한 대가나 에너지도 요구하지 않고
피로를 누적하지 않는다는 점에서, 집중이란 음陰의 성
질을 지닌 노력이다. 집중할 때 피로를 느낀다면 불필요
하게 긴장한 탓인데, 이는 상황이 흘러가도록 두지 않고,
의도하진 않았어도 본인이 무언가 노력하고 있기 때문이
다. 집중이란 피로가 뒤따를 수 없는 순수한 응시다. 알
랭은 이렇게 말한다. "전쟁을 겪기 전에 나는 문제 하나

에 매몰되어 오로지 그 생각만 하느라 아무 진전도 이루지 못하는 때가 많았다. 이것은 올바로 보기 위해 계속해서 바라보는 것과 같은 실수다. 이렇게 고집스러운 응시로 진리를 탐구하는 사람이 드물지 않지만, 그들처럼 너무 열심히 보고 있으면 오히려 보지 못하는 법이다." 집중은 잘 훈련된 운동선수처럼 여유롭고 안정적으로 이루어져야 하며, 그러기 위한 첫째 조건은 바로 '휴식'이다. 집중이란 호흡이나 바다가 지닌 원초적 리듬을 따른다. 그러므로 학습은 그 자체로 어떤 의미가 있는 것이 아니며, (알랭 최고의 제자가 보증하듯) 성적 또한 무의미하다. 기하학과 시가 지닌 주요한 가치는 그것을 통해 일종의 집중력 훈련을 할 수 있다는 데 있다. 집중력이 왜 중요할까? 진정으로 집중하는 능력을 지닌 사람은 언젠가 다른 사람들에게 집중하는 위치에 오르게 되기 때문이다. 그러면 다른 이들을 보지 '않을' 수 없게 될 것이다. 제대로 보는 것만으로 자신의 능력을 입증하는 셈이다. 베유가 말하는 '영적 진리'는 신을 믿는 자에게만이 아니라 모든 사람에게 통한다.

사르트르와 함께 카페에서

장 폴 사르트르 역시 철학자 알랭의 제자였다.

사르트르는 알랭에 대해 말을 아꼈지만, 집중하기 위해 노력을 들여서는 안 된다는 점에서는 알랭이나 베유와 의견을 같이했다. 그는 가장 유명한 저서 《존재와 무*L'Être et le néant*》 가운데 '자기기만*Mauvaise foi*'이라는 장에서 이렇게 설명한다. "집중하려고 의식적으로 신경을 쓰는 학생은, 선생님에게서 한시도 눈을 떼지 않은 채 귀를 활짝 열어놓고 집중하는 학생의 역할을 자처하며 스스로를 지치게 만들다가 결국 아무것도 이해하지 못한다." 노력을 통해 집중할 수 있다고 생각하면 너무 피곤해진다. 선생님을 기쁘게 하려고 집중하는 모습을 꾸며내다가 오히려 앎에서 멀어지기도 한다. 여기서 다시 노력 반전의 법칙이 등장한다. 목표를 향해 나아가려 하면 할수록 목표에서 더 멀어지게 된다는 뜻이다.

사르트르는 이 글을 적당한 소음이 있는 카페 드 플로르에서 썼다. 그는 배움이나 지적 활동에는 카페의 상대적인 번잡함이 교실의 평화와 고요보다 유리하다고 단언한다. 카페에 가면 처음에는 집중도 안 되고 정신이 산만하게 느껴진다. 하지만 사르트르는 그곳에서 어떻게든 일에 집중했고, 또 그렇게 다른 이들이 떠드는 번잡한 상황에서만 일할 수 있는 사람이 있는 것도 사실이다. 언제나 고요함이 필요한 것은 아니다. 집중력이 흐트러지면 오히려 노련한 낚시꾼처럼 흘긋 던진 시선의 끝에서 진리를 건져 올릴 수 있다. 그런 종류의 부주의함이 머리를 싸매고 달려들었을 때 풀리지 않던 문제를 해결해주기도 한다. 결국 집중을 흩뜨리는 사건들이 사실은 일을 더 수월하게 만들 수 있다는 얘기다. 그런 상황 속에서는 당장 눈앞의 행동에 집중하는 게 아니라, 그냥 무언가 하고 있다는 사실에 만족을 느끼기 때문이다.

게다가 추진력이 생기기도 한다. 혼잡한 환경에서는 무언가를 시작하는 것 자체에 어려움을 느끼므로 자신이 취할 수 있는 유일한 방법은 그냥 계속해나가는 것이라는 사실을 받아들이게 된다. 일할 때 음악을 즐겨 듣는 사람이 있다. 나도 그중 하나다. 음악은 언제나 우리의 손을 잡고 자신의 세계로 끌어당겨 그 선율에 취하게 만든다. 음악을 들으며 달리는 습관도 탄탄한 지지층을 확보하고 있다. 음악을 들으면서 달리면 노력해야 한다는 사실을 잊고 더 잘, 더 멀리, 그리고 더 쉽게 달릴 수 있기 때문이다. 음악으로 주의를 분산시키면 생각 때문에 발이 꼬이는 일 없이 내 몸을 자연스럽게 움직일 수 있다.

책 초반부에 우리가 새까맣게 태웠던 프라이팬을 다시 살펴보자. 프라이팬을 닦는 데 두 가지 방법이 있다는 사실은 어쨌든 분명하다. 그래서 긁어낼 것인가, 그냥 둘 것인가. 긁어내기를 택한 사람은 힘을 많이 들여야 하지만, 그냥 물에 담가두고 시간이 해결하기를 택한 사람은 요령 있게 닦아낼 수 있다. 첫 번째는 노력에, 두 번째는 용이성에 근거를 둔 방법이다. 노력은 시간을 아껴주지만 많은 에너지를 요구한다(게다가 프라이팬이 망가질 위험도 적지 않다). 두 번째 방법은 비교적 손쉽지만 시간이 좀 필요한 듯 보인다. 하지만 사실은 이 방법이 오히려 시간을 절약해주는데, 프라이팬을 담가두었다가 마지막에 헹구면 훨씬 빠르게, 힘도 거의 들이지 않고 닦아낼 수 있기 때문이다. 할 일도 줄고, 더 잘해낼 수 있다. 행동을 미루고 일이 스스로 해결되도록 두는 것이 좋은 전략이다. 모든 면에서 결과가 더 낫다. 게으름에 굴복하는 게 아니라 더 쉽고 효과적인 접근법을 찾는 데 재능을 발휘해 인내하기를 선택한 셈이다. 이처럼 두 번째 방법은 합리적인 데다 경제적이기까지 하다. 아주 간결하고, 한결 우아하다. 설거지에 우아함을 논하다니 유난스럽고 난데없어 보일 수 있지만 경제성과 합리성이라는 개념은 우아함과 연관되는 법이다. 패션이나 과학, 일상 어디에서든 가장 우아한 방식은 늘 가장 경제적이지 않은가. 이런 점에서 보면 데카르트와 코코 샤넬*Coco Chanel*은 서로 통한다. 검은색 미니 드레스도 수학적 증명처럼 절제와 간결함을 추구한다. 과하고 필요 없는 장식을 걷어내는 것. 그것이 바로 아름다움이다. 하지만 주의할 점이 있으니, 때로는 가만히 기다리는 대신 문제에 곧장 뛰어드는 것이 가장 효과적인 경우도 있다는 사실이다. 다시 설거지를 예로 들면, 오리고기를 담았던 접시는 기름에 찌들기 전에 얼른 씻어버리는 편이 낫다. 그렇다면 기다릴 때와 아닐 때를 어떻게 구분하고, 미루는 게 현명함의 소산인지 그저 게으름의 산물인지 어떻게 알 수 있을까? 객관적인 기준을 찾을 필요는 없다. 결국 답은 늘 본인이 알고 있다.

견과류 깨기

알렉산더 그로텐디크*Alexander Grothendieck*는 1966년 수학계의 노벨상이라 부르는 필즈상을 수상한 수학자로, 진정한 천재이자 독창적인 직관의 소유자이며 수학 분야에 수많은 업적을 남겨 명성을 떨쳤다. 그랬던 그도 이 방법을 사용했다. 수학에 타버린 프라이팬 같은 건 없지만 그게 아니라도 사람들을 골탕 먹이는 문제들은 차고 넘치기 마련인데, 그중에는 몇 세기 동안 해결되지 못해 수 세대가 매달려 박박 벗겨보고자 하는 문제도 있다. 그로텐디크는 탐구되지 않은 분량이 아직까지도 수천 페이지에 달하는 아주 기념비적인 작품을 남겼을 뿐 아니라 대수기하학에 혁명을 일으켜 해당 분야를 연구할 수 있도록 포문을 열어주기도 했는데, 그러던 어느 날 돌연 수학계에 완전히 등을 돌리고 프랑스 아리에주의 조그만 마을에 숨어들어 명상에 전념했다. 그로텐디크가 공간 문제에 기여한 공헌은, 전문가들에 의하면 아인슈타인에 비견할 만큼 대단하다고 한다. 이 두 위인은 공간을 만유의 중심에 두었다. 여기서 그로텐디크의 수학적 업적을 언급하는 것은 내 역량을 벗어난 일이기에 손대지 않겠으나, 어떻게 그 까다로운 문제들을 해결해냈는지 그의 방법만은 살펴보고자 한다. 수학적 노력에 더하여 그로텐디크는 아직 출간되지 않은 채 인터넷에 떠도는 엄청난 자서전《추수와 파종*Récoltes et semailles*》을 남겼는데, 여기서 그는 자신이 문제를 다루는 두 가지 주요한 방법을 설명한다.

예를 들어 아직 가설에 불과한 수학적 정리를

증명하는 과제가 주어졌다고 생각해보자(어떤 사람들은 수학 자체가 전부 가설이라고 주장하지만). 이 과제를 해결하는 방법에는 상반되는 두 가지가 있다. 어려운 문제를 껍데기는 딱딱하고 속은 부드러운 하나의 커다란 견과류라고 상상하고 안에 감추어진 영양 가득한 내용물을 먹기 위해 망치와 끌을 사용하는 것이 첫 번째 방법이다. 원리는 간단하다. 끌의 날카로운 모서리를 껍데기에 대고 힘껏 내려치면 된다. 껍데기가 깨지지 않으면 깨질 때까지 다른 부분에도 계속 반복한다. 그러면서 행복을 느낀다. 특히 껍데기 표면이 거칠고 울퉁불퉁한 부분이 많을 경우 우리는 이런 접근법에 끌린다. 만일 껍데기가 그리 거칠지 않다면, 아주 신중하게 열매 이곳저곳을 살피며 공략할 지점을 찾아내야 한다. 가장 난감한 것은 표면이 완벽하고 균일하게 고르며 단단한 경우다. 그러면 얼마나 세게 내려치든 끌의 모서리가 표면을 긁으며 미끄러지기만 하니 결국 시도를 멈추고 나가떨어질 수밖에 없다. 물론 이렇다 해도 근력과 지구력으로 성공하는 경우가 이따금은 있다.

그로텐디크는 우아함이 부족한 데다 근력을 요구하는 이 첫 번째 방법을 그리 선호하지 않는다.

견과류를 깬다는 상상은 그대로 유지한 채 두 번째 방법을 설명해보겠다. 지금 내 머릿속에 가장 먼저 떠오르는 해법은, 그냥 맑은 물이라도 괜찮으니 연화제 역할을 할 액체를 준비해 견과류를 그 속에 담가두는 것이다. 껍데기가 잘 벗겨지도록 가끔 문질러주며 시간을 두고 가만히 지켜보면 된다. 몇 주에서 몇 달이 지나는 동안 껍데기는 점점 연해지고, 마침내 때가 되면 딱 알맞게 익은 아보카도를 가를 때처럼 아귀힘만으로 껍데기를 쩍 가를 수 있다! 또 비슷하면서도 다른 방법은, 비가 오나 눈이 오나 견과류가 익을 때까지 가만히 두는 것이다. 그러다 때가 되면 이런 껍데기쯤은 우습다는 듯 어린 싹이 피어나 껍데기를 가볍게 뚫고 나온다. 싹이 피어오를 수 있도록 껍데기가 알아서 깨지는 것이다. 몇 주 전이라면 상상도 못 했을 모습이다. 내가 해결하고자 하는 문제들도 처음에는 절대 뚫을 수 없는 광활한 대지나 단단한 바위처럼 보인다.

267

곡괭이나 지렛대, 착암기까지 동원해야 할 것 같다. 이것이 끌을(필요하면 망치도) 사용해 견과류를 부수는 첫 번째 접근법의 관점이다. 반면 두 번째 접근법은 바다의 원리를 이용하는 것이다. 바다는 아주 조용하고 차분하게 앞으로 나아가는데, 어떤 균형도 깨지지 않고 심지어 아무것도 움직이지 않는 것처럼 느껴진다. 뭍에서 아주 멀리 떨어져 있는 듯 소리도 희미하다. (……) 하지만 결국 이 잔잔한 물결에 둘러싸인 저항성의 물질들은 서서히 반도가 되고, 섬이 되고, 그것이 더 작은 섬이 되었다가, 마지막에는 바닷물에 용해된 듯 완전히 가라앉아 우리가 아는 망망대해가 완성된다. (……) 이것이 '바다' 접근법으로 침강, 흡수, 용해의 단계를 거치지만 아주 세심하게 주의를 기울이지 않는 이상 우리는 어떤 일이 일어났는지 알아채기 어렵다. 매 순간 각각의 사건은 명백하면서도 너무나 자연스러워, 우리는 다른 사람처럼 끌을 들고 뚝딱거리기는커녕 그것을 가만히 두고 기록할 생각조차 하지 않는다. 스스로 무언가 창조해낸 양 행동하는 건 이 모든 자연스러움에 대한 결례라고 생각하기 때문이다.

꽤 긴 내용이지만, 장면 간 연결성이 주는 메시지가 일관되므로 한 번쯤 살펴볼 만하다. 그는 두 가지 접근법을 제시한다. 첫 번째는 망치와 끌 접근법, 두 번째는 바다 접근법이다. 망치와 끌 접근법에서 보자면 문제를 정면으로 돌파하여 무슨 일이 있어도 그것을 깨부수어야 한다. 반면 인내와 우아함을 바탕으로 한 바다 접근법은, 우리의 시야를 넓히고 시간적 여유를 갖도록 해 문제가 자연스럽고 쉽게 알아서 해결되도록 한다. 자연을 바꾼 것은 노고가 아니라 그 문제를 힘들이지 않고 풀었던 접근법이다. 인내심이 부족한 사람들은 아주 전면적인 접근법을 쓰겠지만, 이러한 방법은 본질적으로 우아함이 부족하므로 직관만큼이나 미학을 중시했던 수학자의 입장에서는 결코 만족스럽지 않았을 것이다.

장애물 뛰어넘기

이처럼 문제를 해결하는 것은 미학적인 문제이기도 하다. 악보를 앞에 둔 음악가를 생각해보자. 곡을 연주할 땐 선택의 여지 없이 악보에 쓰인 음표 하나하나 틀림없이 연주하고 주어진 지시어에 따라야 한다. 그러다 막힐 때는 어떻게 할까? 피아니스트 알프레드 코르토*Alfred Cortot*의 해설집에는 연주하기 까다로운 부분은 악보의 전체 흐름에서 떼어내 따로 연습하라는 제안이 나오는데, 엘렌 그리모는 이에 완강히 반대한다.

마치 잔잔한 못에 바위를 던지는 일과 같이, 이는 존재하지도 않던 어려움을 크게 만들기에 딱 좋은 방법이다. 실제로 기술적인 어려움을 겪을 때 그 어려움을 극복하도록 도와주는 것은 음악적인 맥락, 즉 코르토가 깨뜨리려 하는 바로 그 맥락이다. 경마에 참가한 말이 가장 어려운 장애물 앞에서만 뛰려고 한다면 경주 시작부터 천천히 동력을 축적할 수도, 남은 거리를 생각하며 추진력을 얻을 수도 없을 것이다.

그로텐디크의 바다에 이어 이번엔 그리모의 장애물 경주마다. 두 경우 모두 문제를 직접적으로 파고들거나 독립적으로 해결하기를 고집하지 않는다. 대신 더 큰 그림에 문제를 끼워 넣고 그 안에서 제자리를 찾게 함으로써, 그것을 직접 응시하지 않은 채 그저 자신이 나아감에 따라 문제가 사라지도록 유도한다. 필요 이상으로 의미를 부여하지도, 과하게 의식하며 경주하지도 않는 것이다. 무엇보다 강제하지 않는다. 글렌 굴드*Glenn*

*Gould*는 비할 데 없이 훌륭한 기교를 지닌 피아니스트였는데, 아주 어려운 곡을 연주하기 전에는 라디오나 텔레비전 소리를 최대로 키워 자신의 연주 소리가 들리지 않게 만들었다. 그러면 장애물은 곧바로 사라진다. 주변 소음에 주의력을 빼앗긴 나머지, 연주에 방해가 될 정도로 두렵던 그 어려움에는 신경조차 쓸 수 없게 되는 것이다. 소음은 연주에만 집중하던 마음을 다소 흩뜨려놓는 동시에, 어떠한 실수도 들리지 않도록 함으로써 굴드에게 자유를 부여했다.

무서워하되 두려워하지 말라

곡예사 필리프 프티는 장애물을 극복하는 기술에 대해 이렇게 설명한다. "날이 갈수록 어떤 동작 하나가 조금씩 문제를 일으키다가 결국 아예 시도할 수조차 없는 지경에 이르게 되면, 그 동작을 대체할 동작을 생각해내야 한다. 그러지 않으면 걷잡을 수 없는 공포에 무너지고 만다." 어떠한 압박도 없이 밑져야 본전인 상황. 프티는 난관을 어떻게 헤쳐나가야 하는지도 알고 대비책도 가지고 있다. 그렇다고 이것이 패배를 기꺼이 받아들이겠다는 의미는 아니다. 프티는 "매번 더 무섭고 조마조마한 심정으로 그 동작을 연습한다. 이 위업이 유지되기를,

내가 정복감을 느낄 수 있기를 원한다"라고 말하며 포기하지 않는다. 그러나 만약 그 동작이 문제가 된다면 그는 "줄에서 내려올 것이다. 조금의 두려움도 없이 말이다". 프티가 "더 무서운 심정으로"라는 말과 "조금의 두려움도 없이"라는 말을 동시에 사용했다는 게 언뜻 이상해 보일지도 모르겠다. 훈련 중에 동작을 망쳐버릴까 무서워하는 것은 사실 공연 당일에 동작을 망칠지도 모른다는 두려움과는 아무 상관이 없다. 어느 동작을 무서워하면 오히려 그것에 대해서만 생각하게 되기 때문에 결국 두려움은 극복된다. 무서움과 두려움이 같은 의미처럼 여겨질 수도 있지만, 사실 무서움을 느끼는 것은 극도로 집중한 상태라고 할 수 있다. 결국 집중이란 우리가 "조심해!"라고 외칠 때처럼 무서움이라는 감정을 내포하는 동시에 우리의 사고를 멈추는 두려움과는 구분되어, 잘 집중한 상태로 위험을 제거하고 해결책을 찾게 해준다.

늘 분주한 상태로

"난 줄 위에서 두려움을 느껴본 적이 없다. 그러기엔 너무 바쁘다."프티의 말이다. 행동하면 두려움이 사라진다. 줄에 한번 오르려면 해야 할 것이 너무 많아 두려움을 느낄 시간 따윈 없다는 것이다. 문제는 그 전이

272

다. 상상과 수동성이 위기감을 키우기 때문이다. 생각할 시간이 무한정 주어지면 사람들은 언제나 최악의 상태를 상상하곤 한다. 프티의 해결책은 공연의 모든 세부 사항을 직접 관리하는 것에서 시작한다. 필요한 물품을 준비하고 나르는 것, 장소를 골라 전선을 설치하는 것, 그 밖의 다른 모든 일도 태풍이 몰아치듯 해치워버린다. 그의 공연은 대체로 법에 저촉되지만, '일'이 성공하려면 그런 추가적인 걸림돌은 필수다. 체포되거나 줄에 오르기도 전에 발각될지 모른다는 가능성은 프티에게 감히 두려워하거나 자신이 하려는 일에 대해 생각할 여유를 허락하지 않는다. 불법성은 스스로 조절할 수 있는 세부 사항이 아니다. 다만 실제 줄타기의 상황을 떠올리지 않도록 도와줄 뿐이다. 프티가 드러내놓고 말하지는 않지만, 이것이 바로 오히려 문제 상황을 즐길 수 있는 이유일 것이다. 눈앞에 닥친 문제가 급한데 떨어질 걱정을 할 틈이 있겠는가. 문제를 필요에 따라 차근차근 해결하면 된다. 그냥 따르는 것, 이만큼 쉬운 일도 없다.

모든 문제에는 고유의 해결책이 있다

문제가 생기면 해결책이 아니라 문제 자체에 집중하자. 문제를 살아 있는 존재처럼 애정을 가지고 다루어 스스로 입을 열도록 하는 것이다. 자꾸 외면하거나 어떻게 해서든 벗어나려는 생각을 접고 오히려 문제에 마음을 붙이기로 작정하면, 해결책은 따라오기 마련이다. 나아가 문제 속에서 진정한 즐거움을 얻을 수도 있다. 문제가 해결되는 것만큼 즐거운 일도 없지 않은가. 상상력과 지성, 직관을 발휘할 좋은 기회이기도 하다. 문제란 그쪽에서 먼저 손을 뻗어 다가오는 존재이기 때문에, 제대로만 마주한다면 어떤 것이든 그 고유한 해결책을 알아볼 수 있다. 해결책은 아주 쉽게, 심지어 저절로 떠오른다. 만약 여러 해결책이 주어질 경우엔 가장 쉬운 것 하나를 고르면 된다. 전부 똑같이 쉽다면? 가장 우아한 것 하나를 고르자. 프티에게 우아함이란 가장 적게 움직이는 것이다. 건물 밖에 3층 높이의 사다리를 세워야 한다고 상상해보자. 사다리를 끌어줄 밧줄이 있다. 가장 흔한 방법은 사다리를 더 안전하게 묶기 위해 매듭을 아주 많이 만드는 것이지만, 프티는 매듭 하나 만들지 않고 사다리를 고정하는 방법을 선보인다. 밧줄을 고리 모양으로 만들어 사다리 맨 윗부분에 슬쩍 끼우고 이 고리에 밧줄 끝을 통과시키면 끝이다. 그런 뒤 끌어 올리면, 밧줄의 힘으로 사다리가 들릴 뿐만 아니라 그 자체의 무게에 힘입어 안정적으로 균형을 잡는다. 프티는 사다리의 모양 때문에 생긴 문제를 해결하기 위해 바로 그 모양을 이용했다. 문제에 저항하는 대신 문제를 있는 그대로 활용한 것이다. 장애물을 지렛대로 쓸 수 있다는 것, 그게 바로 프티의 비법이다. 사다리의 무게가 걸림돌이 될 듯한 상황에서도 그는 그 무게를 다림추처럼 이용해 안정감 있게 사다리를 지탱한다. 모든 경우에서 문제가 되었던 점을 해결책으로 역이용하는 셈이다. 무게가 25킬로그램이나 나가는 거대한 장대에 의지해 줄 위를 걸을 때도 마찬가지다. 초보자에게는 아마 방해물이 될 법한 그 무거운 장대를 이용해 그는 줄 위에 자신을 고정할 뿐 아니라, 좀더 아래쪽으로 무게를 실어 안정적으로 균형을 잡는다. 가끔은 예상치 못한 어려움이 역시 예상치 못한 해결책이 되기도 한다. 트윈 타워 꼭대기에서 공연을 선보일 최적의 장소를 물색하던 중, 프티는 발을 꽤 심하게 다쳤다. 목발에 의지할 수밖에 없게 된 그는 온갖 저주를 퍼부으며 건물 입구로 되돌아갔다. 이런 꼴이면 눈에 너무 쉽게 띄고 장소 물색에도 어려움을 겪을 터였다. 하지만 생각지도 못한 일이 벌어졌다. 몸이 불편한 그를 본 경비원이 오히려 문을 열어주고 부축까지 해주며 더 편하게 들어갈 수 있게끔 도와준 것이다. 의도치 않게도 문제 상황이 교묘한 술수로 탈바꿈한 셈이다. 변장의 귀재 프티조차도 이런 상황은 예상하지 못했으나, 기회가 온 순간을 놓치지 않았다.

처음을 믿어라

흔히들 준비와 연습을 같은 것으로 생각한다. 하지만 연습이 과하면 진부해진다. 모든 위험을 걷어내더라도, 의욕이 떨어지거나 집중력이 흐트러질 위험은 언제든 존재한다. 처음을 믿어야 한다. 그리모는 이렇게 말한다. "나는 개막 공연 전에 리허설 따위는 하고 싶지 않다. 왜 완벽하지 않은 상황에서 첫 키스를 해야 하는가? 공연장은 아직 어수선하고 음향도 열악한데 피아노 연주까지 그냥 해보라니. 내가 처음 리허설을 거절했을 때, 모두 미친 짓이라고 펄쩍 뛰었다. 나는 끝까지 결정을 고수했지만 그 이후 이어진 팽팽한 긴장감에 혀를 내두를 수밖에 없었다." 긴장감은 세계적인 피아니스트 마르타 아르헤리치*Martha Argerich*가 그리모에게 이런 말을 건네고 나서야 좀 누그러졌다. "공연에 앞서 리허설을 해야 한다는 것 자체가 웃기는 발상이에요. 오랜 시간 준비하고 연습하면서 상상해왔던 연주를 선보이는 건, 바로 처음 그 순간이어야 하잖아요." 알랭 또한 반드시 첫 시도에 성공해야 한다는 말로 이러한 생각에 힘을 싣는다. 집중이란 정말 필요한 순간에 꺼내 들어야 하는 무기 아닌가. 그리모는 이렇게 덧붙인다. "처음이란 마법 같은 일이 일어나는 순간이다. 당신이 꿈꿔온 순간, 아직 어떤 것의 방해도 받지 않은 상태다. 첫 번째 연주가 시작되면 찰나처럼 지나는 고귀한 은총의 순간에 젖어든다. 두 번째에도 다시 그 순간으로 돌아가 연주를 시작하려 하지만, 그때는 이미 머릿속이 연주를 망쳐버릴지도 모른다는 불안감으로 가득하다."

올바른 동작 찾기

몸으로든 생각으로든 무언가를 고집하는 것은 언제나 역효과를 낳는다. 힘을 들일수록 실패할 확률이 높아진다. 더 최악은 그것이 자기 자신을 해할 수도 있다는 점이다. 야니크 노아는 "기술을 내면화하는 데는 당연히 노력이 따르지만, 가장 똑똑한 방법을 선택해 필요 이상으로 힘든 부분은 피하는 것이 중요하다"라는 사실을 늘 가슴에 새기고 있었다. 동작을 기계적으로 반복한다고 그 동작을 완벽하게 익힐 수 있는 건 아니다. 오히려 스스로를 지치게 하고 자기 자신에 대한 의심을 키울 수 있다.

같은 동작을 끊임없이 반복한다면 일반적인 상황에서는 그 동작을 꽤 성공적으로 재현해낼지 몰라도, 극한의 상황에 몰렸을 때 같은 수준을 유지할 수 있다는 보장이 없다. 천천히, 이성적으로 분석해서 동작을 이해하고, 자신의 무의식에 완전히 각인시켜야 한다. 동작에 대한 설명을 듣고, 시도해본 뒤, 필요하다면 다시 설명을 듣고, 다시 시도해본다. 그러다 완전히 이해했다는 확신이 들면 그걸로 끝이다. 반복은 시간 낭비일 뿐이다. 배워야 할 건 차고 넘친다!

한번 이해했으면 계속해보려고 고집할 필요가 전혀 없다. 기타를 튜닝하는 일과 비슷하달까. 일단 음정을 잡으면 손을 떼야 한다. 계속 만지면 바르게 조율된 것도 망가진다. 1만 시간의 법칙이 떠오르는 순간이다. 훈련을 할 때 순수하게 양적으로만 접근하면 특정한 목표를 두고 의식적으로 노력하는 '몰입 훈련' 과정을 포함한다고 해도 소용이 없다. 노아는 선수의 머릿속에 '매듭'이 묶이면 끝이라며, 아무에게도 도움을 받지 못한 채 그저 훈련 동작만 반복하게 된다고 말한다. "결국 그 선수는 어떤 소득도 없이 경기장 위에서 하루 다섯 시간씩 흘려보낸다. 그러다 경기에서 지면 '이해가 안 되네, 난 최선을 다했고 훈련도 열심히 했는데, 일이 잘 안 풀렸어'라고 투덜거리는 것이다."

이런 매듭을 풀려면, 일단 안정을 찾아야 한다. 괜히 고집을 부리거나 매듭에 집착하면 안 된다. 편안한 자세를 찾아 올바르게 호흡하는 것부터 시작하자. 안정은 식섭석으로 얻어지는 게 아니다. 긴장을 풀라는 소리를 들으면 오히려 긴장이 되는, 노력 반전의 법칙이라는 덫에 걸린다. 대신 자신의 호흡에 주의를 기울이자. 이번에도 간접적으로 목적을 달성하는 것이다. 천천히, 그리고 깊게, 호흡만 잘하면 된다. 안정은 저절로 찾아온다.

올바른 동작을 배우려면 그것을 이해하고, 상상하고, 시각화하는 것에서 시작해야 한다. 영화 〈불의 전차 Chariots of Fire〉에서 코치 샘 무사비니는 육상 선수 해럴드 에이브러햄스가 서두르기만 하면 속도가 날 거라 착각하고 있다고 지적한다. "보폭을 크게 하지 마!" 무사비니는 100미터 달리기에서 이기려면 두 걸음만 더 앞서도 충분하니 보폭을 줄여보라고 한다. 자꾸 멀리만 디디려고 노력하지 말고 도약과 자연스러움, 그리고 안정감에 집중해야 한다는 것이다. 달리기는 운동이기 이전에 상상력을 필요로 하는 정신력 싸움이다. 노아는 "시각화가 가능해지면 심층 훈련을 할 때처럼 더 다양한 관점에서 살펴볼 수 있으며, 몇 시간 동안 반복 훈련을 한 것만큼이나 효과를 볼 수 있다"라고 설명한다. 그렇다면 침대 위에서도 기술을 연마할 수 있는 셈이다. 아름다운 장소를 상상하는 것부터 시작해보자. 호흡 속도를 조절하며 자신의 몸을 통제한다. 자신이 익히고자 하는 동작을 완전히 분해한다. 그런 뒤 동작을 완벽하게 선보이는 자신의 모습을 상상한다. 동작은 뇌에 저절로 각인되고, 원하는 대로 수정할 수도 있다.

시각화의 목적은 간단하다. 동작에 다가서는 것. 나는 1996년 프랑스 오픈에서 피트 샘프라스*Pete Sampras*가 흡사 마라톤 같은 경기를 치러내던 모습을 생생하게 기억한다. 샘프라스는 너무도 편안한 모습으로 경기의 '일부'가 되었다. 누구도 넘볼 수 없는 침착함으로 서브를 넣고, 모든 스트로크를 지배했으며, 그 '자신'이 서브이자 공격이 되었다. 아니, 그는 테니스 '자체'였다. 두 눈으로 보면서도 믿을 수 없을 지경이었다. 그 정도로 안정된 모습을 유지하는 사람은 처음 보았다. 하지만 샘프라스의 체력도 한계에 다다르고

있었기에 한 경기 한 경기가 그에게는 곧 생존의
문제였을 것이다. 그 모습을 지켜보자니, 오직 샘
프라스만이 시각화해낼 수 있는 테니스를 선보
이고 있다는 느낌이었다.

시각화는 신체와 상상력의 결합물이다. 상상을
잘하는 사람이 행동도 잘 구현한다. 동작을 완전히 숙달
하기 위해서는 물리적으로 반복할 게 아니라, 상상과 행
동을 수월하게 번갈아 할 수 있어야 한다. "한번 동작을
익힌 다음에는 몇만 번을 반복한들 큰 의미가 없다. 익
힌 것은 계속 거기에 있다. 극한 상황이 닥친다고 어디론
가 날아가 버리는 게 아니다." 아마 이것이 가장 놀라운
부분 아닐까 싶다. 이런 식으로 익힌 동작은 이미 깊이
각인되어 있기 때문에 스트레스를 받는 상황에서도 필
요하면 언제든 꺼내 들 수 있다. 이 방법이 지닌 장점은
무수히 많다. 심지어 부상을 당했을 때도 행동을 이어나
갈 수 있으며, 다른 어떤 상황에서든 마찬가지다. 말 그
대로 늘 준비된 상태다. 사무라이의 윤리를 담은 책《하
가쿠레葉隠》에서도 모든 결투의 상황을 상상하여 실제
로 닥칠지 모르는 그 순간을 대비해야 한다며 같은 방법
을 언급한다. 음악가들 역시 이러한 방법을 쓴다. 그리모

는 삶의 어느 순간 실제 악기를 이용해 연주하는 것보다 머릿속에서 음악을 연주하는 일이 더 많았다고 고백한다. "생각을 거듭하여 장면들을 연관 짓고, 머릿속에 투영하여 시각적인 형태를 구축하며 색을 입혔다. 그런 다음 내가 그 안으로 들어섰다." 시각화를 거친 뒤에 행위가 곧장 이어지지 않아도 상관없다. 시각화를 했으면, 서서히 스며들게끔 놔두면 된다. 노아는 훈련을 하며 순간에 몰입하기가 힘들다면 무엇보다 억지로 하려고 해서는 안 된다고 조언한다. "풀밭을 걸으면서 안정을 되찾고 목표에 집중하는 편이 몇 시간 연습을 이어가는 것보다 훨씬 더 유용할 때도 있다."

루소와의 산책

산책이란 복잡한 생각을 벗어나 내 마음을 풀어놓는 기술이다. 진정한 걷기는 걷기 자체가 목적이 되어야 한다. 그래야 훨씬 건강하게 즐길 수 있다. 루소는 산책을 하거나 정처 없이 떠돌 때, 보트 위에 누워 있을 때, 그리고 하늘을 바라볼 때 어떻게 순수한 기쁨의 순간을 그토록 오래 만끽할 수 있는지 이야기한다. 루소의 고독한 명상은 어떠한 신념도 거부하는 행위에서 비롯하며, 진정성이 담긴 만큼 그 자체로 행복하고 유익하다.

몽상이나 사색, 걷기 모두 보기와는 달리 절대 시간을 죽이는 행위가 아니다. 생각은 우리가 좇는다고 해서 얻을 수 있는 게 아니라, 우리가 생각을 향해 열려 있어야 비로소 가질 수 있는 것이다. 마음속 걱정과 긴장을 덜어내면 자연스럽게 깨달음이 찾아온다.

휴식의 기술

마지막으로, 집중하기 위해 가장 중요하고 또 필수적인 조건인 휴식에 대해 이야기하고자 한다. 앙드레 브르통*André Breton*은 시인 생폴루*Saint-Pol-Roux*의 일화를 예로 든다. "생폴루는 낮잠을 잘 때 방문에 이런 표지를 걸어두었다고 한다. '시상詩想 작업 중.'" 초현실주의자들은 일상의 이분법적 논리를 벗어던지고 영감을 찾기 위해 잠과 꿈에 의존했다. 최근에는 수면이 뇌 활동을 촉진하고, 더 정확히는 잠을 자는 동안 추상적인 정보와 새로운 물리적 움직임 모두를 흡수한다는 연구 결과도 나왔다. 운동이나 예술 활동, 피아노, 테니스, 심지어 외국어까지 잠을 자는 동안 익힐 수 있다는 것이다. 밤은 조언의 시간일 뿐 아니라, 새로운 세계로 향하는 문이다.

하지만 자는 동안 배움의 열매를 따 먹으려면 잠에 깊숙이 빠져들어야 한다. 알랭은 불면증을 다룬 장에서 휴식을 위한 자세를 이렇게 설명한다. "더 이상 넘어갈 수 없겠다 싶을 정도로 몸을 완전히 젖힌다. 먼저 중력에 자리를 내주어 중력이 더는 작용할 수조차 없게 만드는 것이다. 액체처럼 흘러내리면 된다." 떨어지는 느낌이 들면 잠을 깨기 마련이다. 그러니 애초에 몸이 넘어가지 않도록 최선을 다해 늘어뜨려야 한다. 그러지 않으면 아주 작은 움직임에도 몸이 반응하여 잠에서 깨고 말 것이다.

액체처럼 흘러내리려면 생각의 형성을 포기해야 한다. 바다를 떠올려 보자. 바다는 형태란 허상에 불과하다는 사실을 일깨우며 모든 생각을 거부한다. 진정으로 잠들 줄 아는 사람은 가장 먼저 자신의 생각을 잠재워 생각이 형성되지 못하게 막는다. 호흡에 집중하는 것도 좋은 방법이다. 필요하다면 상상의 도움을 받을 수도 있다. 특히 물의 세계를 상상하는 것이 좋다. 아름다운 작품《물과 꿈L'Eau et les rêves》의 저자 가스통 바슐라르는 생제르맹 대로의 모베르 광장 근처에 살았는데, 그곳은 아주 번잡했다. 시끄러운 소음에 밤잠을 설치던 어느 날, 그는 그 소리가 파도 소리라고 상상했다고 한다. 그렇게 마음이 편안해지는 소리를 달콤한 자장가 삼아 잠을 청하자 정말로 아주 손쉽게 숙면 상태에 접어들 수 있었다.

chapter 10

꿈의 힘

The Power of Dreams

진정한 노동자라면
누구든 몽상가다

요리 연구가 알랭 파사르*Alain Passard*는 오랜 세월 고기를 구워왔다. 미슐랭에서 별 세 개로 만점을 받은 그의 식당 라르페주는 로댕 박물관과 황금빛 앵발리드 코앞에 자리해 있는데, 파사르의 요리를 맛보려고 세계 각지에서 모여든 사람들로 언제나 문전성시를 이룬다. 파사르는 누구보다 고기를 잘 알며, 특히 어떻게 요리해야 맛이 좋은지 꿰고 있는 사람이다. 그는 훌륭한 요리사였던 할머니에게서 '불의 기술'을 배웠다. 할머니는 늘 불에 촉각을 곤두세우며 불의 소리를 놓치지 않는 방법을 가르쳐주었다. "트레이 아래쪽의 고기 기름이 지글거릴 때쯤 할머니의 오븐에서 들려오던 '휘익' 하는 소리가 아직도 생생하다." 불의 노래를 들을 수 있으려면 완벽한 음정의 소유자여야 한다. 요리는 고유한 비밀을 오랫동안 지켜온 예술이다. "그을린 표면은 그 자체로 온전한 작품이다. 장작불을 쓰면 요리에 아주 선명하게 불의 흔적이 남고, 그렇게 요리한 음식에는 훈연의 향이 그대로 배어 있다. 이와 달리 음식을 냄비에 담아 구워내면 표면이 먹음직스러운 갈색빛을 띤다. 그게 차이점이다." 요리사가 아니라 도예가나 연금술사가 하는 이야기 같다. 가스통 바슐라르는 《불의 정신분석*La Psychanalyse du feu*》이라는 저서에서 이와 비슷한 추억을 떠올린다.

할머니가 뺨을 부풀려 금속관에 숨을 훅 불어 넣으면 죽어가던 불길이 다시 살아나곤 했다. 음식은 모두 한데 몰아넣고 구웠다. 돼지 먹이로 줄 감자든 가족들이 먹을 질 좋은 감자든 구분하지 않았다. 남은 재 속에는 내가 먹을 신선한 계란을 넣어 익혔다. 시간을 재는 타이머도 없었다. 껍데기에 물 한 방울(보통은 침이었지만)을 떨어뜨려서 바로 증발하면 다 익었다는 뜻이었다. 최근에 드니 파팽*Denis Papin*이 냄비에 요리를 할 때 할머니와 같은 방법을 사용했다는 이야기를 읽고 정말 놀랐다.

요리사든 물리학자든 불에서 배우는 교훈은 언제나 똑같다. 불에 엄청난 주의를 기울여야 한다는 것. 그렇게 세심한 주의를 기울이면 후하게 보상받는다. 바슐라르의 이야기를 계속 들어보자.

내가 얌전히 굴면 할머니는 와플 굽는 틀을 꺼내 오셨다. 활활 타오르는 땔감 위에 격자무늬 틀을 올려 꾹 닫고 기다리면 틀이 글라디올러스만큼이나 빨갛게 달궈진다. 마침내 내 앞치마에 와플이 던져졌을 땐 손으로 만지기보다 입술로 가져가는 편이 차라리 덜 뜨겁다. 김이 모락모락 나는 와플을 이 사이에 넣고 씹으면, 그 냄새와 타닥거리는 소리 때문에 황금빛 불덩이를 삼키는 느낌이다. 이런 식으로 불은 매 순간 자신의 자비를 증명하며, 디저트처럼 사치스럽고도 만족스러운 기쁨을 우리에게 선사한다. 불은 케이크를 익힐 뿐만 아니라 겉을 더 바삭하게 만들고 황금빛으로 치장한다. 인류의 축제에 형식과 본질 모두를 부여하는 셈이다. 아주 오래전으로 거슬러 올라가 보아도 인간은 언제나 영양보다 미식을 중시했고, 우리 영혼을 이끌어낸 것 또한 고통이 아닌 기쁨이었다. 인간은 필요가 아닌 욕망에 의해 움직이는 피조물이다.

파사르도 분명 이러한 생각에 동의할 것이다. 그역시 오직 기쁜 상태에서만 요리에 몰입할 수 있었기 때문이다. 열네 살 때부터 요리를 꿈으로서 마주해온 터였다. 하지만 그런 파사르가 고기에 대한 모든 흥미를 잃고, 심지어 고기를 무의미하며 역겨운 것으로 느끼게 된 순간이 있었다. 텔레비전만 틀면 나왔던 광우병 이야기 때문일까? 아니면 갑자기 죽은 동물에 연민이 생긴 것일까? 그것도 아니면, 피에 대한 두려움? 파사르는 고기를 손질하는 데 이골이 났다. 썰고, 저미고, 뼈를 바르고, 익히고, 술을 부어 굽고, 소금으로 절여 굽고……. 갈비든 양 어깨살이든 오리 가슴살이든, 죽은 고기라면 냄새를 맡기는커녕 쳐다보기도 싫을 지경이었다. 파사르는 한순간에 모든 흥미를 잃었다. 무기력해져 어떤 즐거움도 찾지 못했다. 그의 꿈은 악몽이 되었다. 그러면 불마저 외면해야 할까? 파사르는 요리를 너무도 사랑했지만 당장 모든 것을 내던져버리는 극단적인 결정을 내린다. 그때가 1998년이었다. 송아지야, 소야, 돼지야, 잘 있어라. 라르파주도 안녕이다!

1년 뒤, 파사르가 돌아왔다. 평생의 직업을 바꾸기로 결심한 뒤였다. 그는 원래 고기 굽는 장인이었지만, 이제는 예술가였다. "좋아요! 다발 하나를 만들어볼까요? 일단 색을 하나 선택해야겠죠. 주황빛이 좋겠네요. 재밌는 걸 할 겁니다. 잘 보세요, 예쁜 꽃다발이 될 테니까. (……) 짜잔! 작품이죠? 여기에 초록빛을 좀더 해볼게요. 파를 이용해봅시다. 자, 이제 완성입니다!" 부케를 만드는 예술가니 플로리스트라고 해야 할까? 우리는 방금 장미 꽃다발 사과 타르트 *Tarte aux pommes bouquet des* *roses*를 만드는 과정을 보았다. 파사르가 아주 자신 있어 하는 이 요리는 사과를 얇게 말아 꽃으로 만들어야 하므로 금세공 작업만큼이나 정교한 기술이 필요하다. "요리는 보석 세공 기술과 같다. (……) 손기술이 정말 중요하다. 대단히 정확하고 섬세한 감각이 필요하다. 요리를 할 땐 노련한 조향사처럼 감각을 아주 세밀하게 조절해야 한다." 조화調和를 만들고 맛에 색감을 부여하면서 파사르는 조향사가 되었다가 화가가 되는가 하면, 플로리스트, 보석 세공사, 디자이너, 조각가 그리고 음악가로 끊임없이 변신한다. 고기 굽는 것만 빼면 다 한다. 고독하고 고통스럽게 후퇴했지만 마침내 '유레카'를 외치며 찾아낸 원대한 꿈 덕분에 그는 다시 전력을 가다듬었고, 바라던 대로 고기를 버리되 불을 취할 수 있었다. 이 순간부터 채소가 그의 요리 세계를 지배한다. 오로지 채소만 요리하게 된 것이다. 비트를 소금에 절이고, 셀러리를 숯불에 굽고, 양파에 술을 부어 굽고, 당근을 석쇠에 굽는다. 채식주의자 프로메테우스인 양, 고기에만 쓰이던 불을 훔쳐다 채소 요리에 사용한다. 미슐랭에서 별 셋을 받은 셰프가 이런 기상천외한 일을 벌이다니 미식의 나라 프랑스에 대한 모욕이라는 소리도 들었지만, 그는 계속 채소 요리를 고수했다. 고기의 악몽에서 깨어나자 창

작에 대한 열정이 되살아났다. 채소의 촉감이나 색깔, 맛, 향 그리고 소리까지 파사르에게는 전부 새로웠다. 그는 기쁨의 감정도 되찾았다. 피에 대한 공포도 채소라는 꿈 앞에서는 무력했다. 채소는 흙에서 천천히 싹을 틔우고, 계절의 리듬을 느끼며, 땅속 깊이 뿌리를 내려 열매의 양분을 취한다. 모두 바슐라르가 '편안한 꿈'이라고 부르는 것들이다. 도시 생활에 지친 이들의 귓가에 속삭이며 함께 나누어야 하는 꿈이다. 파사르는 "나는 채소를 키운다. 채소가 흙에서 자라 식탁에 오르기까지의 과정을 들려줄 수 있다"라고 말한다. 이러한 열정으로 그는 정원사가 되기도 했다. 물론 평범한 정원사는 아니다. 자신의 업을 예술로 바꾸고자 하는 몽상 속의 정원사에 가깝다. "와인 메이커와 비슷한 마음이다. 내가 일꾼들과 비트나 당근에 대해 이야기하는 건 와인 메이커가 샤르도네나 소비뇽을 이야기하는 것과 같다. 빈티지* 채소를 만들고자 하는 생각도 있긴 하지만, 언젠가 정원 일을 업으로 삼고자 하는 마음이 가장 크다." 아름다운 꿈이자 아름다움에 대한 꿈이다. 이러한 꿈에서 중요한 건 수경 재배법이라든지 겨울철 딸기 같은 것보다는 흙의

---

* 여러 해에 걸쳐 숙성된 고품질의 포도주.

고유성이나 계절에 깃든 지혜다. 파사르의 세계에서는 이런 문구가 흔하다. "토마토 재배는 밀회다." 밀회라니. 그렇다, 사랑하는 연인의 은밀한 만남을 가리키는 그 단어 말이다. 그는 땅을 살아 있는 존재로 생각하며, 채소도 살아 있는 사람과 같이 여긴다.

파사르는 할머니의 화로 앞에 앉았을 때처럼 눈을 빛내고 있다. 채소 덕분에, 그리고 (내가 아주 중요하게 생각하는 부분이기도 한데) 채소로 꿈을 꿀 수 있었던 덕분에, 결과적으로 그는 요리에 대한 취향을 새로이 발견했다. 바슐라르는 《대지 혹은 휴식의 몽상 La Terre ou les rêveries de la volonté》에서 "꿈을 꾸지 못하게 하면 노동자들의 숨통을 조일 수 있다. 일이 지닌 꿈결 같은 힘을 앗아가면 노동자들을 무너뜨릴 수 있다. 어떤 일이든 고유한 꿈의 세계를 품고 있으며, 따라서 각각의 일은 특정한 몽상을 불러일으킨다. 일이 지닌 꿈결 같은 특성은 노동자 정신 건강의 필요조건이다"라고 서술한다. 일이 행복하려면, 꿈에 의해 지탱되어야 한다. 하지만 이때 꿈의 의미를 혼동해서는 안 된다. 현실의 반의어로 쓰이는 꿈이나 프로이트가 논하는 보상적 차원의 꿈, 야망 있는 사람들이 품는 위대한 꿈이 아닌, 물질과 몽상가로서의 몸짓에 새겨진 질료적인 꿈이자 불의 힘과 흙의 비밀을 풀어내는 도구를 말한다. 진정한 노동자라면 누구든 몽상가다. 그래야 일이 쉬워지고, 스스로의 노력을 헛되지 않게 만들 수 있다. 상상이 우리의 손과 조화를 이루며 아름답게 펼쳐질 때 모든 존재는 창작의 기쁨에 전율한다. 금속공학자든 요리사든 그들의 노동에 빛을 밝히는 것은 불이다. 흙은 의지에서 비롯한 꿈과 휴식에서 나온 꿈 모두를 품는다. 자연은 자애로운 여신으로 우리를 위해 생동한다. 파사르는 "조화란 스스로 창조되는 것이다. 무엇을 어디에 놓으면 좋을지 스스로에게 물을 필요도 없다. 정말이다. 다 자연스럽게 함께 익어갈 것이기 때문이다. 최고의 요리 책은 자연이 펴낸 책이다. 우리는 자연이 만든 달력에 따라 살기만 하면 된다." 자연의 리듬을 따라 살면 '일'이 모험이자 여정, 정복 그리고 무엇보다 휴식이 되는 진정한 순간을 새롭게 경험할 것이다. 와인 메이커나 정원사는 안다. 자연의 리듬에 맡긴다는 건, 자연이 스스로 일하도록 손을 떼고 지켜보다가 적절한 때 쉬게 해준다는 뜻임을.

　　"농부들은 근육을 사용해 잡초를 뽑을 뿐, 밀을 자라게 하는 것은 햇빛과 비다." 파사르의 궁극적인 꿈은 스스로 햇빛이나 비 같은 존재가 되는 것이었으며, 따라서 그는 흙을 밟을 때도 가능한 한 발걸음을 가볍

게 내딛고 기술은 뒤로한 채 자연의 상태로 되돌아가고
자 했다.

의지의 꿈과 휴식의 꿈 사이에 형성되는 균형은
흙 속에 숨겨진 진정한 보배다. 파사르도 이 사실을 인
정한다. "내 정원을 갖게 된 이후만큼이나 마음 편한 날
들이 없었다." 정원을 가꾸다 보면, 철학에 통달하거나
연금술을 연마하기라도 한 양 비트가 진귀한 원석으로
보이는가 하면 감자가 금덩어리로 보이기도 한다. 난 어
렸을 때 채소를 끔찍이도 싫어해 쓰디쓴 약이나 숨겨진
함정, 고기를 많이 먹은 죗값이라 생각하며 억지로 먹었
지만, 이제는 파사르 덕분에 새로운 맛에 눈을 떴고, 채
소에 대한 그의 이야기를 들으며 편견을 지웠다. 파사르
는 따분하게 조언하는 영양사가 아니라 내 식습관을 바
꾼 구원자다. 그가 직접 키운 과일과 채소를 매일 아침
동료들과 함께 배달하는 모습만 봐도 알 수 있다. 파사르
는 사계절을 존중하므로 10월 중순 이후로는 토마토를
재배하지 않지만, 사실 그의 매일이 풍요로운 토마토 축
제나 마찬가지다.

○

불과 흙에 영감을 받은 꿈이 있듯이 물에 영감을 받은 꿈도 있다. 자크 마욜의 기억이 닿는 한, 그는 언제나 바다를 꿈꾸었다.

난 동생 피에르와 종종 잠수를 나갔다. 우리는 진주조개 사냥꾼이라도 된 것처럼 물을 누볐고, 빨리 어른이 되어 타히티섬이나 세계 곳곳에서 경이로운 잠수를 선보일 수 있기를 꿈꿨다. 동이 틀 때 나가면 해가 질 때까지 물속에 잠겨서 매일 심해의 아름다움을 새롭게 발견하고 색색의 물고기와 거대한 조개 들을 관찰했다.

마욜에게 물속에서 편안한 마음으로 있어야 한다고 가르친 건 어머니였고, 그 덕분에 마욜은 아주 어렸을 때부터 숨 참는 법을 배울 수 있었다. "어머니는 집에 있던 욕조에 물을 받아놓고 부드럽게 내 머리를 담갔다. 바닷속 세상과 친해지려면 제일 먼저 숨을 참는 것부터 배워야 한다는 사실을 깨닫길 바라면서 말이다."

오늘날 마욜의 어머니는 분명 그를 자랑스럽게

여길 테지만, 동시에 늘 걱정스러울 것이다. 마욜은 이미 수심 50미터까지 내려갔다 왔는데, 잠수부들이 익히 알고 있는 보일의 법칙에서는 그 정도 깊이까지 내려가면 공기를 공급받지 못한 잠수부의 폐가 망가져버릴 것이라고 가정한다. 하지만 마욜은 눈 하나 깜빡하지 않는다. 바닷속에서 자신을 기다리는 신비를 지난 20년간 몸소 체험해왔기 때문이다. "수심 60미터에 도달하면 보이지 않는 거대한 손이 내가 다치지 않을 정도로 부드럽게 몸을 옥죄어 피를 폐 쪽으로 흘려보내고, 그러면 더 깊숙이 잠수할 수 있을 것만 같은 환상적인 느낌이 든다. 두려움 없이 자신의 몸을 그대로 내맡겨야 한다. 그러려면 내가 우주의 온전한 일부가 된 듯한 기분을 느낄 수 있다." 이처럼 흉부 안쪽에 경련을 느낀 직후에 놀랍도록 평안한 느낌을 받는 것이 바로 6장에서 언급했던 '블러드 시프트', 또는 '말초 혈관 수축' 증상이다. 이는 신체의 말초 부위에서 흉부 안쪽의 중심 기관과 위의 뇌 쪽으로 적혈구가 풍부한 혈액이 빠르게 흘러가는 현상이다. "이렇게 급격히 변하는 혈액의 흐름이 한편으로는 외부 압력에 저항할 수 있는 보호막을 생성하고, 다른 한편으로는 그 순간 가장 도움이 필요한 신체 기관에 적혈구를 공급한다. 이는 보통 고래가 아주 깊은 곳까지 잠수할 때 보이는 현상이다." 의사들이 심리적 반응이라 설명하는 이 블러드 시프트가 마욜에게는 꿈과 같은 개인적 경험이었다. 마욜은 말 그대로 자기 인생을 바다의 손에 맡겼다. 미국의 항공 학교를 졸업하고 파일럿이 되기를 꿈꾸며 열일곱 살 때 공군에 지원했지만, 그는 모로코 아가디르에 있는 관제탑에서 통역관 겸 항공관제관으로 일하게 된다. 그러다 결국 그만두었어도 우주 비행사처럼(위가 아니라 아래를 향하긴 하지만) 물속을 누비고 있으니 꿈을 이룬 셈이다. 1976년 11월 23일엔 엘바섬에서 100미터의 벽을 뛰어넘었으니 음속 장벽을 넘지 못했어도 상관없다. 그 순간을 그는 마치 어제 일처럼 기억한다. "정말 행복이 목 끝까지 차올랐는데, 아마 닐 암스트롱*Neil Armstrong*이 달에 첫발을 내디딘 순간이 딱 그랬을 것이다. 수심 100미터 아래는 열반의 경지와 같다." 벌써 7년이나 된 일이다. 그때 마욜의 나이는 49세였다. 그는 수심 80미터에 있다. 칠흑 같은 어둠 속에서 희미하게 반짝이는 다이빙 벨트가 그에겐 유일한 빛이다. 그는 자신을 이토록 잘 훈련해준 돌고래 친구 클라운을 생각한다. 이 순간, 마욜은 추가 아니라 돌고래에 의지해 아래로 내려가기로 한다. 그는 코마개를 빼버린다. 콧속으로 바닷물이 밀려든다. "그 순간, 나는 어느 때보다도 더 해양 동물에 가까워졌다는 느낌을 받았다. 나도 모르는 내부의 능력이 깨어난 듯 약간 취기가 올라오는 기분이 들기도 했다."그렇게 마욜은 스스로 의식하지도 못하는 사이에 100미터의 장벽을 넘어선다. 그의 태도가 보여주 듯이, 모든 일이 그냥 꿈을 꾸는 것처럼 자연스레 일어 났다. "잠수를 시작한 지 정확히 84초 만에 수심 측정 기에서 쾅 하는 소리가 들렸다."마욜은 불빛 때문에 눈 이 부셔서 안전 잠수부 굴리에미와 아랄디의 얼굴을 쳐 다볼 수 없다. 하지만 마음은 놀라울 만큼 고요하다. 그 는 부상浮上 부표와 가스통을 연결하는 쇠 버클 중 하나 가 엉켰다는 사실을 알아차리고 알아서 풀리도록 잠시 기다린다. 이어 '수심 105미터'라고 쓰여 있는 유리병을 잡아 자신의 잠수복 윗부분에 살며시 끼워 넣는다. 마 욜은 아무 흔들림 없이 아주 차분하게 행동한다. 곧이어 가스통 뚜껑을 비틀어 열자, 쉭 소리와 함께 부표가 부 드럽게 부푼다. 몇 초쯤 더 주위를 둘러본 뒤 마욜은 처 음엔 천천히, 그러나 점점 빠르게 위로 올라간다.

50미터 지점에 다다랐을 때 마욜은 느낌이 너무 좋아 부표를 놓고 맨손으로 올라가기로 마음먹는다. 그 는 자신의 팔에만 의지한 채 줄을 따라 계속 몸을 밀어 올린다. 가끔씩 위를 올려다볼 때마다 점점 더 강렬해지는 빛이 어서 올라오라고 재촉하는 것만 같다. 마욜의 동작은 자유로우면서 한 치의 오차도 없다. 35미터 지점에서 잠깐 멈추어 다른 잠수부 주세페 알레시와 가볍게 악수도 나눈다.

15미터 지점에서 또 다른 잠수부와 악수를 한 뒤 수면에 거의 닿을 무렵, 그는 잠시 멈추어 잠수복에 넣어 온 자신의 증표, 수심 표시 병을 꺼낸다. 마욜은 물에 들어간 지 3분 15초 만에 수면으로 올라왔다가, 숨을 고를 새도 없이 다시 20미터 아래로 잠수하여 감압 적응 중인 굴리에미와 아랄디의 손을 잡고 흔든다. 이어 배로 돌아온 그는 아주 당연하다는 듯 선원들을 도와 끝에 50킬로그램짜리 추가 달려 있는 줄을 끌어 올린다. 그의 얼굴에서 피곤한 기색이라고는 조금도 찾아볼 수 없다.

이 잠수 과정에서 가장 압도적인 부분은 마욜이 달성한 기록이 아니라, 그가 보여준 태도다. 그는 마치 시간이 멈춘 듯 조금도 서두르지 않고 수면 위로 올라왔다가, 몸을 물속에 담그고 싶어 안달 난 사람처럼 바다로 다시 빠르게 뛰어들었다. 이는 운동선수의 노련함이라기보다는 꿈꾸는 사람의 자연스러운 상태에 가깝다. 마욜에게는 물이 자신의 질료인 것이다. 바슐라르는 저서 《물과 꿈》에서 물을 사랑과 연관 짓고 물에 관한 꿈의 세계를 정확하게 분석해냈다. 물은 우리에게 삶도 꿈처럼 떠오를 수 있다고 약속한다. 만약 누군가 마욜이 상상한 세계와 마욜의 경쟁자인 로버트 크로프트나 엔초 마요르카가 상상한 세계를 비교한다면 그 근본적인 차이를 발견할 수 있을 것이다. 미국인인 크로프트는 해군 잠수 훈련관으로 일하며 신병들에게 극한 상황에서 바다 한가운데 떠 있는 잠수함을 탈출하는 법을 가르쳤고, 자신의 직업적 소명의 일환으로 숨 참는 능력을 길렀다. 훈련은 바다에서 멀리 떨어진 코네티컷주 그로턴에 자리한 지상 36미터 높이의 급수탑에서 이루어졌다. 반면 이탈리아인 마요르카는 선수로서의 관점과 인간으로서의 관점을 견지하여 잠수에 접근해 자기 자신을 이해하고 한계를 깨달았다. "숨을 참으면 나의 정확한 크기를 가늠할 수 있고, 잠수복도 맞춤 정장처럼 내게 꼭 맞는다. 물에 들어간 잠수부는 깊은 바닷속에서 자기 자신을 본다. 원한다면 엑스레이를 찍듯 심장과 영혼까지 볼 수 있다." 프랑스인 마욜은 이질적인 집단에서 인간으로 남기를 고집하기보다 꿈속에 녹아들어 스스로 돌고래가 된다. 이 셋 가운데 유일하게 질료적인 꿈을 활용하는 셈이다. 그가 오랜 세월 공들여 탄생시킨

피조물 '호모 델파이너스'는 곧 마욜의 운명이라 여겨지는 삶을 집약하여 보여주는 존재다. "인간이 잠수할 때 나타나는 반사 반응을 연구하여 확신하게 된 사실이 있다. 이 반응은 인간이 태생적으로 지닌 특징이자 세포에 남은 흔적을 이용해 필요하다면 부분적으로나마 표면 위로 끌어낼 수 있는 기능으로서, 자연과 완전한 조화를 이루며 모든 인위적 조작을 배제한다는 사실이다." 잠수를 할 때 크로프트는 폐에 공기를 최대한으로 채우고 잠수함을 탈출하는 상황을 상상하며 군사적 방편을 행동 기준으로 삼는다. 마요르카는 숨을 쉬지 않겠다고 단단히 마음먹고 선수로서 기록을 세우는 데 집중한다. 이들과 달리 마욜은 자연스러운 상태를 찾아 안정을 취하는 돌고래의 모습을 따른다. 어려움을 극복하고자 노력하는 것과 수월함을 추구하는 것. 생존 또는 가시적인 결과에 매달리는 것과 내가 동물이 되는 꿈을 꾸는 것. 어느 쪽이 맞는 걸까? 답은 이미 나와 있다. 측정할 수 있는 결과로 상상적 체계의 가치를 가늠하려 하거나 꿈의 가치를 선수로서의 성과쯤으로 축소해 생각할 필요가 없다. 그저 어떤 질료의 꿈이 나의 노력을 덜어주고, 무엇보다 삶이라는 총체에 꿈과도 같은 유동성을 부여하는지만 알면 된다. 자기 자신을 돌고래라고 상상하는 사람은 물고기로서, 돌고래로서 물속에서 행복을 느낄 수 있다. 마욜은 말한다. "꿈을 꾸는 사람은 절대 죽지 않는다. 호모 델파이너스라는 꿈은 인류가 바다를 지켜내는 한 영원히 지속될 것이다."

　마욜이 돌고래를 꿈꾼다면, 엘렌 그리모는 늑대를 꿈꾼다. 라 로케 당케론 음악 축제에서 심각한 슬럼프를 실감한 뒤 그리모는 2년간 줄곧 악화되는 우울증 속에 삶의 모든 의욕과 연주에 대한 흥미마저 잃는 지경에 이르렀는데, 그러던 어느 날 캐나다에서 태어난 알라와라는 암컷 늑대와 기묘한 조우를 한다. 그리모는 알라와를 만지던 순간을 이렇게 묘사한다.

　　온몸에 찌릿하고 전기가 통하는 느낌이었다. 살짝 만져본 것뿐인데 그 부드러운 느낌이 내 팔을 타고 들어와 가슴속을 충만하게 채웠다. 그냥 부드러운 게 다였냐고? 그렇다. 그러나 그 부드러움은 한 도도한 존재에서 뿜어져 나와 나로 하여금 신비로운 노래를 부르게 하는, 알 수 없는 부드럽이자 원초적인 힘이었다. 이처럼 기묘하고 탐스러운 털과 강렬한 황금빛 눈동자를 지닌 알라와와 함께하며 나는 행복했고, 마침내 온전해

진 느낌이었다. 그리고 이상하게 들릴지 모르지
만, 다시 어리고 강해진 기분마저 들었다.

1991년 플로리다 텔러해시에서의 신비한 만남 이
후 그리모의 모든 것이 바뀌었다. 늑대와 지독한 사랑에
빠진 그리모는 늑대에 관한 모든 것을 공부하고 늑대 보
호 시설을 세우기로 결심한다. 늑대 덕분에 그녀는 직관
을 되찾고, 연주에 손을 뗀 채 머리로만 끊임없이 곡을
분석하느라 잃어버리고 말았던 직접성을 재발견할 수 있
었다. 몇 년 뒤 그리모는 '늑대를 키우는 피아니스트'라
는 칭호를 얻게 되지만 그 자신은 세상의 반응에 그리
관심이 없었다. 자신에게 늑대란 성공을 위해 일시적으
로 쓰고 버리는 수단이 아니라는 사실을 알고 있었기 때
문이다. 그녀는 늑대에게 본능적인 유대감을 느꼈다. 하
지만 그러다 콜로라도의 볼더에서 낯선 늑대들을 대상으
로 다큐멘터리를 제작하던 중 늑대의 심한 공격을 받는
일이 일어난다. 그녀는 이렇게 고백한다.

솔직히 나와 늑대의 관계를 근본적으로 되짚어
봐야 했다. 볼더에서 일어난 일을 계기로 완벽했
던 공생 관계, 즉 나와 늑대의 동물적인 측면이

조화를 이루던 상황이 실은 완전히 예외적이며 모든 논리를 벗어난 일이었다는 고통스러운 현실을 마주하게 된 것이다. 때때로 나는 은연중에 나 자신이 누구도 대적할 수 없는 불사의 존재라는 생각을 하곤 했다. 그러한 무의식은 내 행동에 각인되었을 테고, 따라서 동물의 세계에서 나는 그저 무자비한 포식자로 비쳤을 것이 분명하다. 하지만 난 암컷 늑대가 아니라 인간 여성이었을 뿐이다. 내가 누린 모든 것은 특권이었다. 잃어버린 나의 '무지함'을 다시 찾을 수 있을까? 아니다. 나는 아예 잘못 생각하고 있었다. '내가 이 아이를 사랑하면, 이 아이도 나를 사랑하겠지'라는 믿음은 큰 착각이었다. 볼더에서의 일 덕분에 이제는 늑대 우리에 들어설 때마다 절대 잊지 않는 교훈을 얻게 되었다. 항상 늑대의 관점을 유념하여, 내가 아니라 그들의 입장에서 리듬을 느끼고 세상을 바라봐야 한다는 것. (……) 아주 짧은 순간의 유대 속에서 언제나 미끄러질 수 있다고 생각하고, 내 마지막 근육 하나, 신경 하나까지 완전히 집중해 경계를 늦추지 않아야 한다는 것. 늑대에 적용되는 진리는 음악에도 적

305

용된다.

꿈결 같던 늑대와의 관계가 냉혹한 현실로 바뀌었다. 하지만 이 고통스러운 현실을 받아들이고 무지함에서 벗어나자, 그리모는 존재와 강렬함을 새롭게 인식할 수 있었다. 늑대의 부름으로 꿈을 꾸며 슬픔에서 벗어날 수 있었던 그녀는, 이제 날카로운 이빨의 감촉을 느끼며 깨어나 현실을 마주했다. 그리모는 늑대에게 배운 이 특별한 교훈을 온전하게 이해하여 음악에도 적용할 수 있었다. 그동안은 우울에 빠져 잊고 있었던 교훈이었다. 이탈리아의 코모라는 도시를 아주 천천히, 오랫동안 거닌 뒤 그녀는 피아노 앞에 앉았다.

피아노 의자에 앉아 건반 위에 손을 올린 순간, 마침내 오랫동안 잊고 잊던 나 자신이 되었다. 오직 나와 피아노만 존재하는 가운데 어떠한 압박도 느끼지 않고 연주의 즐거움만을 좇았다. 연주를 재창조하겠다는 일념 하나로 작품과 나를 연결할 수 있었다. 오직 나만을 위해, 그리고 나의 즐거움을 위해서였다. 동력을 회복하여 다시 살고, 다시 즐겁고 싶었다. 그렇게 연주를 시작했다. 아무 목적도 없었고, 슬픔과 비애도 없었다. 모든 것이 사라졌다. 시간이 가는 줄도 모르는 채 연주를 이어갔다. 정신을 차려보니 날이 트고 있었다.

이것이 바로 영혼과 외피 사이에 존재하던 영속적 괴리의 파멸이자, 이탈자라는 정체성의 소멸이요, 사색의 종결이다. 늑대는 아무 대가도 없이 그리모에게 연주의 즐거움을 되찾아주었다. 목적 없는 순수한 기쁨을 느끼게 된 그녀는 다시 현실로 돌아올 수 있었다. 읽기에 도취하여 악보 분석에 매달리고 자기가 늑대라고 굳게 믿던 완고한 몽상가에게는 꽤 어려운 과제였다. "나는 이제 다른 곳에 서 있기 때문에 미소 지을 수 있다. 나는 공간 사이에 들어서고, 그곳을 점령한다. 늑대와 음악과 글쓰기의 사이에 살고 있다. 그곳이 내가 가장 최선의 나로서 있을 수 있는 공간이다." 틈 사이에 끼어들어 그곳을 지나며 자신의 길을 개척해나가는 것, 이것이야말로 '연주'의 진정한 정의가 아닐까? 삶을 연주할 수 있는 곳에서 삶은 순환한다. 그리모는 꿈을 저버린 것이 아니라, 현실에 완전히 집중하기 위해 꿈에서 배움을 얻었을 뿐이다.

그리모가 자신에게 변신의 가능성을 심어주어 삶을 되찾아준, 들뢰즈라면 '늑대-되기'라고 말했을 그 상태에 심취했을지언정, 사실상 스스로가 늑대라고 진심으로 믿었던 것은 아니다. 그녀는 언제나 자신과 동물들 사이의 경계를 인지하고 있었고, 그랬기에 꿈을 현실까지 끌고 오지 않았다. '돌고래-되기'에 지나칠 정도로 몰입했던 마욜도 자신이 기껏해야 양서류 인간으로 추앙받을 뿐 평생 완전한 해양 생물은 될 수 없다는 사실을 알고 있었다. 하지만 이러한 통찰력을 지니지 못한 운 나쁜 사람들도 있다. 베르너 헤어조크*Werner Herzog*가 제작한 다큐멘터리 〈그리즐리 맨*Grizzly Man*〉의 티머시 트레드웰*Timothy Treadwell*이 그랬다. 그는 곰이 되기를 꿈꾸며 매해 여름 알래스카의 그리즐리 곰 서식지에 머물렀다. 그는 곰을 위해 죽을 각오가 되어 있었고, 실제로 그렇게 목숨을 잃었다. 솔직히, 자신이 곰에게 잡아먹히리라고 예상이나 했을까? 꿈의 힘은 언제나 양면적이다. 인간을 고무시키기도 하고, 파괴해버리기도 한다. 우리는 꿈이 뽑아 든 칼 앞에 처참히 무너질 수 있다. 트레드웰을 어떻게 바라봐야 할까? 그는 꿈 때문에 죽었지만, 죽기 직전까지 꿈을 좇았다. 13년이라는 긴 시간 동안 말이다. 하지만 조금 더 자세히 들여다보면 이 캘리포니아 서퍼는 곰의 친구가 되기보다 곰을 타고 올라 '서핑'을 하고 싶었던 게 아니었을까 하는 의구심이 든다. 곰이라는 동물만큼이나 그 위험성에 끌린 것일 수도 있고, 곰의 서식지에 머물며 그들을 보호한다는 착각에 빠져 선을 넘었던 것일 수도 있다. 인간과 곰 사이에 7,000년이 넘도록 유지되어온 경계를 넘어서려면 반드시 대가가 따른다는 사실을 정말 몰랐을까?

곡예사 필리프 프티는 트윈 타워에 설치한 지상 400미터 높이의 줄 위에 서서 새처럼 균형을 잡고 있던 중 아주 기묘한 만남을 경험했다고 고백한다. 그 상대는 새였고, 썩 유쾌한 만남은 아니었다. 새가 자기 영역을 침범한 이 침입자에게 경계심을 품어, 얼른 경찰에 항복하고 저 아래 인간 세상으로 돌아가라고 꽤 강력한 경고를 준 것이다. 프티는 곡예사로서의 꿈과 새가 되고자 하는 꿈을 동일시하지 않았다. '새-되기'를 경험했다고 해서 자신이 정말 동물로 변할 수 있다는 환상을 품지도 않았다.

프티는 업적 달성에 눈이 멀어 무의식적인 광기에 사로잡히지 않도록 꿈과 현실 사이에서 신중하게 균형을 유지한 대표적인 인물이다. 그의 준비성은 놀라우리만치 철저했다. 예를 들어 혼자 훈련을 할 땐 "한 발로 균형을 잡다가 더 이상 발이 아파 견딜 수 없을 상태가 되더라도 1분 정도 더 그 자세를 유지했다". 왜 아무도 시키지 않았는데 그런 참을 수 없는 고통을 버텨냈을까? 정답은 질문 속에 있다. 아무도 시킨 것이 아니기 때문이다. "매는 선생이 아닌 학생이 쥐고 있어야 한다. 나는 영예로운 고통 따위에는 관심 없다."

이 고통 참기 훈련은 프티에게 꿈을 실현하는 과정의 일부일 뿐이다. 그가 마조히스트도 아니고 고통 자체를 즐겼을 리는 없다. 다만 그는 고통을 그 자체로 받아들였다. 그에게 고통은 신체가 한계에 다다랐다는 표지다. 한계를 확장하고 싶은 사람은 자신의 한계가 정확히 어디인지 알아야 한다. 야니크 노아도 비슷한 말을 한다. "운동선수에게 고통은 표지판과 같다. 발전하고 싶다면 그 내용을 읽을 줄 알아야 한다."고통이 달콤해지는 방법이 있다면 이것뿐이다. 고통이 느껴진다는 건 말 그대로 자신을 뛰어넘고 있다는 의미라는 것. 이처럼 자신의 존재를 성장시키는 일은 즐겁다. 이때의 목적은 우리의 몸에 평형상태를 각인시키는 것이다. "발을 디디는 느낌이 자연스러워질 때 다리는 비로소 자유를 얻으며, 발걸음은 숭고하고 위풍당당해진다."피부는 자신이 느끼는 고통을 이해하고 기꺼이 감내한다. 탈피脫皮의 과정에는 고통이 따르기 마련이다. "그러나 침대에 눕는 것처럼 두 발을 줄 위에 편안히 널 수 있다면, 분명 자기도 모르는 사이 노곤한 미소를 짓게 될 것이다. 발바닥을 한번 보자. 내 친구 푸아드가 '팔자주름'이라고 부르는 선이 보인다. 줄을 밟는 모양 그대로 남은 자국이다." 이 모든 노력의 목적은 노력을 없애기 위함이다. 물론 노력은 유용하고 필연적이며 필요한 요소다. 하지만 규제와 제한, 숙고와 숙련이 요구되는 것이기도 하다. 노력의 목적은 결국 자기소멸이다. 공사장에 설치하는 비계飛階처럼, 평형과 휴식을 위해 거치는 중간 지대라고나 할까. 줄타기는 결국 순수한 기쁨과 수월함을 동반해야 한다. 그것이 불가능하다는 이들에게 프티는 이렇게 응수한다. "한계는 오직 꿈꾸지 않는 영혼에게만 존재한다."

만약 곡예사가 고통을 느끼기 시작한다면 그건 결코 줄을 열심히 타고 있기 때문이 아니다. 줄이 흔들리기 시작할 때 "평형을 되찾기 원한다면, 그 줄의 흔들림에 저항하지 말고 부드럽게 움직여야 한다". 줄의 리듬에 집중하면 줄이 연주하는 음악에 맞춰 움직이느라 고통이라는 감각에 무뎌진다. 꿈은 노력에 의미를 부여할 뿐 아니라 진통제의 역할도 해낸다. 꿈을 좇다 보면 이처럼 고통도 사라진다. 프티는 훈련을 단순한 예행연습이 아니라 사냥 또는 정복으로 여겼다. "절대 떨어지면 안 된다. 지면으로 떨어지려는 순간 계속 저항하다가는 균형을 잃기 마련이다. 그럴 땐 빠르게 움직이라. 가만히 머무르려 해서는 안 된다. 앞으로 나아가야 한다. 이겨야 한다. 정복하라!" 떨어지지 않으려면 움직여야 한다. 이처럼 꿈을 좇을 때는 피로를 느낄 틈도 없다. "발을 지면에 디디기 전에 아무리 부족하더라도 자신의 한계를 체감해봐야 한다. 곡예사로서의 명성을 내걸고 무언가를 넘어서기 위해서는 줄을 계속해서 더 높이 설치할 수밖에 없다. 피로를 느낀다면 할 수 없는 일이다." 즉, 노력이라는 행위 자체에서 기쁨을 느껴야 한다. 길거리에서 벌이는 이런저런 공연을 넘어 수월함이라는 최종적인 꿈에 다다르기 위한 여정은 순탄치 않겠지만, 오히려 그렇기 때문에 노력하는 일 자체가 즐거워진다. 프티라면 아마 몽테뉴의 의견에 동의할 것이다. "기쁨이라는 감정에서만 기쁨을 취하는 사람은, 우위에 있을 때만 승리할 수 있는 사람은, 사냥감을 죽이는 순간에만 사냥의 쾌감을 느끼는 사람은 우리 학파에 들일 수 없다." 사냥감을 죽이는 순간만이 아니라 사냥의 모든 과정에서 기쁨을 느끼고, 사냥을 기쁨 자체로 여겨야 한다. 행복을 추구하는 과정에서 이미 행복을 느껴야 한다. 꿈이란 누군가 그것을 꿀 때 비로소 완성된다. 프티가 '산책을 할 수 있을 정도로 넓은 기둥'이나 '필요 이상으로 넓은 판자'가 아닌, 노트르담대성당 건물을 연결한 가느다란 줄 위를 동요 없이 걸어갈 수 있는 이유는 몽테뉴도 파스칼도 설명하지 못한다. 프티가 그럴 수 있었던 건 위대한 철학적 관념 때문이 아니라, 상상으로 만든 현기증마저 이겨내는 강렬한 상상과 거대한 몽상을 펼쳤기 때문이다. 곡예사 프티의 꿈은 현기증을 무찌를 만큼 강력하고 거대하며 짜릿했다. 그는 공포에 맞서는 의미 없는 싸움은 절대 하지 않았다. 공포는 프티 앞에서 힘을 잃고 실재할 기회조차 얻지 못한다. 상상을 무찌르는 것은 이성이 아니라 또 다른 상상이다. 꿈이 펼쳐지면 악몽은 물러나기 마련이다.

　　노아도 이에 동의한다. "난 노력을 위한 노력을 믿지 않는다. 내가 믿는 건 꿈의 실현이다." 우리가 왜 경기를 하는지, 누구를 위해 경기를 치르는지, 노력이 의미를 갖는 순간이 언제인지 이해하면 경기에 더 제대로 임할 수 있다. "나는 이미 주니어급 시절에 아주 손쉽게, 그러나 합당한 이유로 프랑스 챔피언이라는 명성을 얻어냈다. 당시 관중석에서 랑그도크 출신 소녀 한 명이 아주 슬픈 얼굴을 하고 있는 걸 보았는데, 경기 내내 그 표정을 머릿속에서 지울 수가 없었다. 그날은 안간힘을 다해 평소보다 훨씬 좋은 경기를 펼쳤다.” 중세 기사들도 언제나 애타는 사랑의 힘으로 전장에서 이기고 돌아오지 않았는가. 지금까지 그랜드슬램 토너먼트에서 우승을 거머쥔 유일한 프랑스 선수로 남아 있는 노아는, 그이후 한 번도 우승하지 못했다. 자신이 더 잘할 수 있다는 사실을 알았지만 당시에는 그 방도를 일러주는 사람이 없었다. 노아가 놓치고 있었던 건 뭘까? 결국 그는 스스로 방법을 알아내지만, 때는 늦었다. 정상을 찍고 나면 늘 새로운 꿈을 찾는 것이 문제로 떠오른다. 정복할 새로운 대상을 찾아야 한다. 명성을 얻는 데 그치지 말고 모험을 찾아 떠나야 한다. “경력을 아주 높은 산을 등반하는 일에 빗댄 댄 밀먼*Dan Millman*의 비유를 떠올렸다면, 광부들처럼 지도를 들고 모험을 떠나야겠다는 생각을 했다면, 나는 분명 훨씬 위대한 것들을 이룩했을 것이다.” 정말이다. 노아에게 필요했던 것은 훈련이나 재능이아니라 자신의 욕망에 다시금 불을 지피고 노력을 정당화할 적절한 은유였다. 누군가가 그에게 프랑스 오픈 우승은 그저 작은 한 걸음일 뿐 정상에 도달한 것이 아니라고, 아직 더 고된 등반이 남아 있다고 말해주었다면 오히려 노아의 삶은 순탄해졌을 것이다. 노아에게 필요한 건 머릿속에 장면을 떠올리는 능력이었다. 의지가 아닌 상상력을 키워야 했다. 이제 선수를 훈련하는 입장에 서게 된 노아는 상상력의 필요성을 깨닫고 영감을 주는 풍부한 이미지들로 선수들의 정신을 채우는 데 힘쓴다. 기적을 만드는 건 승리를 향한 꿈이 아니라 몽상과 응집된 상상력이다. 테니스를 치면서 자신을 금을 캐는 광부로 상상하는 것이 이상하게 여겨질지도 모르지만, 탐색에 나선 광부는 포기를 모르며 금광층을 발견하기 위해서라면 땅 끝까지 팔 각오도 되어 있다. 연금술사들이 깨달았듯이 금은 노력의 산물이다. 올림픽 우승이든 신체적 균형이든, 또는 다른 무엇에 빗대든, 땅속 깊은 곳까지 들어가 채굴해내려면 노력이 필요하므로 금이란 언제나 도달하기 어려운 꿈이다. 산이 공기와 상승을 향한 꿈이라면, 금은 흙과 깊이를 향한 꿈이다. 바슐라르는 빈곤한 마음에 이미지를 채우라고 말한다. 상상은 삶에 감정을 부여한다. 노아는 데이비스컵 프랑스 대표 팀을 훈련하면서 행복과 성과에 관한 한 코페르니쿠스적인 혁명을 이룩했다. 행복을 성과의 결과로 바라보는 오랜 전통에 반기를 들어, 선수들이 행복과 안녕을 느끼는 것이 먼저고 성과는 그 후에 자연스레 따라온다고 생각한 것이다. 그에게 성과는 목적이 아니라 행복의 간접적인 결과다. 목적으로 삼지 않고도 목적을 달성할 수 있다는 얘기다. 꿈은 단순히 사고의 범위가 아니라, '꿈속'에서처럼 행동하기 위해 도달해야 하는 상태다.

그렇지만 모두가 테니스 챔피언이 되고, 잠수부가 되고, 곡예사가 되고, 피아니스트가 될 수는 없다. 이쯤에서 몽상과 행복한 상상의 철학자 바슐라르와 함께 안락의자에 편히 앉아 이야기를 마무리하려고 한다. 바슐라르에 의하면, 누구든 자신의 상상 속에서만큼은 챔피언이 될 수 있다. 누구도 방해할 수 없으며, 어떠한 경쟁도, 고난도, 걸림돌도 없다.

즉 행복해지려고 정말 바닷속 100미터 깊이까지 뛰어들 게 아니라, 상상의 바닷속 깊은 곳으로 잠수할 수 있으면 된다는 뜻이다. 상상을 잘하는 사람은 삶도 잘 살고, 의지 행위에도 잘 대응한다. 그렇다고 상상을 보상성이나 회피성 꿈으로 착각해서는 안 된다. 상상은 현실을 더 잘 살게 해주는 원동력이다. 이미지는 정신을 북돋고 마음에 불을 지핀다. 만약 이미지를 진정으로 떠올리고, 느끼며, 경험할 수 있다면 말이다. 우리는 침대에 누워서든 산책을 하면서든, 열차에서든 비행기 안에서든, 어디서나 이미지를 상상할 수 있다. 물론 상상이 자유롭게 펼쳐지려면 아무것도 하지 말아야 한다. 이처럼 상상 속에서 노력하는 고상한 훈련법은, 바슐라르의 말처럼 "다음 날 갑자기 찾아오는 근육통 따위는 걱정할 것 없이 몸 전체를 손볼 수 있는" 방법이다. 물론 상상으로 노력하는 일에 근육은 전혀 필요 없다. 그저 힘으로 밀어붙인다고 해서 우리 존재에 필요한 동력을 얻게 되는 것도 아니다. 일반적인 체력 훈련은 피상적 행위일 뿐이다. 운동선수가 최고의 상태를 유지하기 위해서는 단순히 훈련을 더 할 게 아니라, 자신에게 영감을 주는 이미지를 찾아내야 한다. 그리모는 자기 자신을 억지로 피아노 앞에 앉히는 방법이 아닌, 스스로 '동물이 되는 꿈'을 꾸는 방법으로 음악에 대한 흥미를 되찾았다. 바슐라르는 경고한다. "하루아침에 깃털 같은 영혼을 가질 수는 없다. 만족은 노력을 들이지 않아도 느낄 수 있지만, 행복을 느끼는 법은 반드시 배워야만 한다." 물론 우리는 길을 알고 있다. 가파르지도, 험난하지도 않은 길이다. 바로 우리 눈앞에, 심지어는 우리 안에 펼쳐져 있을지도 모른다. 그냥 상상하기만 하면 된다. 파사르는 계속 육류를 고집하는 대신한 걸음 물러나 모든 활동을 멈추고 흙과 소통하면서 상상력을 회복했고, 그 덕에 자신의 소중한 식당과 셰프로서의 경력을 지켜낼 수 있었다. 바슐라르처럼 우리도 이제는 이렇게 믿는다. "상상 속 경계가 곧 실제 삶의 경계다. 그것은 무너뜨리기 가장 어려운 것이기도 하다. 상상과 의지는 깊은 곳에 내재된 하나의 힘이 양면적으로 발현된 결과다. 상상할 수 있는 사람만이 의지를 발휘할 수 있다."

자전거를 어떻게 타는지도 모르던 어린 시절, 나는 투르 드 프랑스*에 참가하는 꿈을 꾸곤 했다. 내가 가진 건 네발자전거뿐이었지만 늘 텔레비전으로 베르나르 이노*Bernard Hinault*의 질주를 지켜보았고, 그러다 집 밖으로 나가 이노를 따라 하곤 했다. 각도가 잘 맞으면 그림자에 자전거의 보조 바퀴가 보이지 않기도 했다. 얼마 지나지 않아 상상력의 힘으로 보조 바퀴를 떼어낼 용기를 냈다. 처음에는 몇 번 넘어졌지만 고통보다 기쁨이 더 컸다. 두려움은 사라지고 즐거움만 남았다. 그렇게 나는 두발자전거를 타게 되었다! 조금 전까지만 해도 계속 넘어지던 꼬마가 바로 다음 순간 능숙하게 두발자전거를 탔다. 어떻게 생각하면 내가 이미 방법을 알고 있었기 때문이다. 꿈속에서는 수백 번도 더 두발자전거를 탔으니까. 몽상은 현실과 우리를 괴리시키는 게 아니라, 오히려 서로 가까이 다가서도록 만든다. 유레카! 상상 속

---

* Tour de France. 프랑스에서 개최되는 세계 최대의 사이클 대회.

에 뛰어든 사람은 누구든지 희망이라는 감정을 느낀다.

끝이 있는 명확한 과제가 주어졌을 때 행동에 옮기기 전에 생각부터 해야 하기 마련이지만, 생각에 앞서 꿈을 아주 많이 꾸어봐야 한다. 이런 식으로, 우리의 가장 효율적인 결정은 잠을 자며 꾸는 꿈과 관련을 맺는다. 밤이면 우리는 자신만만하게 휴식의 지대에 들어서고, 그 안에서 각자의 자신감을 행동으로 옮긴다. 잠을 설치면 자신감을 가질 수 없다. 우리는 꿈이 의식을 방해한다고 생각하지만, 사실 꿈은 우리를 내면과 연결하는 통로다. 특별한 것 없지만 진실한 꿈은 활동적인 삶에 앞서 오는 서문이지, 딸려오는 속편이 아니다……

밤이라는 시간만이 아니라 꿈 자체도 우리의 삶에 조언을 건넨다. 좋은 꿈이 좋은 결정으로 우리를 이끈다.

자, 이제 어떻게 할지는 여러분에게 달렸다.

○

수평선은 지점이 아니라
하나의 대륙이다

필리프 프티

나는 이 책을 프랑스 파리에서 쓰기 시작해 드
라기냥에서 집필을 이어갔지만, 책을 쓰는 동안 가장 많
은 시간을 보낸 곳은 사실 그리스다. 나는 낙소스, 시로
스, 티노스 섬을 거쳐 아테네에 머물렀다. 언제나 그 자
리를 지켜온 바다에는 심해를 탐험하려는 사람들의 발
길이 끊이지 않고, 시원한 바닷바람이 공기를 시원하게
식혀주는 곳이다. 언덕 위를 거니는 연인들, 친근하게 이
방인을 맞아주는 사람들, 한 폭의 그림 같은 포도 덩굴
과 무화과나무는 돌보는 이 하나 없이 제 힘으로 탐스

러운 열매를 맺는다. 문만 나서면 이 모든 것을 누릴 수 있었으니, 고백하건대 파리에서보다 훨씬 수월하게 작업할 수 있었다. 이렇듯 수월함은 상황에서 만들어지기도 한다. 이 책은 내가 목적했던 모습에 비해 다소 완성도가 떨어지고 조금 엉성하지만 그래도 이렇게 세상에 나왔으며, 나는 책을 쓰는 동안 완벽주의를 내려놓는 것부터 시작해 책에 담긴 모든 규율을 준수하고자 했다. 글을 쓰는 동안 느꼈던 행복감을 독자들이 책을 읽으며 그대로 느낄 수 있다면 내가 원하던 바를 그렇게 애쓰지 않고, 숙고하지 않고, 목적으로 삼지 않고 이루어낸 셈이다. 책을 읽는 동안 새로운 이미지나 새로운 접근법, 그리고 새로운 사상을 얻게 되었다면 그것으로 좋다. 책의 내용은 단지 참고 사항일 뿐이다. 비행기에 올라 가볍게 읽는 책이기를 바라며 썼다. 그런데 안락의자에 편안히 앉아 쭉 훑어보는 내용들이 잔뜩 긴장한 채 교실 의자에 꼿꼿이 앉아 배우는 내용들보다 무가치하다고 할 수 있을까? 여러분은 이제 반대로 생각하고 있기를 바란다.

루스탕은 이런 얘기를 들려준다.

자신에 대한 걱정으로 한숨도 자지 못하던 한 남자가 구역질이 날 정도로 스스로 몰아붙이다가 결국 자기 좀 살려달라며 나를 찾아왔다. 몇 분간 대화를 나눈 뒤 나는 그에게 일어나 걸어보라고 했다. 의논하거나 망설일 필요가 없는 간단한 요구였으니 그는 아무 생각 않고 곧바로 행동에 옮겼다. 늘 주의를 기울이며 무엇을 하는지 의식하던 압박감에서 너무나 쉽게 풀려난 채 말이다. 뻣뻣하게 굳어 있던 얼굴에 편안함이 드리웠고, 그는 안정감을 되찾았다. 오랫동안 잊고 지내던 평온함을 잠시 누린 그는 이러한 변화가 아무 노력도 없이, 이렇게 간단하게 이루어졌다는 사실을 믿지 못했다. 자신이 지금 얼마나 놀랐는지 이야기하는 그에게 나도 함께 공감해주었다. 하지만 그 후로 다시 오지 않은 걸 보니 그는 아마도 내면의 악마에게로 되돌아간 모양이다. 그가 이 방에서 일어났던 일을 기억하고 있기를 바랄 뿐이다. 헛된 희망일 수도 있다. 그는 의도와 행위 사이의 간극이 사라지는 것을 몸소 경험했지만, 오래 지속하지는 못했다.

내가 문학 공부에 뛰어들었을 때 느꼈던 좌절의 순간이 떠오른다. 물론 그런 순간은 한 번이 아니었다. 공부에 나의 청춘을 허비해야 하는 걸까? 그러다 문득 "나도 한때 스무 살이었다. 그때가 인생의 가장 행복한 순간이라는 말은 하지 말라"라는 폴 니장*Paul Nizan*의 말이 파리의 희붐한 새벽녘 내 목덜미를 꽉 물었다. 당시 나는 루이 르 그랑 고등학교 기숙사에서 라틴어 번역과 에세이 과제의 늪에 빠진 채 허우적거리고 있었다. 하루 열네 시간을 두 평이 채 안 되는 방 안에 틀어박혀 있거나 교실 책상 앞에 구부리고 앉아, 이에르 해변을 따라 산책도 하고 자전거도 타고 첨벙거리며 바다를 헤엄치던 시절과 테니스, 축구, 원반던지기를 섭렵하고 윈드서핑과 가라테까지 배우던 시절을 그리며 회상에 젖곤 했다. 골키퍼가 되어 알제리 축구 경기장의 모래바람 속으로 몸을 던지는 알베르 카뮈를 꿈꾸다가, 지중해를 건너 카페 드 플로르에 앉아 희뿌연 담배 연기를 내뿜으며 존재와 무 사이를 치열하게 고민하던 사르트르의 흔적을 좇기도 했다. 이제 그렇게 휘젓고 다니던 시절은 끝났다. 파리는 고도의 지성과 차가운 관념의 도시였다. 아! 애석하게도 이제는 밖으로 나가 즐길 시간이 없구나. 사랑할 시간도, 글을 쓸 시간도. 그렇게 훗날을 기약하며 지내던 어느 날, 닭장 같은 내 방에 학교 근처 말브랑슈가에서 가라테 수업이 열린다는 홍보 전단지가 끼어 들어왔다. 가라테의 창시자인 후나코시船越義珍의 초상화 밑에, 비판이자 자명한 사실이자 예언처럼 느껴지는 알랭의 명언이 적혀 있었다. "행동하려면 일단 덤벼들어라."

여러분도 내 말을 따라 수월함에 이르기 위한 첫 여정을 시작해보기 바란다. 이 단락이 끝나고 책을 덮는 순간 자리에서 일어나 한 걸음 내디뎌라. 생각하지 말고, 망설이지도 말고, 지금 당장.

이 책을 쓰며 참고한 문헌들 중에는 영어로 번역되지 않은 것이 아주 많았다. 여기에는 내가 읽고 보며 영감을 얻은 자료들 가운데 영어 번역본이 있는 것을 정리했으니 참고하길 바란다.

단행본

알랭

《행복론*On Happiness*》, 로버트 D. 코트렐*Robert D. Cottrell*, 제인 E. 코트렐*Jane E. Cottrell* 공역, 노스웨스턴 대학 출판부(1973).

가스통 바슐라르

《공기와 꿈*Air and Dreams: An Essay on the Imagination of Movement*》, 이디스 R. 파렐*Edith R. Farrel*, C. 프레더릭 파렐*C. Frederick Farrell* 공역, 댈러스 인문학 및 문학 협회*Dallas Institute of Humanities and Culture*(1988).

르네 데카르트

《방법서설Discourse on Method and the Meditations》, F.E. 서트클라이프F. E. Sutcliffe 역, 펭귄 출판사(1968).

데이비드 엡스타인

《스포츠 유전자The Sports Gene: Talent, Practice and the Truth About Success》, 옐로 저지Yellow Jersey(2014).

맬컴 글래드웰

《아웃라이어Outliers: The Story of Success》, 펭귄 출판사(2008).

엘렌 그리모

《와일드 하모니Wild Harmonies: A Life of Music and Wolves》, 엘렌 힌지Ellen Hinsey 역, 리버헤드 북스Riverhead Books(2006).

미셸 드 몽테뉴

《수상록The Complete Essays》 M. A. 스크리치M. A. Screech 역, 펭귄 출판사(1993).

필리프 프티

《줄 위에서On the High Wire》, 폴 오스터Paul Auster 역, W&N(2019).
《나는 구름 위를 걷는다To Reach the Clouds》, 팬 맥밀런Pan Macmillan 역, (2002).

장 폴 사르트르

《존재와 무Being and Nothingness: An Essay on Phenomenological Ontology》, 세라 리치몬드Sarah Richmond 역, 라우틀리지(2018).

스탕달

《연애론*Love*》 길버트 세일*Gilbert Sale*, 수잰 세일*Suzanne Sale* 공역,
펭귄 출판사(1975).

시몬 베유

《뿌리내림*The Need for Roots: Prelude to a Declaration of Duties Towards
Mankind*》, 아서 윌스*Arthur Wills* 역, 라우틀리지(2002).
《신을 기다리며*Waiting for God*》, 에마 크라우드퍼드*Emma Craufurd*
역, 하퍼 퍼레니얼*Harper Perennial*(2009).

영상

데이비드 겔브*David Gelb*,
〈셰프의 테이블: 프랑스편*Chef's Table: France*〉 1화 '알랭 파사르',
넷플릭스(2016).

베르너 헤어조크*Werner Herzog*,
〈그리즐리 맨*Grizzly Man*〉(2005).

제임스 마시*James Marsh*,
〈맨 온 와이어*Man on Wire*〉(2008).

노력의 기쁨과 슬픔

너무 열심인 '나'를 위한 애쓰기의 기술

초판 1쇄 2021년 5월 10일

지은이 올리비에 푸리올
옮긴이 조윤진

펴낸이 김한청
기획편집 원경은 박윤아 차언조 양희우
마케팅 최지애 설채린 권희
디자인 이성아
경영전략 최원준

펴낸곳 도서출판 다른
출판등록 2004년 9월 2일 제2013-000194호
주소 서울시 마포구 동교로27길 3-12 N빌딩 2층
전화 02-3143-6478 ㅣ **팩스** 02-3143-6479 ㅣ **이메일** khc15968@hanmail.net
블로그 blog.naver.com/darun_pub ㅣ **페이스북** /darunpublishers
ISBN 979-11-5633-392-0 03190